张旭评传

中国历代书法家评传

何炳武 白立超 著

陕西新华出版
太白文艺出版社·西安

图书在版编目（CIP）数据

张旭评传 / 何炳武，白立超编著. -- 西安：太白文艺出版社，2018.6（2023.6重印）
（中国历代书法家评传 / 何炳武主编）
ISBN 978-7-5513-1269-1

Ⅰ. ①张… Ⅱ. ①何… ②白… Ⅲ. ①张旭（675-约750）－评传 Ⅳ. ①K825.72

中国版本图书馆CIP数据核字(2017)第185201号

张旭评传
ZHANG XU PINGZHUAN

作　　者	何炳武　白立超
责任编辑	刘　涛　汤　阳
封面设计	可　峰
出版发行	太白文艺出版社
经　　销	新华书店
印　　刷	三河市同力彩印有限公司
开　　本	787mm×1092mm　1/16
字　　数	156千字
印　　张	12.25
版　　次	2018年6月第1版
印　　次	2023年6月第3次印刷
书　　号	ISBN 978-7-5513-1269-1
定　　价	42.00元

版权所有　翻印必究
如有印装质量问题，可寄出版社印制部调换
联系电话：029-81206800
出版社地址：西安市曲江新区登高路1388号（邮编：710061）
营销中心电话：029-87277748　029-87217872

序

陕西省书法家协会名誉主席　雷珍民

陕西古为雍、梁之地，又称三秦大地，纵贯南北，连通东西，位于中国地理版图的中心区域。在整个周秦汉唐时期，关中地区都是古代中国政治、经济、文化的中心。数千年来，悠久的历史、厚重的文化，为陕西书法的不断发展繁盛、经久不衰提供了充足的营养。

在三秦文化肥沃的土壤之上，历代书法名家辈出，传世的精品碑帖不计其数。商周时期的青铜器铭文、先秦时期的石鼓文、西安碑林所藏的秦李斯《峄山碑》、汉熹平石经《周易》残石、《曹全碑》《大唐三藏圣教序碑》《道因法师碑》《颜勤礼碑》《颜家庙碑》《多宝塔感应碑》《玄秘塔碑》等皆堪称书坛瑰宝。众多作品中仍以隋唐时期为盛。隋代的智永，初唐时期的欧阳询、虞世南、褚遂良、薛稷，中晚唐时期的颜真卿、柳公权都是绝贯古今、声名显赫的书法大家。陕西因此而享有"书法的故乡"之美誉，声闻海内外。

改革开放之后，随着社会经济文化的不断发展，中国传统文化逐渐复兴，书法作为中国传统文化中最有特色的一门艺术也获得了长足的发展。一方面，在传统文化全面复兴的大潮下，书法有了更广泛的群众基础。由于书法在塑造完美人格、培养高尚优雅审美情趣等方面有着不可替代的作用，也越来越受到社会各界的认可。业余书法爱好者的数量迅速增加，书法艺术群众化、民间化的趋势日益明显。另一方面，从事书法研究的专业队伍不断壮大。整个陕西书法界呈现出百花齐放、百家争鸣的良好态势。陕西的书法家们通过作品展览、专题讲座、理论研讨等多种形式积极弘扬传统书法艺术，推动陕西书法事业的不断发展。书法研究者能够潜心钻研书法，发表论文，出版专著，举办展览，开坛讲学，在理论、实践等方面都取得显著成绩的同时，也将陕西书法的声誉和影响拓展到三秦大地之外更为广阔的领域中去。

近年来，专业人员积极投身书法理论研究，将书法的专业研究与群众普及结合起来，扩大陕西书法群众基础，推动陕西书法进入了新阶段。为了更好地传承祖国的书法艺术，陕西省社科院中国书画研究中心何炳武主任主编了《陕西书法史》。这套书出版后引起了较大的社会反响，对深入认识陕西书法、普及书法发挥了重要的作用。

现在，陕西省社会科学院中国书画研究中心又撰写了"中国历代书法家评传"丛书。他们选择中国书法史上最具代表性的书法大家作为研究对象，通过多种渠道搜集相关文献资料，进行深入的个案研究。其研究视角不仅仅关注书法家书法风格形成的历史背景及时代风貌，更注重其书法思想、理论的研究，关注书法家对前代的继承、创新和对后世的影响，将书法家的人生经历、时代背景与其书法创作紧密联系起来。这样的研究方法突破了传统研究中书家与书作相分离的局限，也为书法研究开辟了一条崭新的道路。

"没有高度的文化自信，就没有中华民族的伟大复兴。"十九大以来，随着中华民族伟大复兴进程的加快，更好地传承中国优秀传统文化，深入挖掘中华优秀传统文化的内蕴，是摆在我们面前最重要的任务，也是每一个学人在新时代下的责任。我认为，这套丛书的陆续出版，对于推动陕西书法事业的发展和弘扬祖国优秀的传统文化都具有重要的意义。

是为序。

2017 年 10 月 16 日

目录

第一章 唐代高度的文明与浓厚的书法风尚 …………………………… (1)

第二章 张旭生平重要事迹考述 ………………………………………… (30)

第三章 以古法为师 于自然生活中体悟 ……………………………… (58)

第四章 张旭的楷书成就 ………………………………………………… (83)

第五章 张旭的草书创作 ………………………………………………… (120)

第六章 张旭的"字外功" ……………………………………………… (151)

第七章 张旭在中国书法史上的地位 …………………………………… (174)

主要参考文献 ……………………………………………………………… (187)

第一章　唐代高度的文明与浓厚的书法风尚

581 年，杨坚"以妇翁之亲，值周宣帝早殂，结郑泽等，矫诏入辅政，遂安坐而攘帝位"①。杨坚以北周外戚的身份，从北周静帝宇文衍手中夺取北周政权，登基称帝，建元开皇，开创了中国历史上一个新的朝代——隋王朝。589 年，隋文帝命晋王杨广为伐陈大军的统帅，杨广指挥大军五十余万人，在长江一线分八路攻陈。隋军兵临城下，陈后主投降，隋文帝统一南北，结束了中国历史上长达三百年的南北分裂局面，中国再次走向大一统。

开国皇帝隋文帝，励精图治，锐意改革。政治上，实行三省六部制，进一步加强君主集权；经济上，兴修水利，重视农业，颁布均田法和租调令，促进农业发展，同时适度鼓励工商业，抑制豪强，节制赋役，以减轻民众的负担，经济迅速获得全面发展；军事上，改进府兵制，训练军队，军事实力日渐增强。他重用高颎、杨素、杨俊、贺若弼、韩擒虎、薛道衡等大臣，广开言路，集思广益。在隋文帝君臣的群策群力之下，开皇年间，政治清明，经济发展，人民生活安定，史称"开皇之治"。但是，金无足赤，人无全人。我们也不得不指出

李世民像

---

① 〔清〕赵翼著，王树民校正：《廿二史劄记校正》卷十五《魏齐周隋书并北史》之"隋文帝杀宇文氏子孙"，北京：中华书局，1984 年，第 332 页。

隋文帝的政治格局过于狭隘，天性猜忌，行察察之政。所以在隋初歌舞升平、一片繁荣气象的背后，也潜藏着种种社会危机。继位之后的隋炀帝，个人生活奢靡，在政治上太想有所作为，遂采取竭泽而渔的统治方式。他对内大肆调用民力，对外悍然发动对高句丽的战争，最终由于对外战争的失利引起了国内的局势失控。贵族叛乱、农民起义此起彼伏，最终导致了隋王朝的短命，国祚仅三十八年。对隋亡的根本原因，后世史臣一针见血地指出："迹其衰怠之源，稽其乱亡之兆，起自高祖，成于炀帝，所由来远矣，非一朝一夕。其不祀忽诸，未为不幸也。"①

在农民战争的冲击下，各地贵族也纷纷起兵反隋，大隋江山风雨飘摇。617年，关陇贵族李渊在太原起兵后，七月初五，亲率三万大军向隋都长安进发，经过霍邑之战、渡河作战、围攻长安等重大战役，顺利攻入长安。十一月，李渊晋封唐王大丞相，总揽朝政。618年三月，隋炀帝在江都被近臣宇文化及禁军所杀，远在长安的李渊自封相国。五月二十日，李渊代恭帝杨侑称帝，建立唐朝，建元武德。李渊即为唐高祖，开启了中国历史上的李唐王朝。唐王朝自618年建立，至907年朱温篡唐，统治将近三百年，在中国历史上产生了深远影响。

在隋王朝二世短命而亡的残酷教训下，初唐和盛唐时期，唐王朝接连出现了唐太宗、武则天、唐玄宗等开明有为

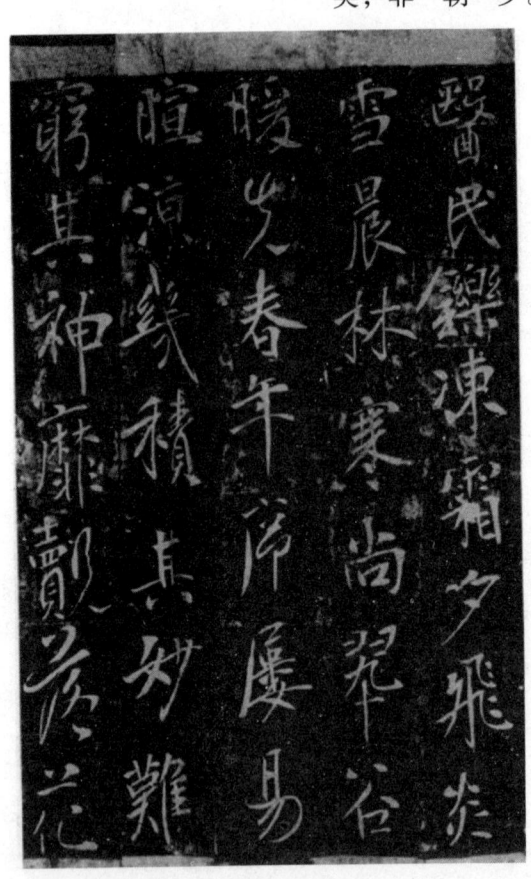

李世民《温泉铭》（局部）

---

① 〔唐〕魏徵等：《隋书》卷二《高祖纪》（下），北京：中华书局，1973年，第56页。

的君主，促进了唐代社会的整体发展与进步，在政治、经济、文化、军事、科技、中外交流等各个方面均取得了前所未有的成就，"大唐盛世""贞观之治""开元盛世"的政治成就至今仍被文人学者津津乐道。在中国古代国家治理模式下，唐初的"贞观之治"与汉初的"文景之治"并称为中国古代两大治世；盛唐的"开元盛世"与清代的"康乾盛世"并誉为中国古代国家治理中的盛世双璧。

一、唐代开明的政治格局

（一）李世民"贞观之治"开创的清明政治格局

唐代在众多领域能够取得如此辉煌的成就，与其相对清明的政治格局有着非常密切的关联。唐太宗李世民以民为本、善于纳谏等统治思想，为整个唐代政治理念和统治格局奠定了非常坚实的基础。

首先，唐朝开国统治者在思想上非常重视历代政治教训和政治文明的总结，这就为社会秩序的安定、政治统治的清明提供了牢固的智识基础。这方面的代表就是唐太宗李世民。"夫以铜为镜，可以正衣冠；以古为镜，可以知兴替；以人为镜，可以明得失。朕常保此三镜，以防己过。"① 李世民的这段话正是表达自己对国家治理的心得。尤其是在"以古为镜，可以知兴替"思想的影响下，唐代君臣十分重视对历代政治治理智慧的总结和继承，至今仍在社会治理中发挥着重要作用的《群书治要》正是在唐太宗时期组织编纂修订而成的。唐太宗时，魏徵、虞世南、褚遂良等以"务乎政术""本乎政要"为宗旨，辑录前人著述，编成《群书治要》一书，为"贞观之治"的形成

---

① 〔唐〕吴兢撰，谢保成集校：《贞观政要集校·任贤》，北京：中华书局，2009年，第63页。

提供了丰富的历史经验和范本。而对于贞观时期治理的史实与佳话，唐代史学家吴兢的《贞观政要》为我们精彩呈现了"贞观之治"的历史盛况。《贞观政要》成书于开元、天宝之际，以贞观年间唐太宗与魏徵、王珪、房玄龄等大臣讨论治国方针为主要内容。吴兢力图整理总结"贞观之治"的治理经验和教训，虽然有为唐太宗歌功颂德的意图，但更重要的却是通过"祖宗之法"的整理，为唐玄宗的统治提供直接的政治经验。

在对历代政治经验教训的总结中，唐太宗君臣尤其重视三代以来形成的"民惟邦本，本固邦宁"[①] 思想。唐太宗亲身经历了隋末农民战争，表面上强大繁荣的隋王朝轰然倒塌的一幕让他深有感触。这种亲身的感触、回味与反思一直贯穿在他对历代兴亡经验教训的讨论中。如贞观九年（635），唐太宗在总结隋亡教训时就指出："往昔初平京师，宫中美女珍玩，无院不满。炀帝意犹不足，征求无已，兼东西征讨，穷兵黩武，百姓不堪，遂致亡灭。此皆朕所目见，故夙夜孜孜，惟欲清净，使天下无事。遂得徭役不兴，年谷丰稔，百姓安乐。夫治国犹如栽树，本根不摇，则枝叶茂荣。君能清净，百姓何得不安乐乎？"[②] 所以，他的这番感触并非矫情，而是有着真实的感受，他亲眼看到君民关系失序给整个社会和民众所带来的巨大灾难。唐太宗这种特殊

《贞观政要》书影

---

① 〔汉〕孔安国传，〔唐〕孔颖达正义，黄怀信整理：《尚书正义》，上海：上海古籍出版社，2007年，第264页。

② 〔唐〕吴兢撰，谢保成集校：《贞观政要集校·政体》，北京：中华书局，2009年，第41页。

的经历与那些生在深宫中的帝王感触不可同日而语。同时，他对历代君主的横征暴敛也进行了深刻地反思："顷读周、齐史，末代亡国之主，为恶多相类也。齐主深好奢侈，所有府库，用之略尽，乃至关市无不税敛。朕常谓此犹如馋人，自食其肉，肉尽必死；人君赋敛不已，百姓既毙，其君亦亡。"① 作为君主，唐太宗深刻认识到君民之间的关系应该以民为本，唐太宗君臣在很多场合的对话中都不断地强化对民本思想的认识。类似的说法还有"为君之道，必须先存百姓；若损百姓以奉其身，犹割股以啖腹，腹饱而身毙"②。当然，我们最熟悉的还是唐太宗君臣的"载舟覆舟论"。在《贞观政要·政体》中，是从魏徵的口中说出："君，舟也；人，水也。水能载舟，亦能覆舟。"③ 在《贞观政要·教诫太子诸王》，又从太宗口中说出："舟所以比人君，水所以比黎庶，水能载舟，亦能覆舟。尔方为人主，可不畏惧？"④ 可见，这一说法是太宗朝君臣对君民关系的共识，并且时刻彼此提醒并倾力贯彻。

其实，这个"载舟覆舟论"并非是唐太宗君臣的发明，在现存典籍中，最早出现在《荀子·哀公》中孔子向哀公说的一段话："且丘闻之：君者，舟也；庶人者，水也。水则载舟，水则覆舟。君以此思危，则危将焉而不至矣！"⑤ 而在《荀子·王制》中又提到："《传》曰：'君

---

① 〔唐〕吴兢撰，谢保成集校：《贞观政要集校·辨兴亡》，北京：中华书局，2009年，第468页。

② 〔唐〕吴兢撰，谢保成集校：《贞观政要集校·君道》，北京：中华书局，2009年，第11页。

③ 〔唐〕吴兢撰，谢保成集校：《贞观政要集校·政体》，北京：中华书局，2009年，第34页。

④ 〔唐〕吴兢撰，谢保成集校：《贞观政要集校·教诫太子诸王》，北京：中华书局，2009年，第213页。

⑤ 〔清〕王先谦撰，沈啸寰、王星贤点校：《荀子集解》，北京：中华书局，1988年，第544页。

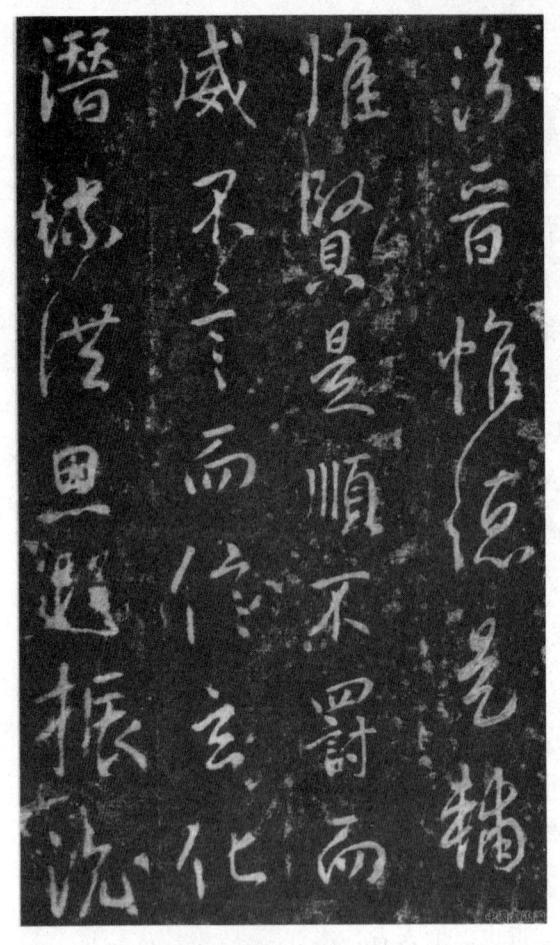

唐太宗《晋祠铭》（局部）

者，舟也；庶人者，水也。水则载舟，水则覆舟'。"① 虽然《荀子》中两次提到"载舟覆舟论"，但荀子明确表示这也并不是他自己的发明。其中一次是"丘闻之"，一次是"《传》曰"，并未准确提到这种说法的具体出处，但是可以肯定，这种观念是一种非常古老的政治智慧，至少在荀子之前就广为流传。当然，这也是亘古不变的政治良言。唐太宗不仅是总结、宣扬这种政治智慧，而且在政治中不断践行。

其次，唐太宗不仅以古为镜，从传统思想中汲取政治智慧，同时他也以人为镜，广开言路，开诚布公，虚心纳谏。太宗深知在传统集权政治模式下，君主犯错误的概率非常大，认为"明主思短而益善，暗主护短而永愚"，并对"护短"所产生危害的严重性和广泛性有着清醒的认识。太宗认为，减少这种犯错概率的重要办法就是虚心纳谏，并且要"兼听"，尤其他提出对持不同意见、犯颜直谏的大臣更要重视和保护。据《贞观政要·求谏》载：

贞观五年，太宗谓房玄龄等曰："自古帝王多任情喜怒，喜则滥赏无功，怒则滥杀无罪。是以天下丧乱，莫不由此。朕今夙夜未尝不以此为心，恒欲公等尽情极谏。公等亦须受人谏语，岂

---

① 〔清〕王先谦撰，沈啸寰、王星贤点校：《荀子集解》，北京：中华书局，1988年，第152—153页。

得以人言不同己意，便即护短不纳？若不能受谏，安能谏人？①

唐太宗不仅有这样的认识，而且身体力行。比如说，他有一次下诏修建洛阳宫的乾元殿，给事中张玄素上疏进谏予以阻止："方今承百王之末，属凋敝之余，必欲节以礼制，陛下宜以身为先……百姓承乱离之后，财利凋尽。"在其陈疏结束后，太宗谓玄素曰："卿以为我不如炀帝，何如桀、纣？"对曰："若此殿卒兴，所谓同归于乱。"太宗叹曰："我不思量，遂至于此。"②

唐太宗终于还是听了张玄素的话，下令停止修建，还发出了"众人之唯唯，不如一士之谔谔"的感叹，魏徵也赞叹说："张公遂有回天之力，可谓仁人之言，其利博哉！"③ 正是由于唐太宗能够虚怀若谷、虚心纳谏，才成就了"贞观之治"，同时还成就了中国历史上最著名的谏臣魏徵，千百年来无人出其右。幸好魏徵遇见的是李世民——对谏官重要性的认识以及虚怀若谷的博大胸怀。若是放到其他君主那里，魏徵可能早已经成为刀下鬼了。

唐玄宗像

① 〔唐〕吴兢撰，谢保成集校：《贞观政要集校·求谏》，北京：中华书局2009年，第87页。

② 〔唐〕吴兢撰，谢保成集校：《贞观政要集校·纳谏》，北京：中华书局，2009年，第95-96页。

③ 〔唐〕吴兢撰，谢保成集校：《贞观政要集校·纳谏》，北京：中华书局，2009年，第96页。

唐代以民为本、相对清明的政治风气，由唐太宗开其端，经过高宗、武后、玄宗等几代帝王的不断继承与发扬，使得社会秩序稳定，为整个社会的全面发展和进步提供了非常坚实的政治保障。

（二）初唐、盛唐的君主励精图治

在清明的政治风气之下，唐高祖、唐太宗、唐高宗、武则天、唐玄宗等励精图治，政策稳定，推行了均田制和租庸调制等合理的土地制度和赋税制度，促进了农业的不断发展，社会财富迅速积聚，由初唐的"贞观之治"逐渐进入盛唐的"开元盛世"。

1. 均田制的推行

唐初，随着全国统一战争结束，唐政府重新推行均田制，阻力相对较小。这主要是由于战争的影响，社会上出现了很多无主的荒地，唐政府运用国家力量，以这些荒地为基础推行均田制。同时，一些农民在战争中由于种种因素获得了土地的耕种权，唐政府也通过均田制，以法令的方式重新肯定下来。另外，在短时间内发生了隋王朝的统一战争、隋唐之间的农民战争、唐王朝的统一战争等大规模战争，使得世家大族的实力在战争中遭到了实质性的冲击，并且这些世家大族也受到唐朝新贵（如关陇贵族等）在政策上的不断打压和制约，他们土地兼并的能力遭到了削弱。这样，随着唐政府均田制的全面推行，在战争中获得土地的农民，他们的土地权得到了肯定，无地少地的农民也通过唐政府获得了一些土地，实现了农民与土地的结合，使耕者有其田。这就

唐玄宗《鹡鸰颂》（局部）

极大地调动了农民的劳动积极性，促进了生产力发展，农业经济很快得到了恢复和发展。

2. 兴修水利工程

中国传统社会以农立国，而水利对农业的发展至关重要，所以水利工程的建设也是中央集权制国家最重要的事情。① 唐王朝十分重视农田水利工程建设，这样既能够增加农田的亩产量，又可以抵御自然灾害，旱涝保收。在唐王朝的官僚系统中，都水监就是专门管理全国水利工程的中央官员。"使者二人，正五品上。掌川泽、津梁、渠堰、陂池之政，总河渠、诸津监署。凡渔捕有禁，溉田自远始，先稻后陆。渠长、斗门长节其多少而均焉。府县以官督察。"② 史籍有据可查的唐代统治者兴修的水利工程达三百多个。其中，唐高祖李渊在位九年间，修建水利工程九个；唐太宗李世民在位二十三年间，修建水利工程二十八个；唐高宗李治在位三十四年间，修建水利工程四十五个；女皇武则天在位二十四年，修建水利工程十七个；唐中宗李显在位五年，修建水利工程六个；唐睿宗李旦在位两年，修建水利工程两个；唐玄宗李隆基在位四十三年，修建水利工程五十八个。③ 可以看出，在初唐、盛唐一百

唐玄宗《鹡鸰颂》（局部）

---

① [美]魏特夫著，徐式谷、奚瑞森、邹如山等译，邹如山校订：《东方专制主义——对于集权力量的比较研究》，北京：中国社会科学出版社，1999年。

② 〔宋〕欧阳修、宋祁：《新唐书》卷四十八《百官志》，北京：中华书局，1975年，第1276页。

③ 王仲荦：《隋唐五代史》（上册），上海：上海人民出版社，2003年，第334页。

四十年间，史籍有记载、有据可查的大型水利工程就多达一百六十五个，其中，唐太宗、唐高宗、唐玄宗对水利工程的建设尤为重视。当然，在兴修水利的同时，唐王朝还非常重视水利工程的保养与维护，尤其是恶意破坏水利工程，或者私自偷水灌溉的人，将会受到严惩，这在《唐律》中有具体规定："诸盗决堤防者，杖一百。"注云："谓盗水以供私用。"《杂律》又说："其故决堤者，徒三年。""诸不修堤防及修而失时者，主司杖七十。"① 这些水利工程的修建与维护，为农业生产提供了保障，同时也大大提高了农业生产的水平。

唐王朝重视农业发展，并取得了农业的极大繁荣，这也为整个唐王朝手工业、商业、思想、文化、艺术的全面发展与兴盛提供了坚实的物质基础。唐王朝农业经济发展的水平，尤其是盛唐时期农业经济发展的盛况，仅从杜甫《忆昔》这首诗就能略窥盛世农业繁荣之一斑：

忆昔开元全盛日，小邑犹藏万家室。
稻米流脂粟米白，公私仓廪俱丰实。
九州道路无豺虎，远行不劳吉日出。
齐纨鲁缟车班班，男耕女桑不相失。

这是一幅天下太平，经济富足，社会生活稳定，人民大众安居乐业、丰衣足食的画卷。这也是自唐初以来统治者一如既往地重视农业、不违农时、以民为本的开明政策所取得的成效。总之，唐王朝是当时世界上最富庶的经济大国。

正所谓"仓廪实而知礼节，衣食足而知荣辱"，当人们生存的物质需求得到基本满足之后，就会追求更高的生活品质，人们对精神生活的追求，极有可能造就灿烂绚丽

---

① 王仲荦：《隋唐五代史》（上册），上海：上海人民出版社，2003 年，第 338 页。

的思想文化盛景。唐代的思想、文化、艺术，就是在政治清明、经济发达的背景下产生、发展并不断走向繁荣的，唐京师长安也成为享誉世界、盛极一时的国际性大都市。

（三）唐代统治者多元的文化政策

唐代统治者在文化上采取了开放的态度，实行儒释道三教并立的多元文化政策，从而形成了一个在中国历史上少有的以儒释道为主体的多元文化格局。这不仅仅促进了儒释道三教的合流，而且也为唐代的文化、艺术创作提供了更加广阔的视野和更为深厚的思想资源。

1. 儒学的统一

在儒学方面，唐代继承了隋代统一南北经学的成果，并积极推进，进行必要的整合。贞观四年（630），唐太宗诏令颜师古考订五经，以国家的力量编纂一个标准的儒经版本，并于贞观七年（633）成书，即《新定五经》。同时，唐太宗又因汉魏以来儒学章句繁杂，南北经说各异，注家注疏不一，所以又命孔颖达等撰写《五经义疏》，于贞观十四年（640）成书，共计一百八十卷，最终定名为《五经正义》，并于唐高宗永徽四年（653）颁行全国。自此以后，凡是科举考试以及经师传授，都以《五经正义》作为标准，这种格局一直延续到宋代，其政治、文化意义不可磨灭。当然，儒学并没有因为唐王朝的重视而一枝独秀，处于独尊的地位。道教、佛教在唐代由于种种原因也获得统治者的重视，并得到了充分的发展。

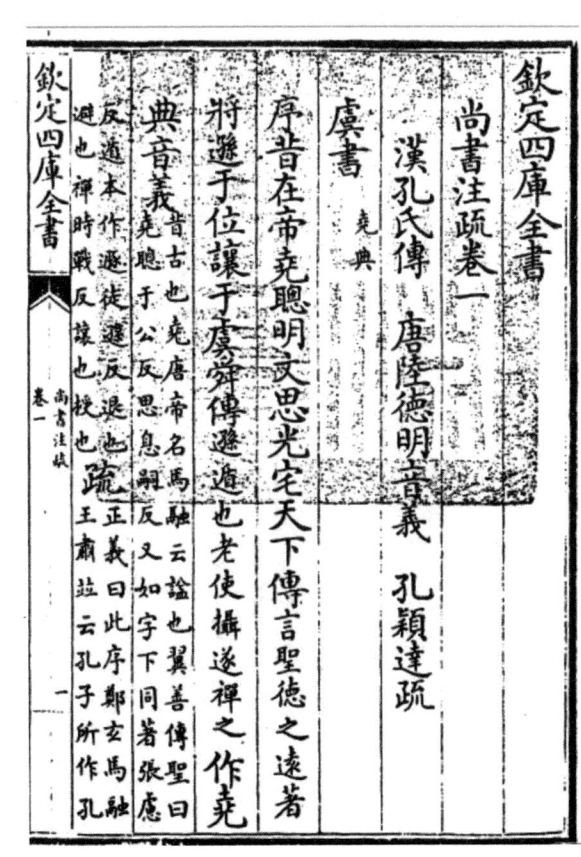

孔颖达《尚书注疏》书影

2. 道教的兴盛

道家、道教在唐代受到了统治者的极度推崇,政治地位空前。如唐高祖就曾经到终南山拜谒老子庙;唐太宗修亳州老君庙,也十分迷信道教的养生、仙丹灵药;唐高宗追封老子为太上玄元皇帝;女皇武则天又追封了老子的母亲为先天太后。这种情况出现的原因很多,其中最重要的可能有两点:一是道教教主李耳为李唐王朝提供了一个能够提高自己门第出身的祖先。因为在唐王朝统治集团内部,关陇贵族属于新崛起的权贵,山东的世家大族虽然未居权力顶峰,但仍然具有历史留下的心理优势和实际影响,并在社会中影响极大。唐太宗一方面打压世家大族,另一方面也命高士廉等修纂新的《氏族志》,新《氏族志》以李唐皇族为首,外戚第二,而传统的山东世族则被列为第三,以此来提高李唐新贵的地位。二是自唐太宗开始,唐代的皇帝就非常迷恋道教的仙丹,因为他们都希望可以长生不老。根据史料记载,唐太宗就是因为吃仙丹导致汞中毒而死的,高宗、玄宗都想吃丹药但是没敢吃,武则天也非常喜欢吃丹药。从初唐到盛唐的皇帝对丹药的迷恋,也从客观上促使道教不断发展。

3. 佛教的繁荣

佛教在唐代也获得了长足发展。佛教自西汉末年经中亚传入中原地区,经过魏晋南北朝的不断发展,佛教在中国逐渐走向兴盛,而唐代正是佛教大放异彩的时代。唐代佛教中的天台宗、华严宗、法相唯识宗、净土宗等各个宗派均获得了长足发展,并产生了中国特有的禅宗。当然,唐代也有个别统治者对佛教进行打

老子像

---

① 张岂之主编:《中国思想史》,西安:西北大学出版社,1989年,第271页。

压,如唐武宗灭佛,士大夫也有一些排佛的言论,但总的来说,统治者还是积极提倡佛教的。

初唐、盛唐时期,最著名的佛教事迹还是玄奘的西行求法。玄奘于贞观三年(629)从长安出发,经过姑臧、敦煌以及中亚等地,历尽千辛万苦,终于到达印度,进入当时印度的佛教中心那烂陀寺,师从戒贤学《瑜伽师地论》等佛学经典。在印度期间,玄奘疏通大乘有宗和空宗的争论,同时又折服小乘佛教。戒日王在曲女城为玄奘设无遮大会,他广发英雄帖,邀请了全印度十八国王,僧俗几千人,任由发问诘难,无人能够难倒玄奘,一时玄奘名震天下。无遮大会后,他受到了大乘和小乘的一致推崇,大乘尊称其为"大乘天",小乘尊称其为"解脱天",其地位仅次于戒贤,又称"三藏法师"。贞观十九年(645),玄奘回到长安,带回佛教典籍六百五十七部。回国后,玄奘在唐太宗、唐高宗的支持下从事译经活动,同时创建了唯识宗,对唐代佛教的发展贡献很大。玄奘往返十七年,行程五万里,所闻以及亲自到达的国家,竟达一百三十八个,在中外文化交流史上写下了重重的一笔,这些事迹主要保留在玄奘亲著的《大唐西域记》中,后来被明人吴承恩演绎成小说《西游记》而深入民心。

武周年间,武则天对佛教的另外一个宗派——华严宗非常重视,组织翻译《华严经》。华严宗的创始人法藏也得武则天的尊崇,并于万岁通天元年(696)受具足戒,赐号"贤首戒师",法藏生前死后都极尽荣光,当然华严宗也盛极一时。

唐代初期以及盛唐时期,政治相对清明,经济繁庶,儒释道共同发展,整个社会思想呈现出开放、包容、盛大的气象,这些都为盛唐以及整个唐代文化的发展奠定了非常坚实的基础。因此

玄奘像

唐代在文学、诗歌、绘画、雕塑、书法、音乐、舞蹈等方面均能大放光彩，并且在隋唐史研究中有着举足轻重的作用。王仲荦先生曾在其专著《隋唐五代史》中，就写作的篇幅明确指出隋唐文化部分占到全书篇幅的三分之一强，是十分必要的。① 因为唐代文化的繁荣与创造力是有目共睹的，其中又以诗歌与书法最为突出。唐代诗歌，优美绝伦，后世文人始终难以望其项背；唐代书法，登峰造极，至今仍为学者临摹学习和尊崇，无法超越。

二、集万千宠爱的唐代书法

在中国书法史上，唐代书法成就值得大书特书。这一时期，书法经过魏晋南北朝的积累，其中楷书逐渐定型，"初唐四杰"虞世南、褚遂良、欧阳询、薛稷等著名书家在楷书上的造诣非常高。初唐的欧阳询，盛中唐的颜真卿、柳公权，与宋元之际的赵孟頫并称中国书法史上的楷书四大家。其中"欧颜柳"三家均为唐代书家，这是一个楷书登峰造极的时代。当然，唐代的草书也当仁不让，毫不逊色。在草书的开创者张芝被誉为"草圣"之后，再有书家可以被誉为"草圣"的就是盛中唐的张旭以及僧人怀素，史称"颠张狂素"。"颠张狂素"也是中国书法史上草书不可超越的巅峰。唐代书法能够取得如此耀眼的成就，与唐代的整个社会文化背景息息相关。

（一）唐太宗对"二王"书法的推崇

唐代书风之盛，不得不提唐太宗对书法的钟爱，尤其对"二王"书法的推崇。在中国古代政治制度中，君主在整个治理秩序中发挥着核心作用。不仅如此，如《尹文子·大道上》所言："上之所以率

吴道子《观音菩萨像》拓片

---

① 王仲荦：《隋唐五代史》（上册），上海：上海人民出版社，2003年，第9页。

下，乃治乱之所由也。"君主的个人好恶也可以左右整个时代的风尚、审美、思想走向等等，如楚王好细腰的故事在《墨子》《荀子》《韩非子》等诸子的言论中多处谈到，讲的就是这个道理。毋庸置疑，唐太宗李世民对书法的情有独钟，对唐代书法的繁荣以及书法风气起着非常关键的作用。唐太宗本人就是一个杰出的书法家，并且对书法理论、书法与政教之间的关系有着独特的认识。唐太宗工于楷书、行书、草书，在书法风格上尤其喜好"二王"。唐太宗即位后，他"大购图书，宝于内库。钟繇、张芝、芝弟张昶、王羲之父子书四百卷，及汉、魏、晋、宋、齐、梁、陈杂迹三百卷"[1]。唐太宗的个人好恶就使得整个唐代书风一宗"二王"，一时间"二王"书法风靡全国，成为这一时期书风的主流。唐太宗对"二王"书法的崇拜与入迷，有一个脍炙人口的故事，就是太宗派遣萧翼智取《兰亭序》。何延之的《兰亭记》对这一事件始末有着详细的记载：

> 僧智永弟子辩才，尝于所寝方丈梁上，凿其暗槛，以贮《兰亭》。宝惜贵重，甚于禅师在日。至贞观中，太宗以德政之暇，锐志玩书。临写右军真草书帖，购募备尽，唯未得《兰亭》。寻讨此书，知在辩才之所。乃降敕追师入内，道场供养，恩赉优洽。数日后，因言次乃问及《兰亭》，方便善诱，无所不至。辩才确称："往日侍奉先师，实尝获见，自禅师殁后，存经丧乱，坠失不知所在。"既而不获，遂放归越中。后更推究，不离辩才之处。又敕追辩才入内，重问《兰亭》。如此者三度，竟靳固不出。上谓侍臣曰："右军之书，朕所偏宝。就中逸少之迹，莫如《兰亭》。

---

[1] 〔唐〕张彦远辑，洪丕谟点校：《法书要录》卷三《古迹记》，上海：上海书画出版社，1986年，第94页。

求见此书,营于寤寐。此僧耆年,又无所用。若得一智略之士,以设谋计取之。"

尚书右仆射房玄龄曰:"臣闻监察御史萧翼者,梁元帝之曾孙。今贯魏州莘县,负才艺,多权谋,可充此使,必当见获。"太宗遂召见翼,翼奏曰:"若作公使,义无得理。臣请私行诣彼,须得二王杂帖三数通。"太宗依给。

翼遂改冠微服,至湘潭。随商人船,下至于越州。又衣黄衫极宽长,潦倒得山东书生之体。日暮入寺,巡廊以观壁画。过辩才院,止于门前。辩才遥见翼,乃问曰:"何处檀越?"翼乃就前礼拜,云:"弟是北人,将少许蚕种来卖。历寺纵观,幸遇禅师。"寒温既毕,语议便合。因延入房内,即共围棋抚琴,投壶握槊,谈说文史,意甚相得。乃曰:"白头如新,倾盖若旧。今后无形迹也。"便留夜宿,设缸面药酒茶果等。江东云"缸面",犹河北称"瓮头",谓初熟酒也。酣乐之后,请各赋诗。辩才探得"来"字韵,其诗曰:"初酝一缸开,新知万里来。披云同落寞,步月共徘徊。夜久孤琴思,风长旅雁

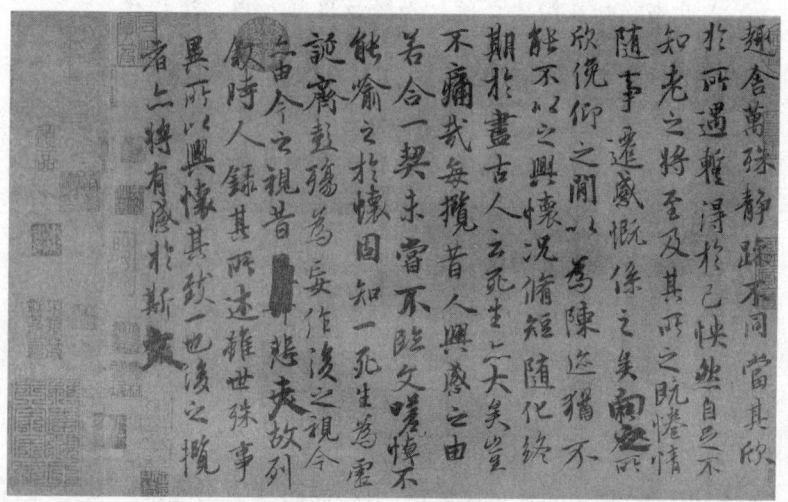

王羲之《兰亭序》(冯承素摹本局部)

哀。非君有秘术,谁照不然灰。"萧翼探得"招"字韵,诗曰:"邂逅款良宵,殷勤荷胜招。弥天俄若旧,初地岂成遥。酒蚁倾还泛,心猿躁似调。谁怜失群翼,长苦乐风飘。"妍蚩略同,彼此讽味,恨相知之晚。通宵尽欢,明日乃去。辩才云:"檀越闲即更来此。"翼乃载酒赴之。兴后作诗,如此者数四。诗酒为务,其俗混然。遂经旬朔,翼示师梁元帝自画《职贡图》,师嗟赏不已。因谈论翰墨,翼曰:"弟子先门,皆传二王楷书法,弟子又幼来耽玩,今亦有数帖自随。"辩才欣然曰:"明日来,可把此看。"翼依期而往,出其书以示辩才。辩才熟详之曰:"是即是矣,然未佳善。贫道有一真迹,颇亦殊常。"翼曰:"何帖?"辩才曰:"《兰亭》。"翼佯笑曰:"数经乱离,真迹岂在?必是向拓伪作耳。"辩才曰:"禅师在日保惜,临亡之时,亲付于吾。付受有绪,那得参差?可明日来看。"及翼到,师自于屋梁上槛内出之。翼见讫。故驳瑕指颣曰:"果是向拓书也。"纷竞不定。自示翼之后,更不

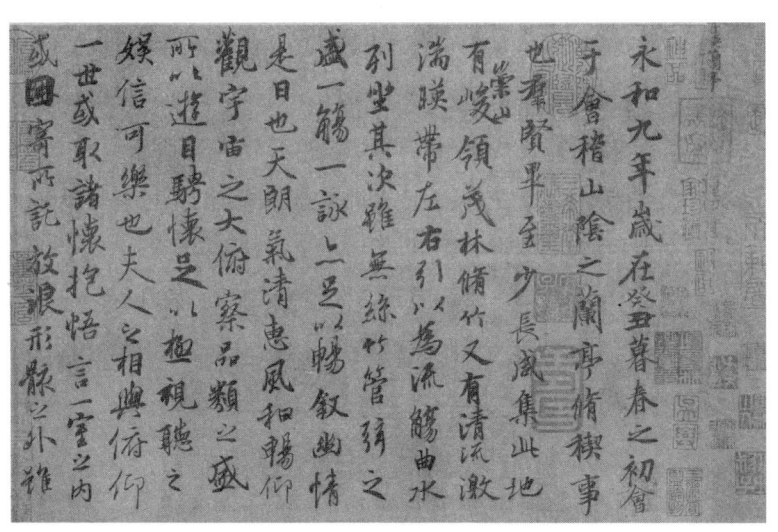

王羲之《兰亭序》(冯承素摹本局部)

复安于梁槛上。并萧翼二王诸帖,并借留置于几案之间。辩才时年八十余,每日于窗下临学数遍,其老而笃好也如此。自是翼往还既数,童第等无复猜疑。后辩才出赴灵汜桥南严迁家斋,翼遂私来房前,谓弟子曰:"翼遗却帛子在床上。"童子即为开门。翼遂于案上,取得《兰亭》及御府二王书帖,便赴永安驿。告驿长凌愬曰:"我是御史,奉敕来此。有墨敕,可报汝都督齐善行。"……善行闻之,驰来拜谒。萧翼因宣示敕旨,具告所由。善行走使人召辩才,辩才仍在严迁家,未还寺。遽见追乎,不知所以。又遣散直云:"侍御须见。"及师来,见御史,乃是房中萧生也。萧翼报云:"奉敕遣来取《兰亭》,《兰亭》今得矣,故唤师来别。"辩才闻语,身便绝倒,良久始苏。

翼即驰驿而发,至都奏御,太宗大悦。以玄龄举得其人,赏锦䌽千段;擢拜翼为员外郎,加入五品,赐银瓶一、金镂瓶一、玛瑙碗一,并实以珠;内厩良马二匹,兼宝装鞍辔;庄宅各一区。太宗初怒老僧之秘恡,俄以其年耄,不忍加刑。数日后仍赐物三千段,谷三千石,便敕越州支给。辩才不敢将入己用,乃造三层宝塔。塔甚精丽,至今犹存。老僧因惊悸患重,不能强饭,唯歠粥岁余,乃卒。

帝命供奉搨书人赵模、韩道政、冯承素、诸葛真等四人,各搨数本,以赐皇太子诸王近臣。贞观二十三年,圣躬不豫,幸玉华宫含风殿。临崩谓高宗曰:"吾欲从汝求一物,汝诚孝也,岂能违吾心耶?汝意何如?"高宗哽咽流涕,引耳而听,受制命。太宗曰:"吾所欲得《兰亭》,可与我将去。"及弓剑不遗,同轨毕至,随仙驾入玄宫矣。今赵模等所揭在者，一本尚直钱数万也。人间本亦稀少，代之珍宝，难可再见。①

我们从何延之《兰亭记》的记载中能够看出，唐太宗李世民如何命萧翼连偷带骗从辩才处获得《兰亭序》，辩才又是如何因此而郁郁寡欢，最终去世。太宗在获得《兰亭序》后，如获至宝。他又请冯承素等临摹《兰亭序》，用以赏赐太子诸王近臣，大臣也以得到《兰亭序》摹本的赏赐为荣。在太宗临死的时候，他唯一愿望就是希望太子李治能够将《兰亭序》用来陪葬。

这些记载尤其显示了唐太宗李世民对"二王"真迹的向往、推崇与痴迷。根据不同史籍记载和种种传说，《兰亭序》真迹的下落就有了许多说法。当然，《兰亭序》真迹是否陪葬唐太宗，史籍也有异说，也有说《兰亭序》真迹最终成为唐高宗李治的陪葬品，至今仍深埋于乾陵之中。迄今为止，《兰亭序》真迹的下落依然是千古之谜。它是静静地躺在乾陵中，还是真如史籍记载，早已流落民间，不知所终了呢？

（二）唐代书法家的政治、社会地位

唐代书法家享有较高的政治地位，我们熟知的大书法家大多都是朝廷要员，甚至很多大书法家都是皇帝的近臣，这在唐太宗时期尤为显著。在唐代，书法优秀者可以直接授官，如在贞观四年（630），唐太宗诏令"人间有善书，追征入官。十数年间，海内从风"。唐代一些大书法家的政治地位非常高，这其中当然首推虞世南。

虞世南，字伯施，曾官至秘书监，封永兴县公。他出身江南豪族，书法上师从智永，远承王羲之，而且他和唐太宗李世民的书法思想和理论非常接近，甚至连书论的一

---

① 〔唐〕张彦远辑，洪丕谟点校：《法书要录》，卷三《何延之〈兰亭记〉》，上海：上海书画出版社，1986年，第100-103页。

些言辞都几近一致，所以他在太宗朝得到了非同寻常的礼遇和恩宠。他是著名的十八学士之一，在唐太宗文治武功成就的促成中，起着非常重要的作用。他不仅仅将书法理解为艺术，同时认为书法也具有政治教化的意义，并与"王政"联系起来："文字，经义之本，王政之始也。"这与唐太宗贞观年间所提倡的书法艺术应当有利于政教的言论非常一致。他的楷书代表作《孔子庙堂碑》，可以说是他书法艺术水平和书法理论的完美结合体。唐太宗曾称赞虞世南有五绝，无人能比："一曰德行，二曰忠直，三曰博学，四曰文辞，五曰书翰。"①

虞世南《孔子庙堂碑》（局部）

---

① 〔后晋〕刘昫：《旧唐书》卷七十二《虞世南传》，北京：中华书局，1975年，第2570页。

在虞世南去世后，唐太宗非常伤心，"哭之甚痛"，并说："虞世南于我，犹一体也。拾遗补阙，无日暂忘。"并发出了"虞世南死后，无人可与论书"的感叹。在虞世南死后，魏徵又把褚遂良推荐给了唐太宗。贞观末年，褚遂良为中书令，在唐高宗李治永徽初年，官至尚书右仆射，封河南郡公。当然，褚遂良也以精于"二王"书体而扬名天下，李嗣真在《书品后》中称其"临写右军，亦为高足，丰艳雕刻，盛为当今所尚……功勤精悉"①。褚遂良传世的书法作品《雁塔圣教序》《伊阙佛龛碑》《孟法师碑》等，艺术造诣非常高。在魏徵推荐褚遂良时，褚遂良有一个非常重要的任务，就是负责对太宗所收藏的"二王"真迹进行鉴定。因为虞世南在世时，唐太宗收藏"二王"的真迹，基本上都是由虞世南鉴定的，虞世南死后，这个任务就由褚遂良来接替了。

初唐楷书造诣最高的是欧阳询，他以"欧体"楷书青史留名。但是他在太宗朝却官位不显，仕途并不得志。欧阳询在隋朝时就以书法得名，为隋太常博士。入唐之后，曾官至太子率更令，弘文馆学士，封渤海县男。但是由于在政治上拥护太子李建成，所以在唐太宗一朝，仕途受到一定的影响。欧阳询的儿子欧阳通，自幼便临摹父亲的书法，书法造诣也很高，并因此得名。欧阳通官运亨通，曾在武则天时期官至宰相，但是后来不幸被酷吏所杀。

（三）唐初书法理论的发展

唐初在书法理论方面也有更深入的探索。对书法理论的探讨，东汉时，蔡邕就有《笔论》《九势》等专门书论。魏晋南北朝时期，又有卫恒的《四体书势》、索靖的《草书势》、卫铄的《笔阵图》、王羲之的《题卫夫人〈笔阵图〉后》《书论》《笔势论》和王僧虔的《论书》等。

---

① 〔唐〕张彦远辑，洪丕谟点校：《法书要录》卷三《书品后》，上海：上海书画出版社，1986年，第84页。

入隋以后,有智果的《心成颂》。进入唐代,由于唐太宗李世民对书法的钟爱与推崇,不仅大书法家辈出,一批优秀的书论也相继出现,如欧阳询的《八诀》《三十六法》《传授诀》《用笔论》,虞世南的《书旨论》《笔髓论》,唐太宗李世民的《笔法诀》《论书》《旨意》《王羲之传赞》。当然,孙过庭的《书谱》,无论是从书法理论的角度,还是从草书实践的角度,都代表了初唐书法思想和实践的高度。他的《书谱》是非常优秀的草书作品,既涉及了书法基础,还有非常高深的书法理论研究,反映了孙过庭书法理论的高度以及书法思想的深邃。尤其是他对草书和真书造诣之间的关系进行了深刻的论述,他认为:"草不兼真,殆于专谨;真不通草,殆非翰札。真以点画为形质,使转为情性;草以点画为情性,使转为形质。草乖使转,不能成字,真亏点画,犹可记文。"① 他的这一论述,对后世书家影响很大,尤其对颜真卿、张旭等书法家的书法思想和

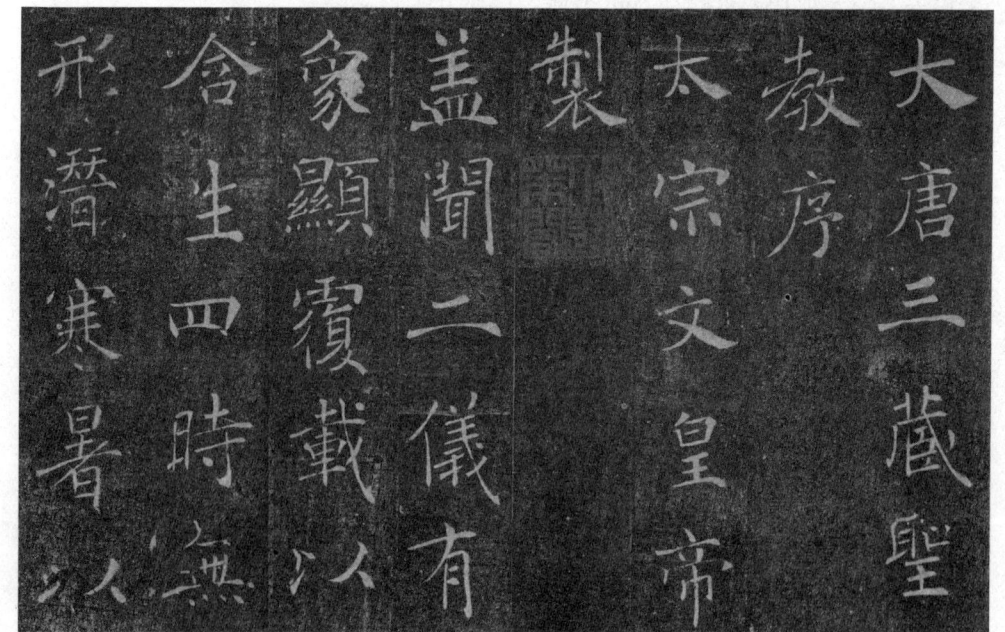

褚遂良《雁塔圣教序》(局部)

① 〔唐〕孙过庭:《书谱》,文渊阁四库全书本。

实践产生了很大影响。另外还有李嗣真的《书品后》，其成就也不容忽视，他对书法的论述吸收了古代神秘主义的思想。他认为书法的创作是通灵的，是天人感应的结果，书法创作是与神交合，并把与自然契合作为艺术境界的最高追求，这种创作是空前绝后的，即使是创作者本人，离开当时创作的情景，也是不可复制的。虽然李嗣真的论述有些玄虚，甚至遭到很多学者反对，但是书家不得不承认的是，在中国书法史上一些不可多得的旷世之作，的确就是如此产生的。比如大家津津乐道的王羲之的《兰亭序》就是如此创作的，这种创作理论也与文学创作的"文章本天成，妙手偶得之"暗合。所以说，这种神秘主义的思想，虽然备受诟病，但是它在书法创作中，的确是存在的现象。对书家而言，一生中创作出好的作品，往往也是可遇而不可求的。李嗣真这种对书法的神秘主义理解，对后世的书法家也有或多或少的影响，而张旭的书法创作，与这一理论的契合可能会更多。

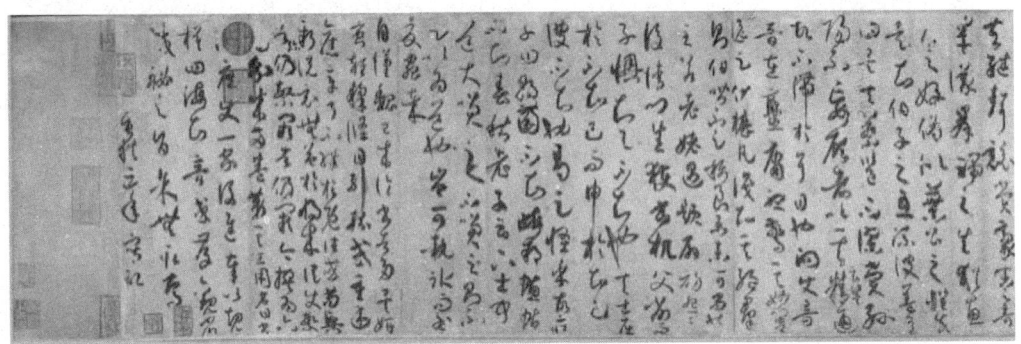

孙过庭《书谱》（局部）

（四）书法教育

唐代统治者对书法的推崇，在教育和科举制度上也给予了充分的强化和拓展。在印刷术未普及以前，书法有一个非常实用的功能，就是抄写、保存典籍。大体而言，唐代的书者主要分为两类：一种是专职的书写员，主要抄录各种公私函文，也有少部分进入皇宫秘阁负责图书的誊写和修缮；另一种是擅长书法，但是从事其他行政工作的文人士大夫，这个群体最庞大。在印刷术还并未普遍运用之前，抄写是古代典籍保存和流传的唯一方式，这些抄写人员称为"经生"，又称"写生"。唐代的教育和科举是影响唐代书法思想变化的一个重要因素。首先，唐人普遍认为书法是掌控舆论的手段，这与唐太宗的书法思想密切相关。他认为书法也应当是政治教化、人伦秩序建设等方面的重要手段，比如在书法上推崇王羲之而贬抑王献之，就与唐太宗对书法与政治两者关系的特殊理解有关。正是对书法与政教关系的特殊认识，所以唐代非常重视书法教育。在唐太宗书法理论的影响下，士人群体很少有不通文

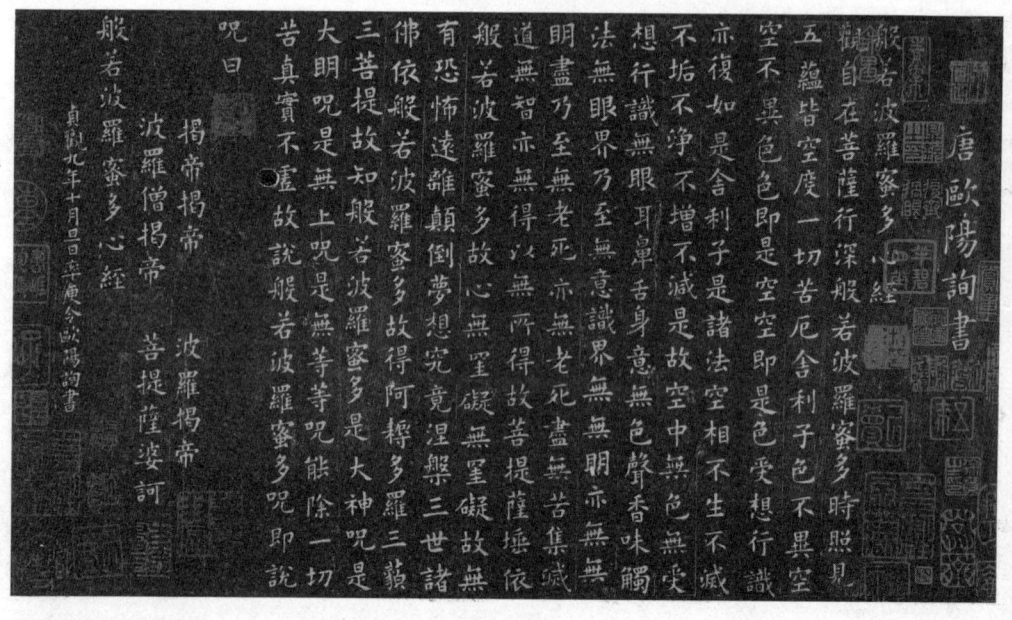

欧阳询《小楷心经》

墨的，甚至书法的优劣常常被当作衡量一个人的才气、发展前途，甚至人品的一项重要标准。教育是用来传播思想文化的，而笔墨正是这个社会信息交往的载体和思想得以流传的媒介。因此，唐太宗在即位的第二年，就置书学、算学于国子监。当时国子监主要设国子、太学、四门、律、书、算六学，其中书学正是专门培养书法人才的场所。国子监的书学机构下设书学博士两人，主持日常的教

学，另设助教一人，辅助教学、典学两人，负责执行学规。另有《通典》记载，当时最高的书学机构是西京国子监，一般全国只招生徒三十人，而"州县学生门荫与律、书、算学同。诸生皆限年十四以上，十九以下，皆郡县自补"①。当然，不仅仅是专门学习书学的人，国子、四门、太学等也必须学习书法，规定每日学书，日纸一幅。唐太宗和大臣们也特别注重贵族子弟的书法教育问题，经常从民间征集许多工于书法的人入官。贞观四年（630），据《唐朝叙书录》载："初置弘文馆，选贵臣子弟有性识者为学士，内出书命之习学，又人间有善书者追征入馆，十数年间，海内风从矣。"②弘文馆的学生，大多都是恩荫出身的贵族子弟，在具体的考试中可以不拘一格，甚至网开一面，但是对书法的要求非常严格，要求"楷书字体，皆得正详"。当时的大书法家欧阳询、虞世南都在国子监中教授过书法。

其次，唐代科举制度是为国家选拔人才的重要途径。在贡举中常设的有进士、秀才、明经、明法、明书、明算等

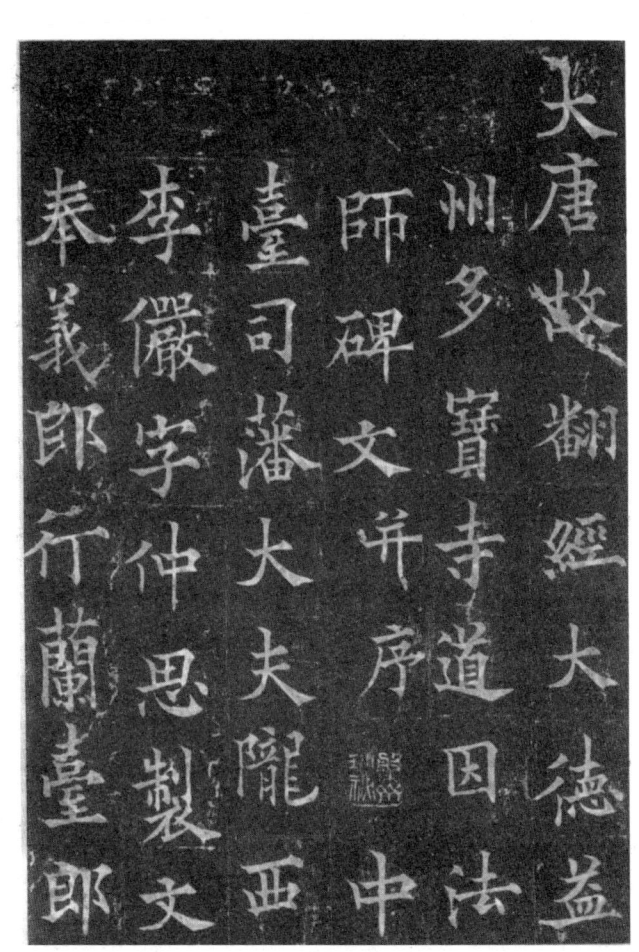

欧阳通《道因法师碑》（局部）

---

① 〔唐〕杜佑：《通典》，北京：中华书局，1988年，第1468页。
② 〔唐〕张彦远辑，洪丕谟点校：《法书要录》卷四《唐朝叙书录》，上海：上海书画出版社，1986年，第132页。

科。其中明书又称书科,考试的主要内容是文字学知识和各体书法的演示。参加考试的士人有出自国子监的生徒,也有地方选举的乡贡。据史书记载:"凡书学,先口试,通,乃墨试《说文》《字林》二十条,通十八为第。"① 也就是说,考试的程序是先口试文字学常识,然后笔试《说文》六帖和《字林》四帖。两者兼及者为书科及第。在唐代,参加科举仅仅相当于取得了入仕的资格,而具体的考核与任官还需要通过吏部铨选。在吏部铨选时,书法是贡举各科的必要条件。如铨选制度中,四个必备条件称之为"四才":身、言、书、判。其中"身"主要是长相外貌上的标准,要求相貌端庄,身材伟岸;"言"主要是考察言辞的能力,需要有很好的口才;"书"就是书法,主要以楷体为主,取其中书法遒劲优美的人;"判"主要是判案的文辞是否恰当合适。铨选中"四才"的顺序,首先是看书法和判词,然后再看身与言。若是合格,便根据铨选人的意见、条件,拟定当授予的官职,并现场当众宣布。② 可见,在正常程序下,书法水平是第一要义,不过关可能就不被录用,而且要求非常严格。到后来,参加铨选的人较多,吏部并不能做到对参加铨选的人一一当面铨选,更多只是看书法和判词。这样书法的重要性就更加凸显了。可以看出,不论是从整个社会书法教育的风气,还是从科举制中对书法的重视来看,书法是当时读书人的必修课,更是进入仕途的必备能力。所以,在唐代,书法教育的引导,科举利禄的诱惑,使得唐人对书法格外重视。

(五) 笔墨纸砚等制造业的进步

唐代书法艺术成就与笔墨纸砚制造业的繁荣也息息相

---

① 〔宋〕欧阳询、宋祁:《新唐书》卷四十四《选举志》,北京:中华书局,1975年,第1162页。

② 〔宋〕欧阳询,宋祁:《新唐书》卷四十五《选举志》(下),北京:中华书局,1975年,第1171–1172页。

关。当然，整个社会对书法的重视以及书法水平的提高会刺激笔墨纸砚文房四宝制作技术的不断改进；同时，笔墨纸砚文房四宝制作工艺的不断进步，反过来也会将书法艺术推向更高的水平，两者相辅相成、相得益彰。所谓"工欲善其事，必先利其器"①。唐人对书法艺术的重视，自然也要求笔墨纸砚各方面都要有所提高。总的来说，唐代文房四宝的制作技术，在魏晋南北朝的基础上，取得了巨大的进步。

  文房四宝中，我们仅仅以笔的制作管窥当时制作工艺的讲究与精当。从秦将蒙恬制造第一支毛笔起，毛笔的制造工艺经过长期积累和提高，尤其是随着书法绘画的不断发展与繁荣，毛笔的制作工艺也越来越精良和考究。书法对于笔的要求，或者说笔对书法艺术的重要性是不言而喻的。我们仅仅从柳公权在《谢人惠笔帖》中的一段论述就可以看出："近蒙寄笔，深慰远情。但出锋太短，伤于劲硬。所要优柔，出锋须长，择毫须细，取管不在大，副切须齐。齐则波磔有凭，管小则运动省力，毛细则点画无失，锋长则洪润自由。"唐代大书法家主要用宣笔，是在晋代宣笔的基础上继续改进而成的。宣笔，是安徽宣州用兔毫制成的紫毫笔，以笔锋坚挺著称，正如白居易在新乐府《紫毫笔》中所言："紫毫笔，尖如锥兮利如刀。江南石上有老兔，吃竹饮泉生紫毫。宣城之人采为笔，千万毛中拣一毫。毫虽轻，功甚重，管勒工名充岁贡。"当然，宣笔所用的兔毫，并非宣州土产的兔毛，而是用陈州、亳州、宿州等地的兔毛，不过宣州笔工技术高超、选毫精良，所以在国内非常著名。宣州出现了一些非常重要的制笔世家，如"陈氏""诸葛氏"，他们的工艺世代相传。由于当时整个社会书风很盛，所以兔毫的需求量也很大。根据《新唐书·艺文志》记载："（玄宗）创集贤书院，

---

① 杨伯俊：《论语译注》，北京：中华书局，2009年，第161页。

学士通籍出入，既而太府……岁给河间、景城、清河、博平四郡兔千五百皮为笔材。"①

笔管主要是以竹子为主，也最为普遍和适宜。当然也有其他材质，如《新唐书·欧阳询传》中记载，欧阳询之子欧阳通"晚自矜重，以狸毛为笔，覆以兔毫，管皆象犀，非是未尝书。"② 其实，这只是一种身份，或者奢侈的象征。毕竟欧阳通虽然书法造诣不及欧阳询，但官至宰相，比欧阳询官运亨通。当然，从书法的实用性来讲，笔管还是以轻便为主，王羲之在《笔经》中指出："昔人以瑠璃、象牙为笔管，丽饰则有之，然笔须轻便，重则踬矣。"书圣这段对笔管文饰与实质的论述，一语中的。

时势造就英雄，英雄借力时势。唐初的政治、经济、文化政策与书法风尚，经过高宗、武则天的延续，终于在中唐玄宗时期，达到了最为强盛、富庶的时期。同时，唐人也展现出其开放、自信的文化心理以及兼容并蓄的文化态度。初唐时期在书法理论和书法实践上取得的巨大成就，为盛中唐时期书法的进一步发展奠定了坚实的基础。

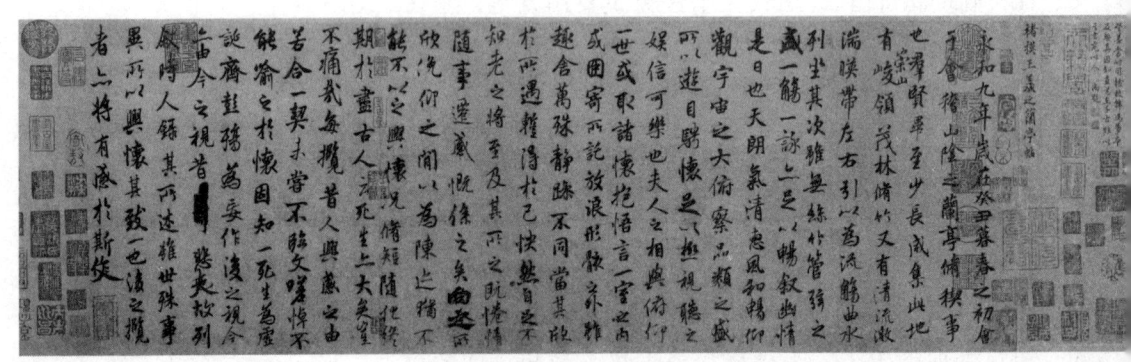

王羲之《兰亭序》（褚遂良摹本）

---

① 〔宋〕欧阳修、宋祁：《新唐书》卷五十七《艺文志》，北京：中华书局，1975年，第1422页。

② 〔宋〕欧阳修、宋祁：《新唐书》卷一九八《欧阳询传》，北京：中华书局，1975年，第5646页。

"草圣"张旭就处在这样一个中国书法史上创造力最强、最繁荣的时代,整个社会笼罩在崇尚书法的氛围中。当然,张旭也无愧于这个时代给予他的种种机遇。张旭的挥毫对真书、草书的贡献,奠定了其在中国书法史上"草圣"的地位,同时,他也是中国书法教育史上一个承上启下的关键性人物。

第二章 张旭生平重要事迹考述

张旭不论是在个人的书法成就方面，还是在唐代书法史上，甚至是在中国书法史上来说都是一位举足轻重、承前启后的关键人物。尽管如此，作为正史的《旧唐书》《新唐书》，对张旭的记载却颇为简略，使得张旭在中国书法史上成为一个神龙见首不见尾，颇具神秘感的高人。

张旭，字伯高，又字季明，唐代吴郡昆山人。关于张旭籍贯的记载，首先是史书的记载，如《旧唐书》称张旭是"吴郡人"，《新唐书》称其为"苏州吴人"。其次，是一些书论作品的记载，如颜真卿的《怀素上人草书歌序》中称张旭是"吴郡"人。再次，是张旭自己作品的署名，在张旭的《郎官石柱记》以及《严仁墓志》中均自署"吴郡张旭"。

关于张旭生平大事，史书记载非常少。如成书于五代时期的《旧唐书》，对张旭的记载就十分简略，仅在《贺知章传》中略提及张旭："时有吴郡张旭，亦与知章相善。旭善草书，而好酒，每醉后号呼狂走，索笔挥洒，变化无穷，若有神助，时人号为张颠。"[1] 对张旭生平的记载仅用四十四字，惜字如金。大意就是说吴郡的张旭当时与贺知章交好。张旭的草书造诣非常高，而且嗜好喝酒。他草书创作的特点是，每每在喝醉之后，就在那里大呼大叫，狂奔乱跑，拿起笔开始挥毫，整个创作过程变

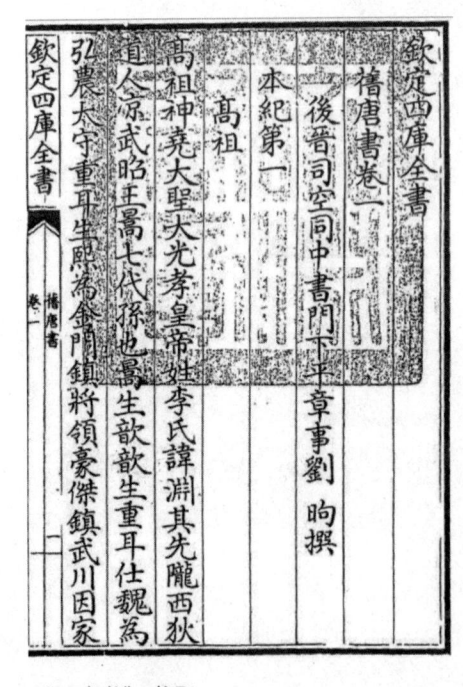

《旧唐书》书影

---

[1] 〔后晋〕刘昫：《旧唐书》卷一九〇（中）《贺知章传》，北京：中华书局，1975年，第5034页。

化多端，非常神妙，就像有神明在他写字时暗中相助，时人称他为"张颠"。但就是这简单的描述，张旭的艺术境界、艺术成就以及他创作草书时那种潇洒不羁的状态，跃然纸上，令人神往。

北宋欧阳修、宋祁所主持修撰的《新唐书》中，张旭的传记又附在了《李白传》的后面，比起《旧唐书》而言，篇幅略有增加，信息量稍稍有所扩大，具体记载如下：

> 旭，苏州吴人。嗜酒，每大醉，呼叫狂走，乃下笔，或以头濡墨而书，既醒自视，以为神，不可复得也，世呼张颠。
>
> 初，仕为常熟尉，有老人陈牒求判，宿昔又来，旭怒其烦，责之。老人曰：观公笔奇妙，欲以藏家耳。旭因问所藏，尽出其父书，旭视之，天下奇笔也，自是尽其法。旭自言，始见公主担夫争道，又闻鼓吹，而得笔法意，观倡公孙舞剑器，得其神。后人论书，欧、虞、褚、陆皆有异论，至旭，无非短者。传其法，惟崔邈、颜真卿云。①

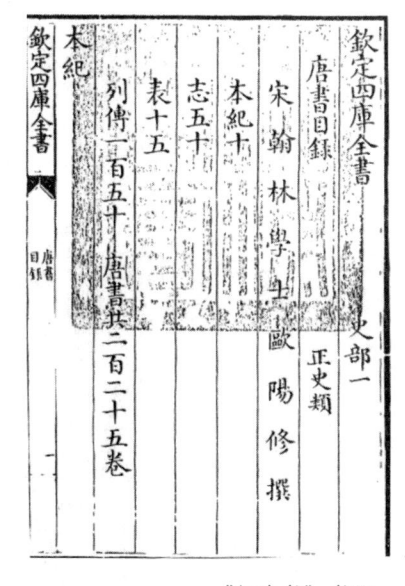

《新唐书》书影

《新唐书》这段记载与《旧唐书》相比，在介绍张旭书法创作的神奇过程中又加入了"以头濡墨而书"的独特情景。描述和介绍张旭的信息量的增加，使张旭的形象更加丰满，生平充满故事性和趣味性。在《新唐书》中，张旭书法如何得笔法、笔意，得神，通过我们早已熟知的常熟老翁、公主担夫、公孙大娘的逸闻趣事进

---

① 〔宋〕欧阳修、宋祁：《新唐书》卷二〇二《张旭传》，北京：中华书局，1975年，第5764页。

行了特别的交代。① 书中以"后人论书,欧、虞、褚、陆皆有异论,至旭,无非短者",高度评价了张旭的书法成就。最后又以"传其法,惟崔邈、颜真卿云",简要介绍了张旭书法的传承状况。

《旧唐书》《新唐书》这样非常简略的记载似乎与张旭在中国书法史上的地位极不相称。可能张旭虽有诸多文誉,但是政绩不足,官位不显,仕途不达,所以他的主要生平事迹在正史中并未有详细的叙述。这对于我们更深入地了解张旭造成了诸多不便,因此为了更加深入研究张旭的书法成就与他人生的阅历之间的关系,就必须对他的生平主要事迹做必要的考论和梳理。以下我们只能从文人笔记小说、诗词等一些现存典籍中钩沉史料,对张旭生平有一个大体轮廓的勾勒,在目前所搜集史料的基础上,还原出一个相对比较丰满的"草圣"形象。

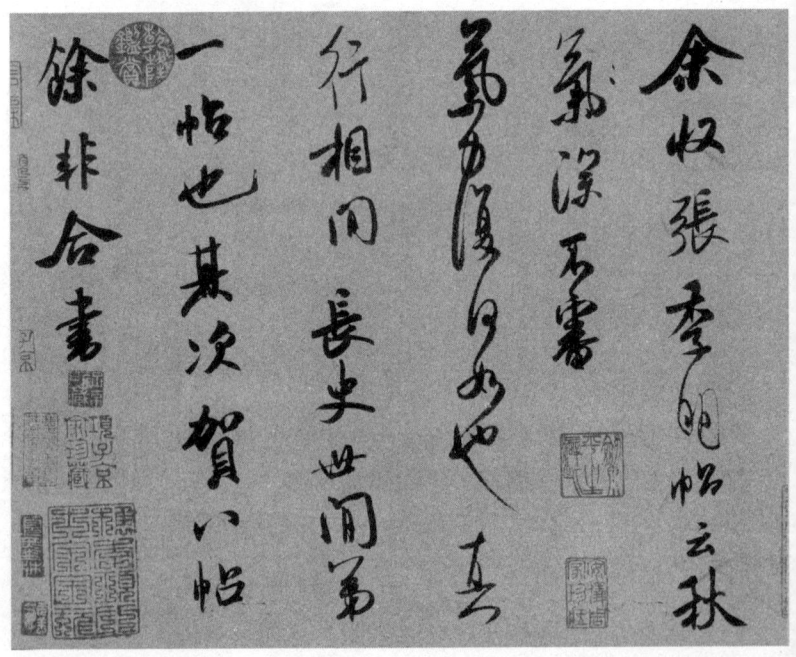

米芾《张季明帖》

---

① 这些故事的具体内容,我们会在下文章节中专门予以研究和讨论。

一、张旭的各种不同称号

张旭在书法史上有多种称号，如张伯高、张九、张季明、张长史、张颠、草圣，以下先对其各种称号的缘由略加梳理。

（一）张旭的特称

张旭，字伯高，所以在典籍中时常被称为"张伯高"。如皎然在《张伯高草书歌》中称："伯英死后生伯高，朝看手把山中毫。先贤草律我草狂，风云阵发愁钟王。"[①]

张旭，也称"张九""张九旭"。这种称号的缘由，史籍没有确切记载。一般而言，学者猜测可能张旭在其家中排行第九，但这仅仅是学者的猜测而已。由于张旭家族并非当时的望族，所以史籍对张旭父亲、兄弟等没有任何记载。学者推测张旭在家族中可能排行第九，主要是根据张旭的高足颜真卿在《张长史十二意笔法意记》中的记载："既承九丈奖谕，日月滋深，夙夜工勤，溺于翰墨。"[②] 另外，当时文人雅士对张旭的称呼也可以作为佐证，如高适就曾赠诗张旭，诗名为《醉后赠张九旭》。

宋代大书法家米芾又称之为"张季明"。比如米芾在得到张旭的《秋深帖》时，就以《张季明帖》专门来记述此事，米芾对此帖有非常高的评价："余收张季明帖云：'秋深不审，气力复何如也？'真行相间，长史世间第一帖也。"（按：原帖"深"前有"气"字，但米芾在"气"字旁边点去，以示其中有误。）

张旭，又称"张长史"。因为张旭生前曾任左率府长

[①]〔唐〕皎然：《张伯高草书歌》，见彭定求等编：《全唐诗》卷八二一《皎然》（七），北京：中华书局，1980年，第9256页。

[②]〔唐〕颜真卿：《颜鲁公集》卷十四《张长史十二意笔法意记》，文渊阁四库全书本。

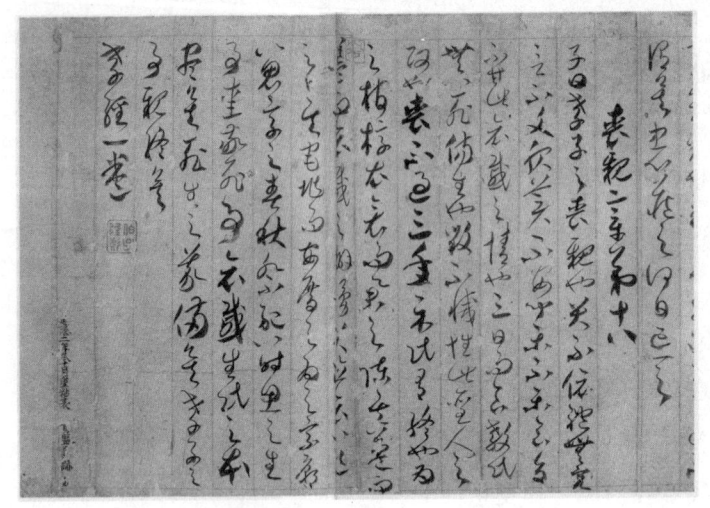

贺知章《孝经》（局部）

史、金吾长史，所以世人又称"张长史"，这个称呼在后世史籍以及文人墨客的诗文、书论中经常见到。颜真卿的《张长史十二意笔法意记》、李肇的《国史补》、朱长文的《续书断》、窦臮的《述书赋》、蔡希综的《书法论》等，均称张旭为"张长史"或"长史"。如《续书断》中："张长史，苏州吴人也，为人倜傥闳达，卓尔不群，所与游者皆一时豪杰……后人论书，欧、虞、褚、陆皆有异论，惟君无间言……文宗时，诏以李白歌诗、裴旻剑舞、长史草书为'三绝'。"①

张旭，又称"张颠"，这是时人所称。由于张旭的草书创作往往是在醉后，世人认为他的创作方式以及草书作品，都非常神奇，甚至张旭自己在醉后创作，醒后也毫不谦虚，认为自己作品神异，所以世人就称其为"张颠"。其中，典型资料就是《旧唐书》《新唐书》里的描述。《旧唐书》《新唐书》均对张旭独特的草书创作过程进行了简要的描述。《旧唐书》中写道："时有吴郡张旭，亦与知章相善。旭善草书，而好酒，每醉后号呼狂走，索笔挥洒，变化无穷，若有神助，时人号为张颠。"② 这是《旧唐书》中唯一一次对张旭的描写，整个描写聚焦在其草书

---

① 〔宋〕朱长文：《续书断》，见上海书画出版社、华东师范大学古籍整理研究室：《历代书法记文选》，上海：上海书画出版社，1979年，第325-326页。
② 〔后晋〕刘昫《旧唐书》卷一九〇《贺知章传》，北京：中华书局，1975年，第5034页。

创作过程的神妙，张旭并因此获得"张颠"的雅号。

"旭，苏州吴人。嗜酒，每大醉，呼叫狂走，乃下笔，或以头濡墨而书，既醒自视，以为神，不可复得也，世呼张颠。"① 这是《新唐书》中对张旭为何被称为"张颠"的记载。从文本记述的大体格局上来看，《新唐书》与《旧唐书》相比，没有大的变化，但是也有略微调整，比如说《新唐书》加入了"或以头濡墨而书"的情景，这在世人的眼中就是一个不合常理的癫狂行为。此外，《新唐书》还描述了张旭书法作品完成之后的自我感觉："既醒自视，以为神，不可复得也。"这种借酒寻找灵感进行创作的书法作品，连张旭自己都感到神奇。

张旭又称"太湖精"。主要依据是李颀的诗作《赠张旭》。此诗对张旭进行了淋漓尽致的描述："张公性嗜酒，豁达无所营，皓首穷草隶，时称太湖精。露顶据胡床，长叫三五声。兴来洒素壁，挥笔如流星……"其中"时称太湖精"，可证。

张旭与"太湖精"较为类似的称呼还有"东吴精"。这在杜甫《殿中杨监见示张旭草书图》一诗中提及："斯人已云亡，草圣秘难得。及兹烦见示，满目一凄恻。悲风生微绡，万里起古色。锵锵鸣玉动，落落群松直。连山蟠其间，溟涨与笔力。有练实先书，临池真尽墨。俊拔为之主，暮年思转极。未知张王后，谁并百代则。呜呼东吴精，逸气感清识。杨公拂箧笥，舒卷忘寝食。念昔挥毫端，不独观酒德。"其中"呜呼东吴精，逸气感清识"即为明证。

张旭继张芝之后，又被誉为"草圣"。张旭在草书上取得的成就无可超越，其艺术高度令人叹为观止，后人难以望其项背。他的草书创作使汉字的艺术意义发挥到了最

---

① 〔宋〕欧阳询、宋祁：《新唐书》卷二〇二《张旭传》，北京：中华书局，1975年，第5764页。

大限度。张旭草书将书法作为一种美学、一种抒情、一种表达发挥到了极致。因此在唐代就有人称赞其为"草圣"。杜甫的《饮中八仙歌》就提到:"张旭三杯草圣传,脱帽露顶王公前,挥毫落纸如云烟。"

(二)张旭与他人的合称

当然,张旭也有与其他文人雅士合称的称誉。张旭、张若虚、贺知章、包融四人齐名,又都是江浙一带人,这一带在古代也叫吴中,因此时人将他们冠以"吴中四士"的美誉。其中张若虚、包融是当时著名的诗人,贺知章、张旭是大书法家,也是诗人。"吴中四士"的诗作以张若虚的《春江花月夜》最为著名。"四士"性格狂放,诗歌多具有浪漫色彩,其中往往透露出一丝新气息、新情趣,体现了唐诗从初唐到盛唐过渡的特色。

另外,张旭与唐朝嗜酒的其他七位文人雅士,也被时人称为"酒中八仙"或"醉八仙"。据《新唐书·李白传》记载,李白、贺知章、李适之、李琎、崔宗之、苏晋、张旭、焦遂被称为"酒中八仙人"。

虽然张旭在书法史上有多种称号,如以上我们列举出的张伯高、张九、张季明、张长史、张颠、草圣等,合称如"吴中四士""酒中八仙"等,但是在典籍中一般多以"张长史"称呼,"张颠""草圣"次之,其他的称呼相对较少。

二、张旭生卒年考证

张旭一族在历史中并非世家大族,也非李唐王朝崛起的新贵,所以在史籍中,如张旭的父族、兄弟、排行、子嗣等均没有明确的记载。许多关于张旭的信息,史籍都没有记载,这就给我们今天深入研究张旭造成了诸多不便,尤其是张旭的生卒年,显得异常棘手。学术界对张旭生卒年的讨论一直都在持续,但主要还是根据张旭与一些重要人物的交往以及具有标志性的重要事件进行推测。由于学者所依据的材料不一致，甚至有冲突，所以这一问题的研究学术界并未达成一致，甚至同一学者前后观点都有所不同。

（一）闻一多的矛盾说法

对张旭生年的推测与考证，最早的研究成果就是闻一多的《张旭年考》。闻一多在这篇文章中指出，张旭当生于显庆三年（658），主要依据就是窦臮的《述书赋》。他在文中说道："窦臮《述书赋》叙述并世书法家似依年辈为次，而张旭在贺知章前。考知章生于显庆四年（659），假定张旭长知章一岁，则生于显庆三年（658），以天宝六载卒计之，当享年九十岁。"①

其实，我们从这一说法的措辞中也能看出，"似依年辈为次""假定张旭长知章一岁"，闻一多的这一说法，仅仅是一个推测性的大略说法，不必较真。当然，闻一多先生后来对此说法也有所修订，如在《唐诗大系》中，他又以唐高宗上元二年（675）作为张旭的生年。

张旭的卒年，闻一多在此文中也指出："颜真卿《张长史十二意笔法意记》：'予罢秩醴泉，特诣东洛，访金吾长史张公旭，请师笔法。'寻年谱，事在天宝五载，苏涣《赠零陵僧兼送谒徐广州》诗云：'张颠没在二十年，谓言草圣无人传，零陵沙门继其后，新书大字大如斗。'又云：'忽然告我游南溟，言祈亚相求大名，亚相书瀚凌献之，见君绝意必深知。'（案：亚相指徐浩）《新书·方镇表》载大历二年（767）徐浩拜岭南节度使，三年迁吏部侍郎。《旧书·代宗纪》大历二年二月，以京兆尹李勉代为广州刺史、充岭南节度使，是苏涣此诗当作予大历二年二月至三年十月之间，假定为三年，由此上数二十年，则旭卒于

---

① 闻一多：《张旭年考》，转引自朱关田：《唐代书法考评》，杭州：浙江人民美术出版社，1992年，第172-173页。

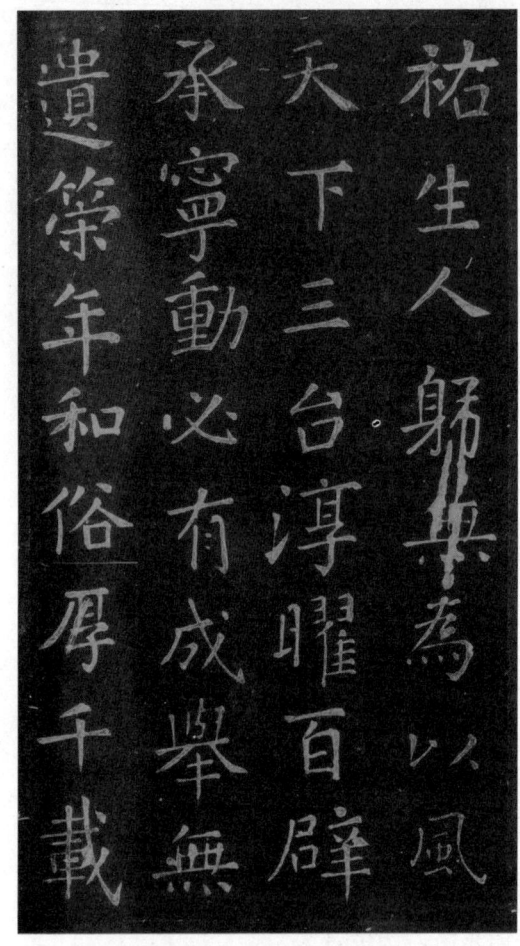

张旭《郎官石柱记》（局部）

天宝六载（747年）。"①

由此我们能够看出，闻一多对张旭生卒年考订结果就有两个，一个是生于显庆三年（658），卒于天宝六年（747），享年九十岁，但是这一说法后来被闻一多自己否定。闻一多的另一说法就是认为张旭生于唐高宗上元二年（675），卒于天宝六年（747），享年七十三岁。

（二）其他学者的争论

朱关田在《张旭考》一文中，引用闻一多的说法，并认同闻一多考证的张旭生年的说法，即唐高宗上元二年（675）。但是关于张旭的卒年，朱关田以李白的《猛虎行》、石刻《千字文》为依据，参照清代学者王琦、现代学者郭沫若的说法，认为张旭的卒年应当为唐肃宗乾元二年（759）②。那么，张旭的生卒年就是675年至759年，享年八十五岁。

熊秉明在《张旭与狂草》③和《张旭的生卒年代》④两文中认为张旭的生卒年代应该为658年至748年。至于其生年为658年，与闻一多最初提出658年说的依据相同，认为张旭的生年应在贺知章之前，所以定为658年。而张旭卒年的主要依据是苏涣的诗作《怀素上人草书》中有"张颠没来二十年"，

---

① 闻一多：《张旭年考》，转引自朱关田：《唐代书法考评》，杭州：浙江人民美术出版社，1992年，第175页。

② 阮明堂：《张旭卒年考辨》，《太原师范学院学报》（社会科学版）2004年第4期。

③ 熊秉明：《张旭与狂草》，《中国书法》1987年第1期。

④ 熊秉明：《张旭的生卒年代》，《中国书法》1993年第5期。

而此诗作于 768 年，那这样往前推二十年就是 748 年。但这种说法所依据材料的年代均为约数，却最终得出一个确切的生卒年代，也是不可靠的。张旭卒年依据诗作中的"二十年"，而这里的"二十年"是约数的可能性也非常大，前后时间的差距可能是二十年，也可能是十年左右。当然，这种说法必须还要一个假设成立，那就是熊秉明主张的李白《猛虎行》是伪作。因为如果《猛虎行》这首诗确实是李白的作品，那此时张旭当为九十八岁，李白当为五十六岁，这种可能性就非常小。

李白像

方磊对以上诸说逐一进行分析，并对每一种说法的不合事实、不合逻辑之处一一指出，并根据史料提出新的说法，认为张旭的生卒年分别为 683 年和 759 年。① 方磊虽然又为张旭生卒年提出一种新的说法，当然面对文献阙载，他并没有十分确定。在提出新说之余，他也不得不说："当然，683-759 年也只是约数，允许有误差。"② 也有学者对张旭生卒年这一学术问题采取一种相对比较宽泛的结论，比如殷荪在《论张旭》一文中指出"张旭应是玄宗时代的人"③。这种说法是一种有一分史料说一分话的超然态度，并不愿在未有确切年代史料的情况下，对张旭的生卒年代得出一个非常准确的结论，这一点是值得肯定的。因为我们从闻一多、朱关田、熊秉明对张旭生卒年的论证中能够看出，其依据的主要史料都是一致的，而其对生卒年判断的分歧很大，与其说是事实之争毋宁说这是一种认识、一种态度、一种立场之争。正是他们面对不同史料，尤其是记载有矛盾的材料所采取的不

---

① 方磊：《张旭生卒年探析》，《西北美术》1996 年第 4 期。
② 方磊：《张旭生卒年探析》，《西北美术》1996 年第 4 期。
③ 殷荪：《论张旭》，《中国书法》1987 年第 5 期。

同态度所致。而这一问题的真正解决，还需要期冀于将来能够发现与之相关的出土文献，所以笔者此处不作妄论。

当然，这些学界前辈的精心考证和讨论以及对张旭主要事迹的钩沉，对我们今天继续研究也有十分重要的意义，而笔者并不拟提出一种新的说法，以求新意。

笔者此处的论述与研究，主要针对张旭一生非常辉煌的时期，也就是他的主要活动年代——唐玄宗时期，若是更准确地说，应当是在唐开元年间和天宝初年。我们仅仅根据种种史料对张旭事迹和成就做一番考证、梳理和评价。

三、张旭主要事迹钩沉

关于张旭的家族、童年、成长、婚姻、子嗣等问题，史籍未有任何记载，早已消失在历史的深处。当然，像张旭这样重要的人物，民间也有很多传说。据说，时人只要得到他的片纸只字，都会视若珍品，世代珍藏。张旭有个邻居，家境贫困，听说张旭生性慷慨，就写信给张旭，希望得到他的资助。张旭非常同情邻人，便在信中说道：你只要说这信是张旭写的，至少价值百金。邻人收到信后，照着他的话上街售卖，果然一上街就被抢购。邻人非常高兴，回到家向张旭致信表示感谢。还有其他一些传说，此处不再细说。

当然，种种传说都难以为据，作为茶余饭后的谈资尚可，但是在对张旭的学术研究中，其可信度仍比较低，难以凭借。以下我们仅仅根据正史、笔记小说、诗文等所涉及张旭的一些重要事迹进行钩沉和粗略地梳理，以期对张旭主要活动年代的一些事迹进行相对系统地研究，进而能够对张旭一生的历程和境况有所了解。

（一）张旭不显的仕途

《旧唐书》除对张旭当时在书法创作方面的特征和张

旭书法的影响记载之外，别无他载。《新唐书》增加了一些他的生平事迹，如记载张旭从常熟老人处得笔法，顺带提及了张旭"初仕为常熟尉"，指明得笔法这件事正是他在任职常熟尉时发生的。常熟尉在唐代的官阶是从九品上，是一个地方低级小官吏。既然张旭入仕，那我们不禁要问，张旭是通过什么样的方式入仕的呢？虽然史籍阙载，但我们可以做一些必要的推测。我们知道，唐代入仕的途径主要有以下六种：科举，恩荫，军功，纳资，荐举，征辟。张旭的父族并非望族，所以恩荫和军功这种入仕捷径是根本不可能的。我们认为，以张旭的才气来看，其他四种可能性最大，应该属科举入仕。当然朱关田进一步指出，张旭应该是词科出身，因为在开元年间，张旭与贺知章、包融、张若虚并称为"吴中四士"，诗文名满天下，所以朱关田的推断也是符合情理的。

之后，张旭又任左率府长史，官阶是正七品上。在张旭任左率府长史期间，他的书法境界已经渐入化境。此时张旭的书法造诣已并非是"养在深闺人未识"，他的书名已经开始远播，名扬天下。我们从蔡希综的《法书论》中就能看出端倪："迩来率府长史张旭，卓然孤立，声被寰中，意象之奇，不能不全其古制，就王之内弥更减省，或有百字五十字，字所未形，雄逸气象，是为天纵。又乘兴之后，方肆其笔，或施于壁，或札于屏，则群象自形，有若飞动，议者以为张公亦小王之再出也。"① 当时蔡希综《法书论》、窦臮《述书赋》习惯性称张旭为"率府长史张旭"。据此也能看出，可能张旭书法名扬天下正是起于此时，而后世多以"张长史"称之，应当与此有关。

725年前后，张旭又任金吾长史，官阶是从六品上，此时居于东都洛阳。正是因为他的书名早已经名满天下，

---

① 上海书画出版社、华东师范大学古籍整理研究室：《历代书法文论选》，上海：上海书画出版社，1979年，第273页。

所以才得到了经过洛阳的唐玄宗的召见，并现场展示其书法艺术。据《太平广记》载："开元中，驾幸东洛。吴生与裴旻、张旭相遇，各陈所能。裴舞剑一曲，张书一壁，吴画一壁。都邑人士，一日之内，获睹三绝。"① 而这件事，在《旧唐书·玄宗本纪》中也有记载，其时间正好为开元十三年（725）十月。这就是说，在开元十三年，唐玄宗去泰山封禅，途经洛阳，张旭与吴道子、裴旻三人在此相聚，我们不知三人是偶遇还是为了迎接唐玄宗专门到此，我们认为后者的可能性还是比较大，可能是唐玄宗亲自安排召见的。吴道子当时是唐玄宗的宫廷画师，随唐玄宗东封泰山，他又曾经师从张旭学习书法，因此对张旭的书法成就了如指掌，张旭任金吾长史，也正好任官洛阳，他极有可能会向唐玄宗推荐张旭。

张旭《郎官石柱记》（局部）

试想当时，唐玄宗召见当时艺术领域非常有成就的裴旻、张旭、吴道子，他们各自在玄宗面前展示自己的艺术才华。其中，裴旻舞剑一曲，张旭书法一壁，吴道子作画一壁。整个东都洛阳的人士，能够在一天之内看到三人同时展现其各自的绝技，都以之为幸运。由此可见，至少在此时，张旭的书名不仅名满天下，已经被时人视为一绝，而且已得到了皇帝唐玄宗的认可。因此，朱关田认为张旭出名起于天宝年间，是站不住脚的。②

不论是他任率府长史，还是金吾长史，张旭终其一生

---

① 〔宋〕李昉等：《太平广记》卷二一二，文渊阁四库全书本。
② 朱关田：《中国书法史·隋唐五代卷》，南京：江苏教育出版社，1999年，第111页。

的官阶始终未超过从六品上。所以说，张旭一生官运并不亨通，最多只能算是唐王朝的一个中下级官吏，而且始终是外官，未能进入权力核心部门。就其经济情况来说，虽不能说是贫困潦倒，但其经济境况始终比较差。因此，富贵二字，张旭一生终与其无缘，而且根据记载，张旭一生也不以此为志。

（二）张旭在洛阳

我们现在能够确认的关于张旭生平比较重要的事件，都是与他的书作流传相关：开元二十九年（741）书写的《郎官石柱记》、天宝元年（742）书写的《严仁墓志》和天宝二年（743）书写的《王之涣墓志》。

开元二十九年（741），他书写了《郎官石柱记》。书写时间明确题为"开元二十九岁"，碑文有"朝散大夫行右司员外郎陈九言撰""吴郡张旭书"。这是传世碑帖中最可靠的张旭楷书真迹。但不知什么原因，原石早已佚失，传世的仅有王世贞旧藏的宋拓孤本，弥足珍贵。历代书家对此碑的艺术成就评价都非常高。此帖宋代已经有刻本，明代书法家董其昌曾刻入《戏鸿堂帖》。

天宝元年，距《郎官石柱记》的书写时间仅仅相差一年，即742年，张旭撰写了《严仁墓志》。这个墓志并未传世，典籍中也未有任何记载，属于新出土的张旭书法材料。《严仁墓志》于1992年元月在河南省洛阳市邙山脚下偃师县磷肥厂扩建改造工地发掘的一处唐墓中发现，根据墓志的内容记载，墓主人为绛州龙门县尉严仁。墓志青石质地，有盖，近正方形，右上角已经残缺，长55厘米，宽53厘米。墓志以楷书书写，共21行，每行满行21字，碑文共计430字。根据墓志内容，此碑碑文由"邓州内乡县令吴郡张万顷撰"，落款署名为"吴郡张旭书"。此碑与《郎官石柱记》书写时间前后仅相隔一年，但与《郎官石柱记》浑厚圆润不同的是，此碑字形方正，用笔棱角分明，字的点画以瘦硬为主，前后气息相通。虽然两碑的特

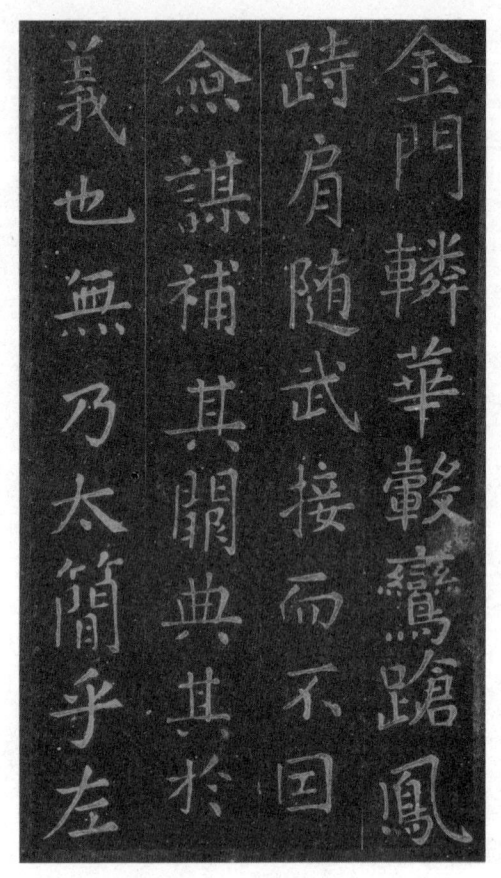

张旭《郎官石柱记》（局部）

点稍有不同，但是从其笔法来看，当为张旭所书。①

天宝二年（743年），张旭又撰写《王之涣墓志》。墓主人为"文安郡文安县尉太原王之涣"。《王之涣墓志》于20世纪30年代在河南洛阳出土，其墓志题"宣义郎行河南府永宁县尉西河靳能撰"，但没有署名具体的书写者。根据一些专家考证，此碑也是由张旭书写，但是仍有很多争议，没有形成定论。我们认为，王之涣是著名的边塞诗人，根据张旭的豪迈性格以及当时张旭的友人群体，如边塞诗人高适、李颀等，从侧面也能证明此碑很有可能就是张旭所书。但是总体而言，书法界对此碑的重视和研究的力度还是不够。此碑现藏于南京博物院。

当然，我们从这两方墓志的内容来看，这两位墓主人都是唐王朝的低级官吏，最终也都是埋葬于洛阳。张旭虽书名至盛，但一生所结交的官吏，始终都是下层圈子，未能与唐王朝的达官贵人产生交集。况且张旭此时恰好居住在洛阳，在洛阳做官，即为金吾长史，又有书写碑文的可能和便利。如此看来，地点也是相合的，可以形成互证。

（三）文人眼中的张旭

张旭与当时政治上的达官贵人并未有多少交集，但是，他却与当时一流的文人雅士、书法家交往频繁。我们从片段史料中可以勾勒出张旭与当时才华横溢的文人雅士之间的交游，尤其在友人诗词中张旭的形象，显得更加丰满和亲切。

---

① 其拓本刊于《书法丛刊》1992年第4期。

1. 贺知章

贺知章可能是张旭生前最亲密、来往最密切、相互影响最深的挚友。史书记载："时有吴郡张旭亦与知章相善。"① 贺知章与张旭一样，也是以草书、诗文驰名于开元、天宝年间。刘昫的《旧唐书》对张旭传记的处理就是将其附于《贺知章传》之后，也能看出五代时人对张旭和贺知章两人之间关系的认可。贺知章与张旭同为"吴中四士"，才华横溢，尤其是贺知章在诗文方面的造诣极高，年轻时就名扬天下。贺知章在武周证圣元年（695）科举中进士，由于其族姑之子陆象先的荐引，仕途起点比张旭高。贺知章初为国子四门博士，官运亨通，后来又擢升为太常博士。开元十三年（725），贺知章擢迁礼部侍郎，加集贤院学士。开元二十六年（738），迁太子宾客，官至三品。贺知章与陆象先为姻亲关系，陆象先又与张旭为表兄弟，这样贺知章和张旭就多了一层亲缘的关系。这层关系可能对张旭日后能够立足京城，进入京城的吴越文人圈有着非常重要的作用。当然，姻亲关系只是张旭与贺知章能够深入交往的一个非常好的契机。

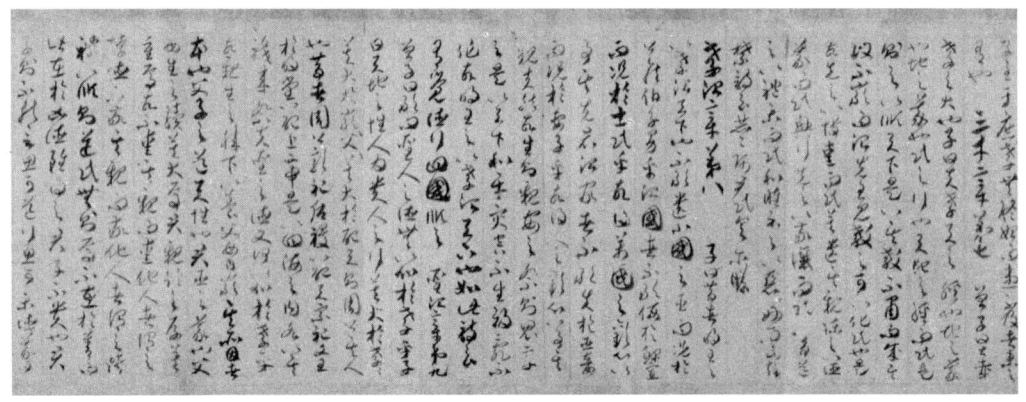

贺知章《草书孝经》（局部）

---

① 〔后晋〕刘昫：《旧唐书》卷一九〇《贺知章传》，北京：中华书局，1975年，第5034页。

中国古代文人的交游讲究以文会友、以友辅仁。贺知章与张旭有如此深入的交往，他们的性情相似才是最根本的原因。他们都是才华横溢、嗜酒如命、工于书法、不拘一格的癫狂之士。张旭的情况我们后面会详细描述，此处我们先看看史籍中对贺知章的一些记载：

> 贺知章，字季真，会稽人。官至秘书监，自号四明狂客。善草隶，尝与张旭游于人间，凡人家厅馆好墙壁及屏障，忽忘机兴发，笔落数行，如虫豸飞走，虽古之张、索不如也。好事者具笔砚从之，意有所惬，不复拒。然每纸才十数字，世传以为宝。①

我们看到，这里的"狂客"贺知章简直就是另一个张旭。张旭和贺知章，一癫一狂，相映生辉。两大书法名家一起同游民间，只要看见人家厅馆有好的墙壁或者屏障，就忘记一切，书兴大发，提笔便书写几行，如龙盘蛇走，即使是古时的张芝、索靖也难以相比。两位草书大家同时出现，并有如此之举，所以就有好事之人拿着文房四宝跟随着他们，当看到他俩心情适意的时候，就去求字，他们当然不会拒绝，虽然每一纸仅仅书写数十字，但是时人都传以为宝。两人纵情笔意，游历四方，对于其他路人的索字，也毫不吝惜，大方赠字。

不羁的性格，诗文、书法高超的造诣，是贺知章、张旭深入交往的深层次原因。当然从后世的评价来看，贺知章的诗文造诣当在张旭之上，但在草书方面，贺知章却难以望张旭之项背。而同为"吴中四士"的包融和张若虚，史籍却没有记载他们与张旭的交集，或为史籍阙载，或为张旭与二人交往并不深入。

---

① 〔宋〕施宿：《嘉泰会稽志》，见陈思：《书小史》卷九，文渊阁四库全书本。

2. 李白

欧阳修、宋祁的《新唐书》将张旭传记置于《李白传》之后，可见宋人对李白与张旭二人交情的理解。当然，张旭与李白交往的具体细节，我们已经不得而知。根据诗文记载，张旭曾经与李白有一定的交往，李白诗歌中涉及张旭的有《草书歌行》和《猛虎行》。[①] 李白《猛虎行》叙述的是李白在天宝十五年（756）春南下避乱，在溧阳与张旭相会饮酒一事：

> 朝作猛虎行，暮作猛虎吟。
> 肠断非关陇头水，泪下不为雍门琴。
> 旌旗（一作旍旌）缤纷两河道，战鼓惊山欲颠（一作倾）倒。
> 秦人半作燕地囚，胡马翻衔洛阳草。
> 一输一失关下兵，朝降夕叛幽蓟城。
> 巨鳌未斩海水动，鱼龙奔走安得宁。
> 颇似楚汉时，翻覆无定止。
> 朝过博浪沙，暮入淮阴市。
> 张良未遇韩信贫，刘项存亡在两臣。
> 暂到下邳受兵略，来投漂母作主人。
> 贤哲栖栖古如此，今时亦弃青云士。
> 有策不敢犯龙鳞，窜身南国避胡尘。
> 宝书玉（一作长）剑挂高阁，金鞍骏马散故人。
> 昨日方为宣城客，掣铃交通二千石。
> 有时六博快壮心，绕床三匝呼一掷。
> 楚人每道张旭奇，心藏风云世莫知。
> 三吴邦伯皆（一作多）顾盼，四海雄侠皆追

---

① 具体关于这两首诗的争议及其断代，可参看刘崇德：《李白〈猛虎行〉〈草书歌行〉新考》，《文学遗产》1992 年第 3 期。

随(一作相推)。

萧曹曾作沛中吏,攀龙附凤当有时。

溧阳酒楼三月春,杨花茫茫(一作漠漠)愁杀人。

胡雏(一作人)绿眼吹玉笛,吴歌白纻飞梁尘。

丈夫相见(一作到处)且为乐,槌牛挝鼓会众宾。

我从此去钓东海,得鱼笑寄情相亲。①

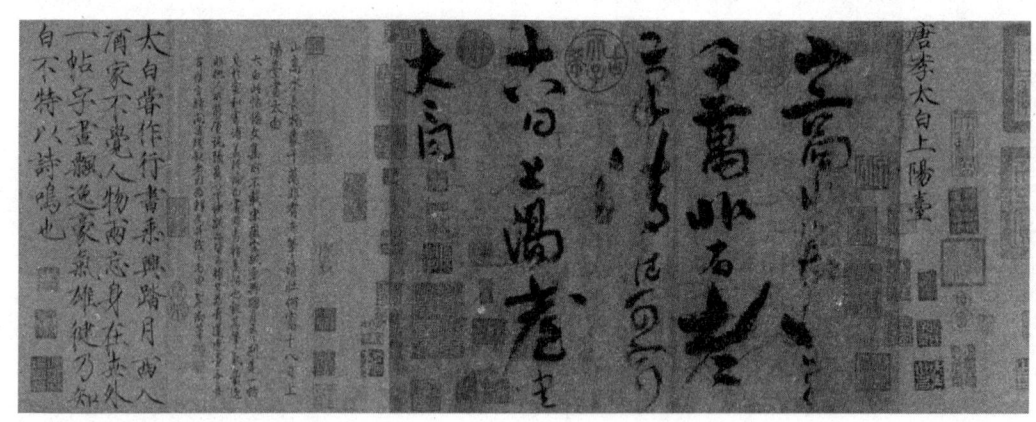

李白《上阳台帖》

根据李白《猛虎行》内容的描写,时值安史之乱,晚年的李白(三年后,762年,李白去世)南下避难,李白对当时平叛的艰难局势描写之后,对楚汉历史感慨良多。接下来就是对张旭的勾勒,字字可见张旭当时在楚地和全国的影响:"楚人每道张旭奇,心藏风云世莫知,三吴邦伯皆顾盼,四海雄侠两追随。"李白才高八斗,恃才傲物,但是我们能看出他对张旭评价与时人的不同,当时人们大多赞颂、称叹张旭醉酒的草书创作,而李白诗中对张旭的书法造诣和书法创作仅仅以一个"奇"字概括。他感叹世

---

① 〔清〕彭定求等编:《全唐诗》卷一六五《李白》(五),北京:中华书局,1980年,第1713页。

人在喧哗的追捧中，并不懂得张旭的内心世界，正所谓"心藏风云世莫知"，李白看到了张旭才高的寂寞。"三吴邦伯皆顾盼，四海雄侠两追随"两句又以天下英雄、豪杰、才俊对张旭的追随与膜拜，揭示出张旭心有乾坤的独特人格魅力，其中倾注了李白对张旭的相知、仰慕之情。"诗仙"李白，这位生前身后都拥有盛名的伟大诗人，目空一切，锋芒毕露，在唐玄宗、杨贵妃面前也敢造次的不羁才子，竟然对张旭如此仰慕，我们难以想见张旭的才气对李白的巨大震撼。

朱长文在《续书断》中评价张旭时，也以李白作为一个重要的参照："张长史，苏州吴人也。为人倜傥闳达，卓尔不群，所与游者皆一时豪杰，李白诗云：'楚人尽道张某奇，心藏风云世莫知，三吴郡伯皆顾盼，四海雄侠争追随。'太白，奇士也。称君如此，君之蕴蓄浩博可知矣。主张荒政庞，不见抽擢，栖迟卑冗，壮猷伟气，一寓于毫牍间，盖如神虬腾霄汉，夏云出嵩化，逸势奇状莫可穷测也。虽庖丁之刲牛，师旷之为乐，扁鹊之已病，轮扁之斫轮，乎与神运，艺从心得，无以加于此矣。……后人论书，欧、虞、褚、陆皆有异论，惟君无间言……文宗时，诏以李白歌诗、裴旻剑舞、长史草书为'三绝'。"[①]

李白另有《草书歌行》一诗，也提到了张旭：

少年上人号怀素，草书天下称独步。
墨池飞出北溟鱼，笔锋杀尽中山兔。
八月九月天气凉，酒徒词客满高堂。
笺麻素绢排数厢，宣州石砚墨色光。
吾师醉后倚绳床，须臾扫尽数千张。
飘风骤雨惊飒飒，落花飞雪何茫茫。

---

① 〔宋〕朱长文：《续书断》，见上海书画出版社、华东师范大学古籍整理研究室：《历代书法论文选》，上海：上海书画出版社，1979年，第325—326页。

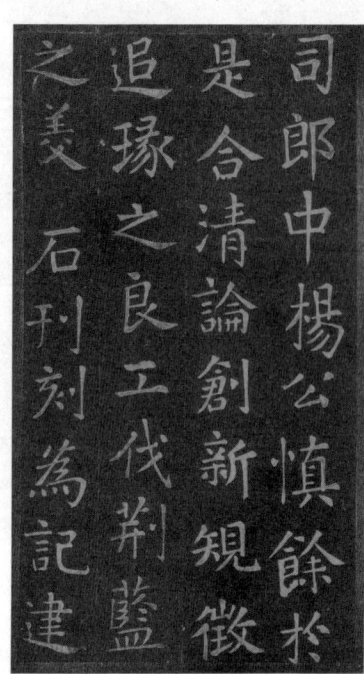

张旭《郎官石柱记》（局部）

起来向壁不停手，一行数字大如斗。
恍恍如闻神鬼惊，时时只见龙蛇走。
左盘右蹙如惊电，状同楚汉相攻战。
湖南七郡凡几家，家家屏障书题遍。
王逸少，张伯英，古来几许浪得名。
张颠老死不足数，我师此义不师古。
古来万事贵天生，何必要公孙大娘浑脱舞。①

这首诗是乾元二年（759）所作，主要是对另一位草书大家怀素的创作进行诗意描写，其中在最后提及"张颠老死不足数，我师此义不师古"。

李白与张旭的交往，还有一个重要的原因就是李白对张旭草书的敬佩。甚至有学者认为李白的笔法与张旭有关，飘然有仙气。后世书家对李白书法评论也颇高，如黄庭坚的《山谷题跋》中言："李白在开元天宝间不以能书传，今其行、草殊不减古人。"周星莲《临池管见》中言："李太白书新鲜秀活，呼吸清淑，摆脱尘气，飘飘乎有仙气。"虽然李白的传世书迹并不多，如有《上阳台帖》，现藏于北京故宫博物院。《上阳台帖》中，我们能看到李白书法中明快的节奏，遒劲的笔势，雅健的阳刚之气。

李白与贺知章也有交集。李白的《对酒忆贺监二首》中言道："四明有狂客，风流贺季真。长安一相见，呼我谪仙人。昔好杯中物，翻（一作今）为松下尘。金龟换酒处，却忆泪沾巾。"②此诗描述了在天宝年间，李白来到长安与贺知章相见的情形，尤其是豪放的贺知章将随身佩戴

---

① 〔清〕彭定求等编：《全唐诗》卷一六七《李白》（七），北京：中华书局，1980年，第1729页。

② 〔清〕彭定求等编：《全唐诗》卷一八二《李白》（二十二），北京：中华书局，1980年，第1859页。

的金龟给李白换酒喝，这件事让李白非常感动，所以记忆犹新。

3. 裴儆

据颜真卿《张长史十二意笔法意记》载："予罢秩醴泉，特诣京洛，访金吾长史张公，请师笔法。长史于时在裴儆宅憩止。"① 从颜真卿的记述中，我们看到，张旭与裴儆的交情也不浅，否则他也不会在裴儆家里住一年多。裴儆，字九思，唐代绛州闻喜（今属山西闻喜）人，进士出身，亦工于书法。他出身于名门望族，用韩愈和柳宗元的话来说，就是"（裴氏）自魏晋以来世为名族，支分派别，各成大家""惟裴之卿，世服大僚"。而裴氏家族又以唐代为盛，仅仅在唐代，裴氏家族就出了十七位宰相，就连顾炎武在考察了裴氏家族裴柏村后，也不无感慨地说："观裴氏之兴，唐存亡亦略可见矣！"当然，裴儆和张旭如何相识，其中的具体情况我们也不得而知，但是我们猜想可能与裴儆仰慕张旭的书法有关。

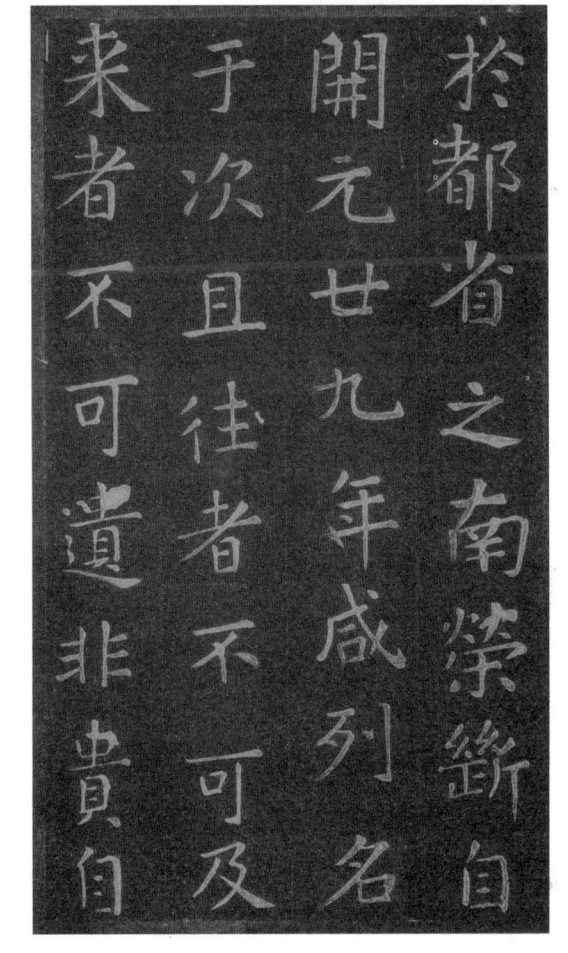

张旭《郎官石柱记》（局部）

4. 李颀

李颀，祖籍赵郡，长期居住于颍阳，年少时，家境本来很富有，但是结识了一些富豪轻薄子弟，导致倾家荡产。后来发愤图强，刻苦读书，隐居颍阳苦读十年，终于在唐玄宗开元二十三年（735）考取进士，任新乡县尉。但是他和张旭一样，官运不通，任职多年，也没有升迁，

---

① 〔清〕颜真卿：《彦鲁公集》卷十四《张长史十二意笔法意记》，文渊阁四库全书本。

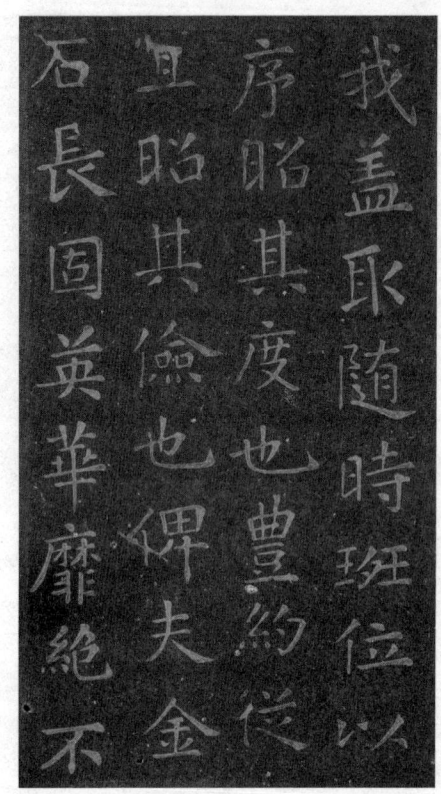

张旭《郎官石柱记》（局部）

后来辞官，长期隐居嵩山、少室山一带的"东川别业"，时而来往于洛阳、长安之间。他的交游范围很广泛，与盛唐时一些著名诗人王维、高适、王昌龄等都有交往。他的诗作以边塞诗成就最大。李颀为人超脱豪迈，厌薄世俗，轻薄名利。

他在诗作《赠张旭》中，对张旭做了淋漓尽致的描述：

> 张公性嗜酒，豁达无所营，皓首穷草隶，时称太湖精。露顶据胡床，长叫三五声。兴来洒素壁，挥笔如流星。下舍风萧条，寒草满户庭。问家何所有，生事如浮萍。左手持蟹螯，右手持丹经。瞪目视霄汉，不知醉与醒。诸宾且方坐，旭日临东城。荷叶裹江鱼，白瓯贮香秔。微禄心不屑，放神于八纮。时人不识者，即是安期生。①

这样入木三分的描述也能看出李颀与张旭的交情。尤其是诗作的最后"时人不识者，即是安期生"，与李白的"心藏风云世莫知"，有异曲同工之妙，都深入探及张旭的内心世界。当然，李颀诗作在赞叹的同时，也是十分注重叙事，让我们看到了更为立体和真实的张旭。张旭嗜酒如命、皓首穷书、放荡不羁、淡泊名利的形象在李颀的诗作中细腻而深刻地展现出来了：张旭醉眼蒙眬，倚靠在胡床边，一边喝酒，一边大声说话、乱叫，书写的兴致来了，就开始在刷白的墙壁上忘情地挥毫，挥笔书写风驰电掣，

---

① 〔清〕彭定求等编：《全唐诗》卷一三二《李颀》（一），北京：中华书局，1980年，第1340页。

似如流星般飞快，转眼之间，白色的墙壁上龙飞凤舞，灼灼生辉，让人目瞪口呆。张旭酷爱书法，犹如颜回好仁，一箪食一瓢饮，不改其乐。而张旭身居非常简陋的破草屋中，奋笔疾书，门前长满了野草。他一生如同水中的浮萍一样，随意漂流，浪迹天涯，并不去刻意寻找一个自己的安乐窝。他在洛阳，与朋友一起玩乐、喝酒，放荡不羁，左手拿着蟹螯，右手拿着道家经书，他醉眼蒙眬地望着无边无际的天空，让其他在场的人不知道他到底是醉还是醒。实际上呢，他的人生旨趣此刻已经得到了极大的满足。有些时候，他又过着一种田园般无欲无求、平平淡淡的生活，荷叶裹着鱼，锅里蒸着香米，仿佛一切世事都与他无关。他虽然只是一个小官，拿着微薄的薪俸，但他一点也不屑于考虑此类俗事。他将自己的心志、理想、追求，纵情于天地万物之中。最后，李颀

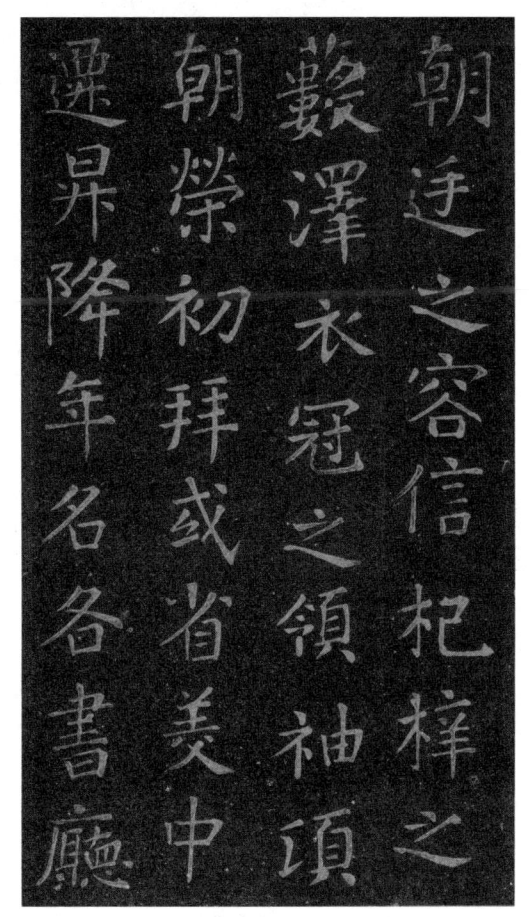

张旭《郎官石柱记》（局部）

不得不说，张旭犹如道教神仙传说中的安期生。

5. 皎然

皎然比张旭晚一辈，与颜真卿、陆羽交好。皎然是湖州人，俗姓谢，字清昼。皎然出身名门，是中国山水诗创始人南朝谢灵运的十世孙，是唐代最有名的诗僧、茶僧。他主要活动于大历、贞元年间，有诗名。他的诗作大多清丽闲淡，多为赠答送别、山水游赏之作。皎然在文学、佛学、茶学等许多方面有深厚造诣，堪称一代宗师。皎然与张旭交好，一方面可能与颜真卿相关，但是更重要的是他和张旭在性格和诗文上有相当多的契合之处。皎然性格狂逸，但在诗歌创作方面，诗风清新闲适、超然高远。皎然

无论在家世,还是在诗文造诣都名极一时,但对张旭却非常佩服。他在《张伯高草书歌》中极尽修饰之词,赞叹、仰慕张旭:

伯英死后生伯高,朝看手把山中毫。
先贤草律我草狂,风云阵发愁钟王。
须臾变态皆自我,象形类物无不可。
阆风游云千万朵,惊龙蹴踏飞欲堕。
更睹邓林花落(一作落叶)朝,狂风乱搅何飘飘(一作飘摇)。
有时凝然笔空握,情在寥天独飞鹤。
有时取势气更高,忆得春江千里涛。
张生奇(一作草)绝难再遇,草罢临风展轻素。
阴惨阳舒如有道,鬼状魑容若可惧。
黄公酒垆兴偏入,阮籍不嗔嵇亦顾。
长安酒牓醉后书,此日聘君千里步。①

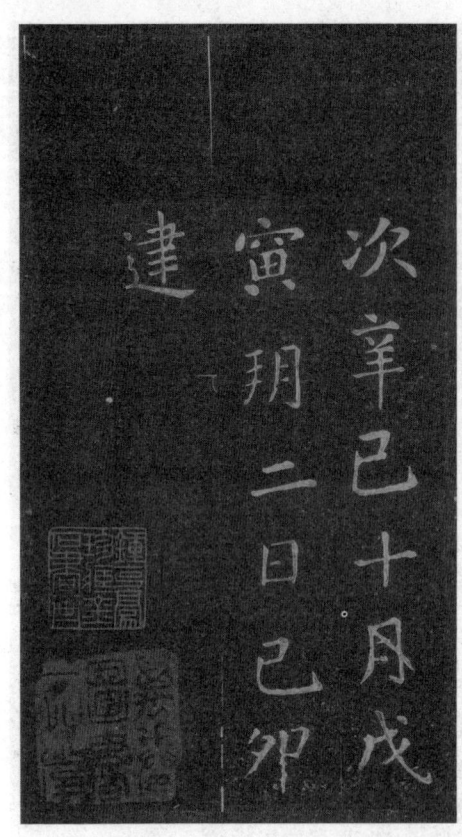

张旭《郎官石柱记》(局部)

诗的开篇皎然就指出张旭是继汉代草书开创者张芝之后,并能与之齐名的书家。皎然认为张芝的草书还是有些拘束,但是张旭的草书无拘无束,纵情地书写自己的感受。张旭的草书风云突变,在气势方面远远超过了钟繇和王羲之。他的草书创作,风驰电掣,须臾之间就能够变化万千,不论是"写行"还是"类物",他都能随心应手。他的笔法时而犹如大风吹过千万朵游云,时而又犹如神龙狂舞突然坠落。他未下笔时,静静地拿着笔,专注地望着天空,仿佛寄情于天空中的闲云野鹤;下笔书写时,他又势不可当地一口气书写下来,犹如大河奔腾,倾泻而出。

---

① 〔清〕彭定求等编:《全唐诗》卷八二一《皎然》(七),北京:中华书局,1980年,第9256—9257页。

他的书法作品章法有道，"鬼状魑容"，栩栩如生，即使狂士阮籍和嵇康再世，也会赞叹他的成就。皎然不得不感叹"张生奇绝难再遇"，钦佩之情可见一斑。

6. 高适

高适，字达夫、仲武，景县人，后迁居宋州睢阳，唐代著名的边塞诗人，生性豪爽正直。高适年少时孤贫，喜读书，也好交游，二十岁曾西游长安，但并未能取得任何成就，不得不离开长安。开元二十年（732）去了蓟北地区，亲身体验了边塞生活，这就为他以后的边塞诗创作提供了非常有利的条件。天宝三年（744），他与李白、杜甫、岑参等一同在梁园游玩，相互间结下了深厚的友谊，一时成为文坛佳话。天宝八年（749），经由睢阳太守张九皋推荐，五十岁应举中第，授封丘尉。天宝十一年（752），因不忍官员"鞭挞黎庶"和不甘"拜迎官长"，愤然辞官，又一次来到西京长安。次年入陇右、河西节度使哥舒翰幕，为掌书记。安史之乱平定之后，接连出任淮南节度使、彭州刺史、蜀州刺史、剑南节度使等职，官至渤海县侯终散常侍，世称"高常侍"。永泰元年（765），高适卒，赠礼部尚书，谥号"忠"。他的《别董大二首》其中之一"千里黄云白日曛，北风吹雁雪纷纷，莫愁前路无知己，天下谁人不识君？"最为时人称道。尤其是"莫愁前路无知己，天下谁人不识君"，至今仍为人们所传诵。

高适的《醉后赠张九旭》就是专门为张旭所写：

世上谩相识，此翁殊不然。

兴来书自圣，醉后语尤颠。

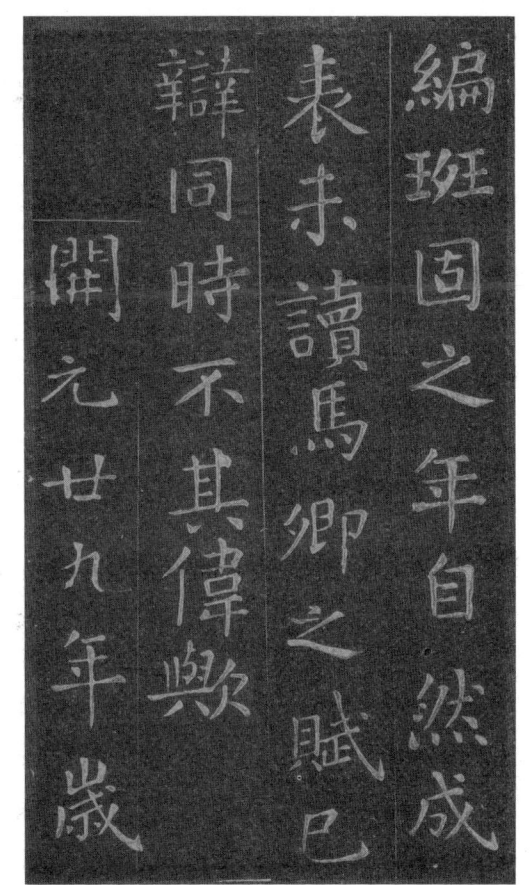

张旭《郎官石柱记》（局部）

>白发老闲事，青云在目前。
>床头一壶酒，能更几回眠。①

　　这首诗的创作年代，学术界有不同意见。根据周勋初的考证，这首诗应当作于开元二十四年（736）②，但是刘开扬却认为此诗应作于天宝十一年（752）。③ 孰是孰非，难以定夺，但可以肯定的是这首诗应该写于张旭晚年，"此翁""白发老闲事"等字眼已经非常明确。高适在唐代也是一个非常传奇的人物，一生经历丰富。根据史籍记载，他年轻的时候由于好赌，生活落魄。后来时来运转，遇到贵人哥舒翰，推荐提拔，任谏议大夫。他敢于直谏，有侠气，崇尚气节。唐代是诗歌的黄金时代，写诗成为风尚，高适由于年少不知读书，直到五十岁才开始学习写诗，但是他才气非常了得，算是一个奇才。高适虽然学诗晚，但是极具天赋，他的诗写得非常好，得到同时代大诗人李白、杜甫的赏识，并有幸与他们共游汴州。这首《醉后赠张九旭》的诗足以证明他和张旭的生活曾经有交集，可能与李白的牵线搭桥有关，当然这只是一种推测。高适是个奇才，从这首诗的内容来看，他也对张旭佩服得五体投地。高适经历丰富，从赌场到官场，再到文坛，也可以说是阅人无数，什么样的场面都见过，结交的圈子可能比一般人要广得多，但是他独独认定张旭和芸芸众生不相同。他这首诗的内容，其实是对草圣张旭晚年生活状态的描述：一个白发苍苍的老头，年纪已经非常大了，过着非常悠闲的生活，经常在床头放着一壶酒，一旦兴起，喝上两口，喝醉酒后言语坦率，甚至癫狂，行为更是放荡不

---

① 〔清〕彭定求编：《全唐诗》卷二一四《高适》（四），北京：中华书局，1980年，第2225页。
② 周勋初：《高适年谱》，《周勋初文集》，南京：江苏古籍出版社，2000年。
③ 刘开扬：《高适诗集编年笺注》，北京：中华书局，2000年，第238-239页。

羁，而他写出的作品绝对不会辜负他"草圣"之名。高适对张旭的钦佩、仰慕、崇敬之情溢于言表，而他这首诗，使一个草圣暮年的状态无意间跃然纸上，令后人神往。

另外，在张旭的平生交往中，与弟子的交往也非常重要。如李阳冰、徐浩、颜真卿、崔邈等，我们在后面谈及张旭楷书成就以及张旭在书法史上的地位等章节会专门予以介绍，此处暂不赘述。

张旭有如此的造诣，得到当世奇才的如此赞誉以及后世极高的评价，人们不禁会产生疑问，张旭的书法造诣是如何造就的？我们就不得不从张旭书法的际遇以及他种种生活的体悟、机缘来说。

第三章 以古法为诗 于自然生活中体悟

中国古代的各种学问都十分重视师承、统绪，师法、家法，其中以两汉经学为代表。其实在古代书法学习中，也十分注重师承统绪，而且很多精妙的笔法都是通过私相授受的特殊方式传播，尤其早期主要通过家传。关于书法师承的重要性，唐太宗李世民曾在《笔法诀》中指出："脱专执自贤，阙于师授，则众病蜂起，衡鉴徒悬于阁矣。"[①] 从书法史来看，在张旭之前，书法传授方式主要还是以书者的私相授受，甚至一线单传的方式进行。那张旭的书法师承主要从哪里来的呢？

张旭家族在张旭之前、之后都不显赫，史籍无载。张旭之所以能够在一个以家法为主的书法传承传统下，接触书法，得到正统的书法训练，并具有非常深厚的书法功底，进而有非常高的书法造诣，尤其他的草书造诣更是在中国书法史中地位非凡，这与张旭的母亲陆氏家族有着直接的关系。以下我们对张旭的师承关系进行分析。

一、正统的书法师承与训练

唐代书法在唐太宗李世民的倡导下风靡全国，整个社会对书法的好恶当然也以李世民的好恶为标准，所以当时的书法是将"二王"书系奉为圭臬，张旭同样也是在这一

---

① 〔唐〕李世民：《笔法诀》，见上海书画出版社、华东师范大学古籍整理研究室：《历代书法论文选》，上海：上海书画出版社，1979年，第119页。

时代书法风尚中成长起来的,深深地打上了这个时代的烙印。

(一) 张旭书法远承"二王"

首先,张旭的自述中,明言其师承接续"二王"。当然张旭并没有留下自著的书论,我们主要是根据其他史料。

在颜真卿《张长史记十二意笔法意记》中,张旭就明言"予传授笔法,得之于老舅彦远"。这里,张旭对高足颜真卿亲口说自己的书法是承自"老舅彦远",即陆彦远。陆彦远,曾官至赞善大夫,时谓"小陆",传父陆柬之的书法。

唐人卢携在《临池诀》中也转述了张旭的师承:"吴郡张旭言:自智永禅师过江,楷法随渡,永禅师乃羲、献之孙,得其家法,以授虞世南,虞传陆柬之,陆传子彦远。彦远,仆之堂舅,以授余。不然,何以知古人之词云尔。"①卢携在这个师承系统中,虽然未有如《传授笔法人名》中追溯的那样久远,但是也有一个明显的倾向,那就是张旭的书法远承"二王"一系。在这个记载中,张旭也十分肯定这个笔法传授在他书法生涯中的重要性:"不然,何以知古人之词云尔。"

张彦远《法书要录·传授笔法人名》中谈到魏晋至唐中期书法传承时也提到张旭:"蔡邕受于神人而传之崔瑗及女文姬,文姬传之钟繇,钟繇传之卫夫人,卫夫人传之王羲之,羲之传之王献之,王献之传之外甥羊欣,羊欣传之王僧虔,王僧虔传之萧子云,萧子云传之僧智永,智永传之虞世南,世南传之,授于欧阳询,询传之陆柬之,柬之传侄彦远,彦远传之张旭,旭传之李阳冰,阳冰传之徐浩、颜真卿、邬彤、韦玩、崔邈。凡二十有三人,文传终

---

① 〔唐〕卢携:《临池诀》,见上海出版社、华东师范大学古籍整理研究室:《历代书法论文选》,上海:上海书画出版社,1979 年,第 293 页。

于此矣。"① 在这个传承统绪中,张彦远将张旭放进一个非常庞大、又是一线单传的这样一个书法传授系统中,一直追溯到汉晋南北朝时期蔡邕等书法名家。当然这个统绪也不能说没有问题,比如说颜真卿曾直接受教于张旭,多次向张旭请教笔法,但是在这个统绪中,却在张旭和颜真卿之间加入了李阳冰。总体而言,我们还是能够看出,这是将张旭的师承关系放在了一个非常严格的书法传授源流中,实际上是肯定了张旭书法在书法史上的独特地位,并且将张旭的书法与"二王"书法联系起来。

以上典籍中,虽然在记述细节上有差异,比如说,在《传授笔法人名》中,认为陆彦远是陆柬之的侄子,而在《临池妙诀》中又说陆彦远是陆柬之的儿子。虽然有此细节上的差异,但仍可以明确地呈现出两方面的信息:首先,张旭得书法之正,其书法渊源远承"二王",源头甚至可以追溯到蔡邕;其次,张旭书法的笔法直接师承于其堂舅陆彦远。

(二) 张旭书法的具体师承

那么以下我们可以对张旭书法的具体师承以及对其书法成就有重要影响的书法家做一番梳理。

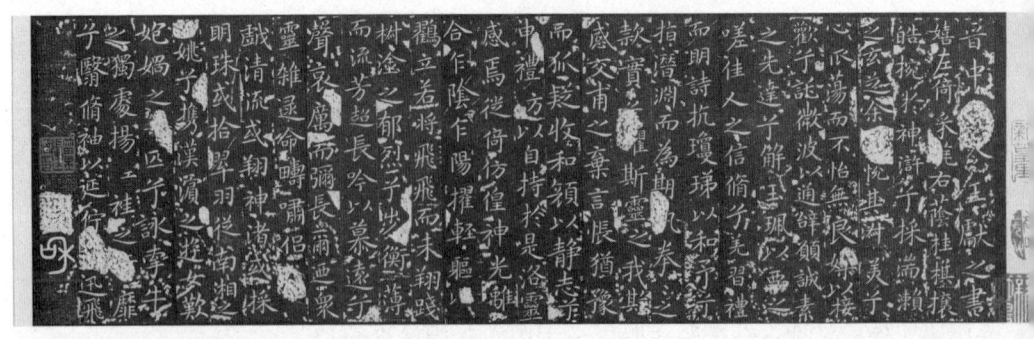

王献之《洛神赋十三行》

---

① 〔唐〕张彦远辑,洪丕谟点校:《法书要录》卷一《传授笔法人名》,上海:上海书画出版社,1986年,第14页。

1. 直接受教于陆彦远

张旭的父族在史籍中没有任何记载，虽然我们可以通过文人雅士的诗文得知张旭在其家族中可能排行第九，但也仅仅只有这些信息。据史书记载，张旭的书法师承主要得益于其母亲陆氏一族，其母陆氏是陆柬之的侄女，虞世南的外孙女。陆氏家族是当时的名门望族，其中陆柬之、陆彦远都是当时著名的书法家。根据《旧唐书·武后纪》记载，陆彦远的侄子陆元方曾经在武则天时期担任宰相，即长寿二年（693）九月，陆元方为鸾台侍郎，同凤阁鸾台平章事。并且根据《旧唐书·睿宗纪》记载，陆元方的儿子陆象先在唐睿宗时期也一度为相，即景云二年（711）十

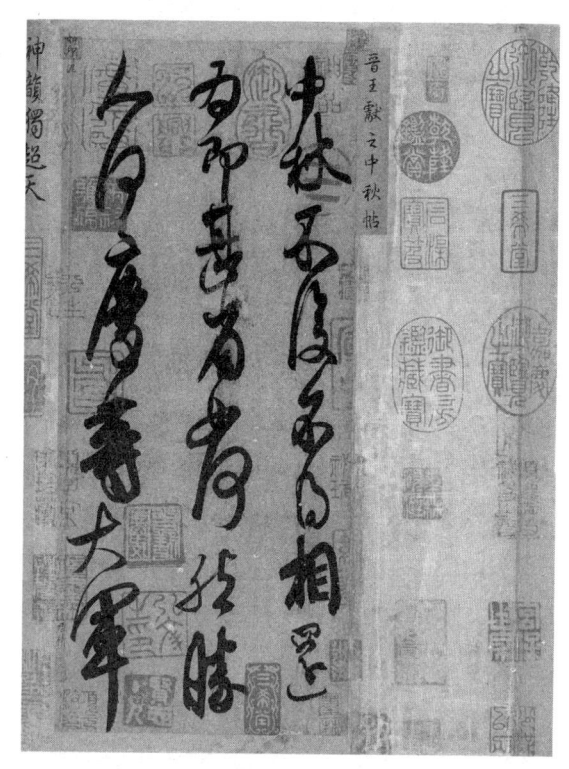

王献之《中秋帖》

月，中书侍郎陆象先为同中书门下平章事。陆彦远曾经如何教授张旭书法，史料记载非常少，这仅仅在颜真卿的《张长史十二意笔法意记》中张旭有一段自述，以回忆其舅陆彦远如何教授他笔法，进而以此来向颜真卿传授笔法：

> 予传授笔法之老舅彦远曰："吾闻昔日说书，若学有工而迹不至。后闻于褚河南曰：用笔当须如印泥画沙，思而不悟。后于江岛遇见沙平地净，令人意悦欲书，乃偶以利锋画，其劲险之状，明利媚好。乃悟用笔如锥画沙，使其藏锋，画乃沉着。当其用锋，常欲使其透过纸背，此功成之极矣。真草用笔，悉如画沙，则其道至矣。是乃其迹可久，自然齐古人矣。但思此理，以专

想工用，故其点画不得妄动。子其书绅。"①

在《张长史十二意笔法意记》中，这段笔法要论明显属于陆彦远，是陆彦远讲述自己的学书经历，褚遂良向其传授"如印印泥"笔法的经过以及陆彦远又是如何领悟的。显然，这是张旭给颜真卿转述陆彦远的学书体悟。

在蔡希综的《法书论》中，也有一段文辞和内容与之相类似的记述。但是在这里，这段笔法要论的发明权却发生了变化：

仆尝闻褚河南用笔如印印泥，思其所以久不能悟。后因阅江岛间平沙细地，令人欲书，复偶一利锋，便取书之，崄劲明丽，天然媚好，方悟前志，此盖草正用笔，悉欲笔锋透过纸背，用笔如画沙印泥，则成功极致，自然其迹，可得齐于古人。②

很明显，其内容与《张长史十二意笔法意记》基本相同。但这段话的主语已经是张旭，向褚遂良学笔法的已经不再是陆彦远，而是张旭。对"用笔如印印泥"笔法的体悟，也是张旭自己了。

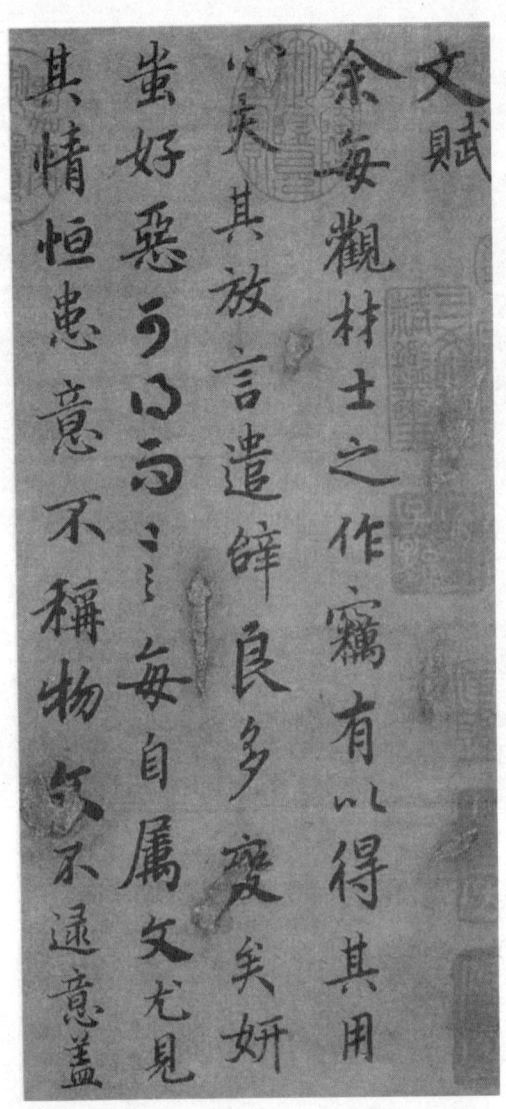

陆柬之《文赋》（局部）

---

① 〔唐〕颜真卿：《颜鲁公集》卷十四《张长史十二意笔法意记》，文渊阁四库全书本。

② 〔唐〕蔡希综：《法书论》，见上海书画出版社、华东师范大学古籍整理研究室：《历代书法论文选》，上海：上海书画出版社，1979年，第273页。

这两种记载哪种更符合史实呢？我们不得不从张旭的生卒年考证来看。在学者对张旭生年的考证中，有658年，675年，683年三种观点，而张旭生年最早的说法是658年，那么张旭与褚遂良根本不可能发生交集，所以"问于褚河南"之事，必为陆彦远。而颜真卿与张旭师徒授受笔法的谈话记述，其可信度比起蔡希综的说法也更为可靠。所以就能够坐实这段长篇书论正是陆彦远向张旭传授笔法中，对张旭影响最深的一段书论。

直接受教于陆彦远，为张旭的书法训练打下了坚实的基础。同时，张旭书法受到了初唐陆柬之、虞世南、欧阳询、褚遂良等大书法家的间接影响。

2. 虞世南、欧阳询、陆柬之、褚遂良"初唐四家"的间接传授

在中国书法史上，"初唐四家"有两种说法，一般比较流行的说法认为欧阳询、虞世南、褚遂良、薛稷为"初唐四大家"。但是，其实还有另外一种说法，就是将虞世南、褚遂良、欧阳询、陆柬之并称为"初唐四家"。

（1）陆柬之

陆柬之（585-638），唐初著名书法家，陆彦远的父亲，张旭的外公，也是唐初大书法家、政治家虞世南的外甥。陆柬之曾官至朝散大夫、太子司议郎、崇文侍书学士等。他的书法早年学于其舅虞世南，又学于欧阳询。他善于临摹，虽有"工于效仿，劣于独断"的非议，但其成就也是非常高的，在当时与虞世南、欧阳询齐名。晚年又师

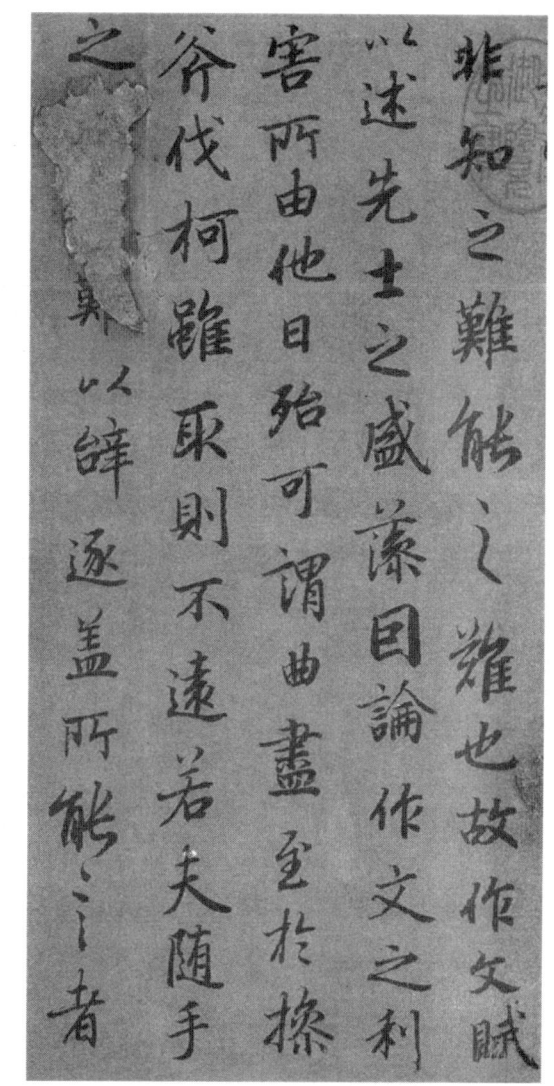

陆柬之《文赋》（局部）

学"二王","晚习'二王',尤尚其古,殊矜质朴,耻夫绮丽"。书家称其"落笔浑成,耻为飘扬绮靡之风"。所以陆柬之的书法风格和境界也达到一定的格局,在唐代得到"乔松倚壁,野鹤盘松"的评价,甚为不易。尤其是在名家辈出的初唐,能够与欧、虞、褚三人并称为"初唐四大家",更是不易。

陆柬之的书法主要工于隶书、行书、草书。陆柬之的墨迹流传下来的比较少,其中,隶书、草书作品我们今天已经难以看到。从流传至今的《书陆机文赋》来看他的师承关系,确实与"二王"书法一脉相承。陆柬之书写的《文赋》,是西晋陆机的名篇。陆机是陆柬之的远祖。据说,陆柬之在年轻的时候,读到陆机的《文赋》,颇为倾心,想亲笔书写一篇,但因怕自己书艺不精而"玷辱"先人名作,所以始终没有贸然动笔。直到晚年,书名赫赫的他才了此夙愿。所以,陆柬之怀着非常崇敬的心情来书写先人的名作,倾注着作者非常真挚的情感。刘基为陆柬之所书《文赋》题跋云:"晋陆之词,唐陆之书,可谓二美。"

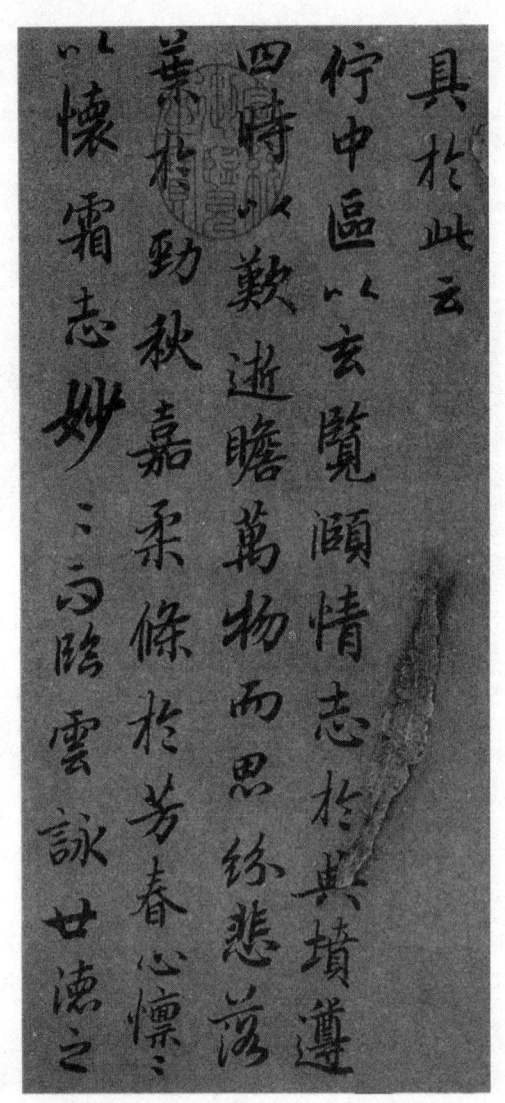

陆柬之《文赋》(局部)

陆柬之的《文赋》也是初唐时期少有的名家真迹之一,真迹现藏台北故宫博物院。根据《石渠宝笈》记载,《文赋》纵26.6厘米,横370厘米,全卷共144行,计1658字,楷、行、草三体交错并用,其中行书、楷书共1566字,草书计92字。《文赋》不论是从章法上,还是气韵上,与王羲之的《兰亭序》有很多相似之处,甚至在行、楷、草三体兼用这样的细节处理上,也与《兰亭序》

暗合。《文赋》三体并用，字字珠玑，笔笔圆劲，倾注心血。从章法上来看，也能够上下照应，左右顾盼，字与字、三体之间配合十分默契，浑然天成。从书法韵味上来看，书体风骨内含，结体稍呈内敛，神采外映，超逸神俊，内外交相生辉，含蓄而骨力十足。从用笔上看，圆润而少露锋芒，笔法飘逸，妍润淳雅，无滞无碍，表现出平和简静的意境。通观全帖，章法严谨，《文赋》深得晋人韵味，也从中透露出深厚的《兰亭序》根底。后世书家视此卷为行书瑰宝，都给予很高的评价。元代书法家、文学家揭傒斯曾评论此帖说："陆柬之之行书《文赋》一卷，唐人法书结体遒劲有晋人风格者，惟见此卷耳。虽若隋僧智永，犹恨妩媚太多、齐整太过也。独于此卷为之三叹。"元代大书法家赵孟頫评价更高："唐陆柬之行书文赋真迹，唐初善书者称欧虞褚薛，以书法论之，岂在四子下耶？然世罕有其迹，故知之者希耳。"（赵孟頫《文赋·跋》）赵孟頫曾临学此帖，从中领悟晋人笔法和结体，受益匪浅，甚至有书家认为陆柬之的《文赋》，已经开赵孟頫行楷书之先河。

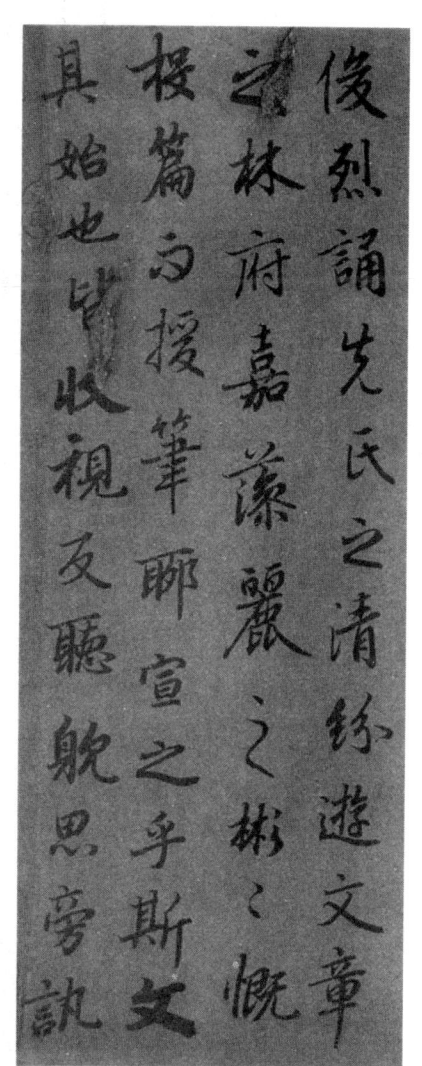

陆柬之《文赋》（局部）

（2）虞世南

虞世南（558-638），唐初著名书法家，字伯施，越州会稽余姚人，官至秘书监，封永兴县公，所以世称虞永兴。虞世南于贞观十二年（638）卒，享年八十一岁，是书法家中比较长寿的。虞世南在陈代时，曾经受教于智永禅师，所以他本人得到了"二王"书法的真传。虞世南历仕陈、隋、唐三代，是江南非常著名的文士。他曾经受到隋炀帝杨广、唐太宗李世民的青睐和优待，尤其是在唐太宗朝，虞世南是唐太宗的十八学士之一，备受唐太宗推崇。

虞世南不但书法精绝，而且为人正直，敢于进谏，在李世民贞观之治中发挥了重要的作用。他曾借陇右山崩等自然灾害,劝谏太宗整顿刑狱救济灾民,又借星象变异,劝诫太宗戒骄戒躁,慎终如故。

虞世南的书法在后世书论中评价也非常高。张怀瓘在《书断》中评价他的书法特征时说:"得大令之宏观,含五方之正色。"并对他的书法成就进行了评价:"秀岭微风,处处间起,行草之间,尤所偏工。及其暮齿,加以逸迈。"虞世南的代表作是《孔子庙堂碑》。此碑由虞世南亲自撰文,并书写于贞观初年,当时虞世南已经六十九岁,笔法老练、功力十足、遒劲有神。《孔子庙堂碑》用笔俊朗圆润,端雅静穆,横平竖直,笔势舒展,字形狭长而秀丽,一派平和润雅之象,是初唐碑刻中的杰作,也是历代金石学家和书法家公认的虞世南书法中的妙品、珍品。虞世南

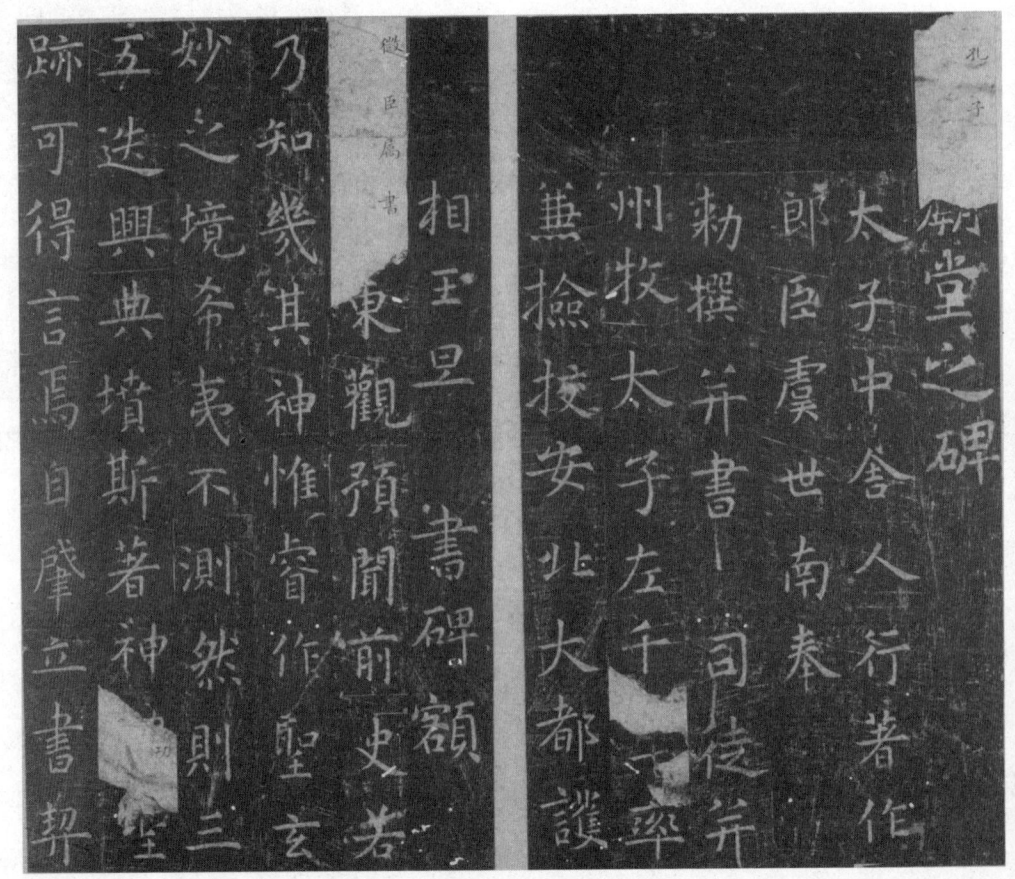

虞世南《孔子庙堂碑》(局部)

的书名当时与欧阳询齐名,并称为"欧虞"。同时,他对书法理论也有深入探讨,《笔髓论》和《书旨述》两篇书论集中反映了他主要书法的理论和思想。

(3) 欧阳询

据《传授笔法人名》载:"世南传之于欧阳询,询传之陆柬之,柬之传侄彦远,彦远传之张旭。"所以,张旭的师承也与欧阳询密切相关。

欧阳询(557—641),唐初著名书法家,字信本,潭州临湘人,曾官至太子率更令,世称欧阳率更。历隋、唐两代。欧阳询与李渊是旧交,但由于在政治上曾拥护太子李建成,因此与虞世南相比,他在唐太宗时期并不如虞世南仕途得意。但就书法水平而言,在当时来看,虽然有"欧之于虞,可谓智均力敌"① 的说法,但是当时人对虞世南

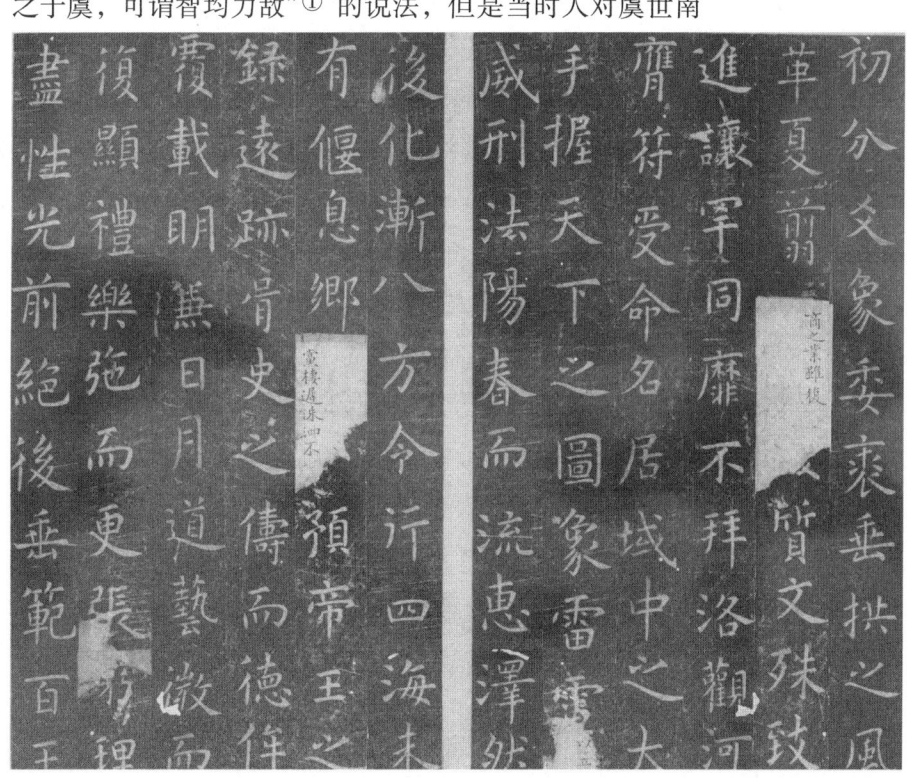

虞世南《孔子庙堂碑》(局部)

① 〔唐〕张彦远辑,洪丕谟点校:《法书要录》卷八《书断》,上海:上海书画出版社,1986年,第225页。

的评价要比欧阳询要高，可能其中包含一些政治因素。比如张怀瓘在《书断》中就认为："欧若猛将深入，时或不利，虞若行人妙选，罕有失辞。虞则内涵刚柔，欧则外露筋骨，君子藏器，以虞为优。"① 但是后人对虞世南和欧阳询书法的评价有所变化。尤其是欧阳询的楷书对后世书家颜真卿、柳公权等影响极大，对整个宋代书法的发展也有很大影响。在后世书家的评价中，书家一般都认为欧阳询的书法成就当在虞世南之上，欧阳询的书体也被称为"欧体"，尤其是后世将"欧颜柳赵"并称为楷书四大家就是明证。欧阳询的书法特点是于平正中见险绝，并有君子之风。欧阳询也是初唐谨遵王羲之法度的少数书法家之一。其代表作《九成宫醴泉铭》，记载了唐太宗在九成宫避暑时发现泉水之事。此碑书于唐贞观六年（632）。《九成宫碑》用笔方正，以险绝取胜，笔力险劲，字画安排紧凑、匀称，间架开阔稳健。明赵崡《石墨镌华》称此碑为"正书第一"。此碑歌颂的是明君唐太宗李世民。碑文是名臣魏徵所撰，同时又是书法名家欧阳询所书，可称之为"三绝"。欧阳询书论中的《八诀》（也称《八法》）《三十六法》《传授诀》，是对王羲之法度的精致化，并将其发展到极致的一种追求。从某种程度上来说，欧阳询的书论标志着楷书的规范化。其《用笔论》开篇就指出："自书契之兴，篆隶滋起，百家千体，纷杂不同。至于尽秒穷神，作范垂代，腾芳飞誉，冠绝古今，惟右军王逸少一人而已。"②极力推崇王羲之的法度，称之为"古道"。其中运用各种文学手法对这些笔法进行描述，体现了欧阳询对书法的深刻认识与体会，为后人学书提供了绝佳的门径。

---

① 〔唐〕张彦远辑，洪丕谟点校：《法书要录》卷八《书断》，上海：上海书画出版社，1986年，第225页。
② 〔唐〕欧阳询：《用笔论》，见上海书画出版社、华东师范大学古籍整理研究室：《历代书法论文选》，上海：上海书画出版社，1979年，第105页。

(4) 褚遂良

褚遂良（596-659），贞观末年为中书令，高宗永徽初年，为尚书右仆射，封河南郡公，世称"褚河南"。

褚遂良与陆彦远、张旭在书法上的师承关系，我们前面已经做了具体的分析，尤其是其"用笔当须如印印泥"的说法对张旭影响极大。因为虞世南生前有一个非常重要的职责，就是为唐太宗所收集的字画进行鉴定，尤其是唐太宗所收集的"二王"真品，基本上都是由虞世南鉴定。所以在虞世南死后，唐太宗非常痛心，叹息道："虞世南死后，无人可与论书。"大臣魏徵就为唐太宗引荐了褚遂良，并且称："褚遂良下笔遒劲，甚得王逸少之体。"① 可以看出，褚遂良也是精于"二王"的书法。之后唐太宗收集的"二王"真品的识别，就开始由褚遂良进行鉴定了。褚遂良代表书作是《雁塔圣教序》，此碑字体清丽刚劲，笔法娴熟老成，结体看似纤瘦，实则劲秀饱满。运笔方圆兼备，逆起逆止；横画竖入，竖画横起，首尾之间皆有顿挫，提按使转、回锋出锋，亦各有规矩。褚遂良的书法也是以"二王"

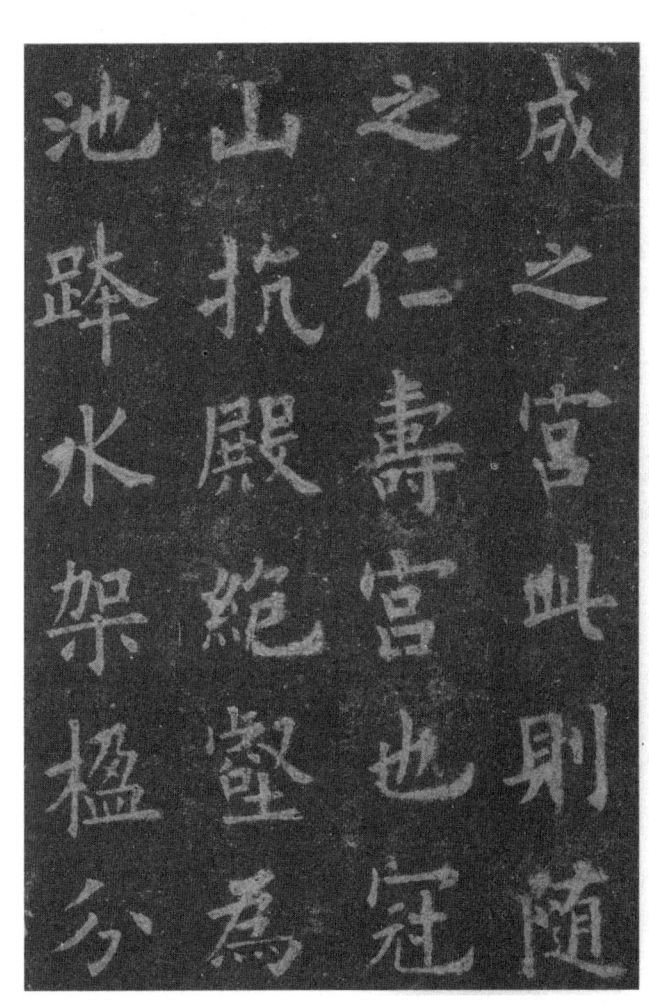

欧阳询《九成宫》（局部）

---

① 〔唐〕张彦远辑，洪丕谟点校：《法书要录》卷四《唐朝叙书录》，上海：上海书画出版社，1986年，第131页。

为宗，但是他和欧阳询一样，也受到北方书体的影响，是融合南北书法风格的一个非常成功的书法家。

"初唐四家"的书法虽然以楷书名世，但是根据后世书论的记载，他们的草书成就也非常高。李嗣真《书品后》称陆柬之"学虞草体，用笔则青出于蓝"。陶宗仪《书史会要》称"柬之少学舅氏，多作行字，晚擅出蓝之誉，遂将咄咄逼羲献，落笔浑成，耻为飘扬绮靡之习，如马不齐髦，人不栉沐，览之者未必便能识其佳处，然人才固自有分限，柬之隶、行入妙，章草、草书入能，是亦未免其利钝也"。可见他草书成就不如隶书、行书。在《书品后》中评价虞世南的书法时提到"虞世南萧散洒落，真、草惟命，如绮罗娇春，鹓鸿戏沼"①。欧阳询更是"八体皆能"，尤其精于篆书，当然，其在草书方面的成就和造诣也不容忽视。李嗣真在《书品》中夸赞欧阳询草书意境"如旱蛟得水，馋兔走穴"②。张怀瓘更是不吝惜称赞之词，称其草书"迭荡流通，视之二王可为动色"，但是对其草书上变化"二王"法度，也有批评，"然惊奇跳骏，不避危险，伤于清雅之致"。

从间接师承上来讲，张旭也有幸得到了当时著名的大书法家虞世南、欧阳询、褚遂良、陆柬之的真传，他们代表着初唐书法的最高水平。其中，陆柬之、虞世南的传授，褚遂良"如印印泥"的笔法体悟，可能对张旭的影响更大。

总而言之，张旭正是在直接、间接上得到了"二王"书法的真传，或者说是得其法体，对已有书法传统有了完整吸收。所以张旭书法能够取得如此成就，首先得益于学

---

① 〔唐〕张彦远辑，洪丕谟点校：《法书要录》卷三《书品后》，上海：上海书画出版社，1986年，第84页。

② 〔唐〕张彦远辑，洪丕谟点校：《法书要录》卷三《书品后》，上海：上海书画出版社，1986年，第83页。

院派的训练与传承。不在论是直接受教，还是间接影响，张旭的师承关系最终都会追溯到"二王"父子那里。后来，蔡希综在《法书论》中认为，张旭受到王献之的影响可能更大一些："率府长史张旭，卓然孤立，声被寰中，意象之奇，不能不全其古制，就王之内弥更减省。或有百字五十字，字所未形，雄逸气象，是为天纵。又乘兴之后，方肆其笔，或施于壁，或札于屏，则象自形，有若飞动，议者以为张公亦小王（王献之）之再出。"①

二、张旭对书法独特的体悟与创新

如果说张旭得到了正统的书法传承和训练，严格依照"二王"的法度，或者依照初唐书家的法度，那么张旭只可能写出《郎官石柱记》《严仁墓志》《王之涣墓志》这样非常符合法度的楷书作品。之所以说"草圣"张旭能够取得前人未有的成就，是在传承的基础上有所创新。张旭创新的灵感主要还是来自其对生活的耐心玩味、对自然的细心体悟，否则就难以成为中国书法史上的"草圣"。据典籍记载，张旭不断从民间、从生活中汲取营养，寻找书法灵感的事件就非常具有代表性。其中被后人不断提起流传至今的事件就有常熟老翁、公主担夫争路、公孙大娘舞剑器三大逸闻趣事。我们现在谈起张旭学书、领悟书法奥

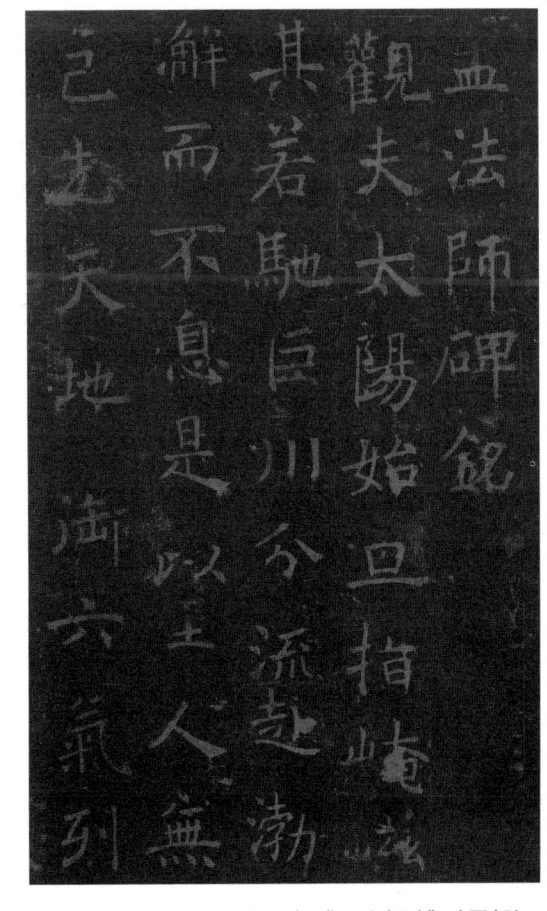

褚遂良《孟法师碑》（局部）

---

① 〔唐〕蔡希综：《法书论》，见上海书画出版社、华东师范大学古籍整理研究室：《历代书法论文选》，上海：上海书画出版社，1979年，第273页。

妙,更多的是称赞他的一些逸闻趣事,那以下我们分别来对这些逸闻趣事进行具体分析。

(一) 常熟老翁:得笔法

张旭从常熟老翁处得笔法一事,不论是在正史中,还是在笔记小说、后世的书论中不断被提及。此事最早出处是唐晚期张固的《幽闲鼓吹》,具体记载如下:

> 张长史释褐为苏州常熟尉。上后旬日,有老父过状,判去。不数日复至,乃怒而责曰:"敢以闲事屡扰公门。"老父曰:"某实非论事,但观少公笔迹奇妙,贵为箧笥之珍耳。"长史异之,诘请其何得爱书,答曰:"先父爱书,兼有著述。"长史取视之,曰:"信天下工书者也!"自是备得笔法之妙,冠于一时。①

这段文字大意是说,张旭在任职苏州常熟尉时,上任才十多天,就有一个老者为了一件小事到县衙来告状,张旭给他写了一张判决书。没想到过了几天,这位老者又来求重判,让张旭重新写判词。张旭为此非常恼火,责备这位老者说:"你怎么敢为了一件闲事屡次来找我求判,扰乱公堂!"

褚遂良《倪宽赞》(局部)

---

① 〔唐〕张固:《幽闲鼓吹》,文渊阁四库全书本。

可是这位老者的回答却出乎张旭的意料,老者说:"我的确不是为了再来求判而扰乱公堂,我是因为看到你上次判决书上的书法非常奇妙,只是想多得一些作为墨宝珍藏起来而已。"张旭感到非常惊异,就和老者细谈起来,追问他为何如此爱好书法。张旭在谈话间得知这位老翁家藏有先父的遗墨精品,并且还有一些书论,就要他拿来观摩。当张旭看到老者先父的墨迹时,惊呼此乃"天下工书者也"。张旭从中获得了很大的启发,尽得运用笔法之妙,书艺获得了很大进步,成为冠绝一时的书法大家。

当然,张固这一记载是否属实,我们已不得而知。但是在宋代欧阳修、宋祁修撰《新唐书》时,对这一趣事也有记载,只是相对比较简略:"初仕为常熟尉,有老人陈牒求判,宿昔又来,旭怒其烦,责之。老人曰:'观公笔奇妙,欲以藏家耳。'旭因问所藏,尽出其父书,旭视之,天下奇笔也。自是尽其法。"

而五代时期成书的《旧唐书》谈及张旭时,对这一事并未记载。到了北宋修《新唐书》时,这一记载却能够最终进入正史,可见在后人眼中,这一逸闻趣事是逐渐扩散,并逐步被人们所接受。而在北宋以后,众多的书论作品中,都会提及张旭与常熟老翁的故事,如朱长文所撰的《吴郡图经续记》等。

张固《悠闲鼓吹》一书在《四库全书总目提要》中是被收入子部小说家类,评价为:"其事多关法戒,非造

褚遂良《倪宽赞》(局部)

律虚辞无裨考证者比。唐人小说之中,犹差为切实可据焉。"所以我们根本无法确认这些记载的真实性,但是这仍能反映一个深刻的问题,那就是张旭在学习书法时并无门户之见,他遍学百家,择其优者而从之,遂能得书法之大成。

(二)见担夫争路:得笔意

这个逸闻趣事的最早出处应为李肇的《国史补》,原文记载如下:"张旭草书得笔法,后传崔邈、颜真卿。旭言:'始吾闻公主担夫争路,而得笔法之意;后见公孙氏舞剑器,而得其神。'饮醉辄草书,挥笔大叫。以头揾水墨中而书之,天下呼为张颠。醒后自视,以为神异,不可复得。后辈言笔札者,虞、欧、褚、薛。或有异论,至长史无间言矣。"

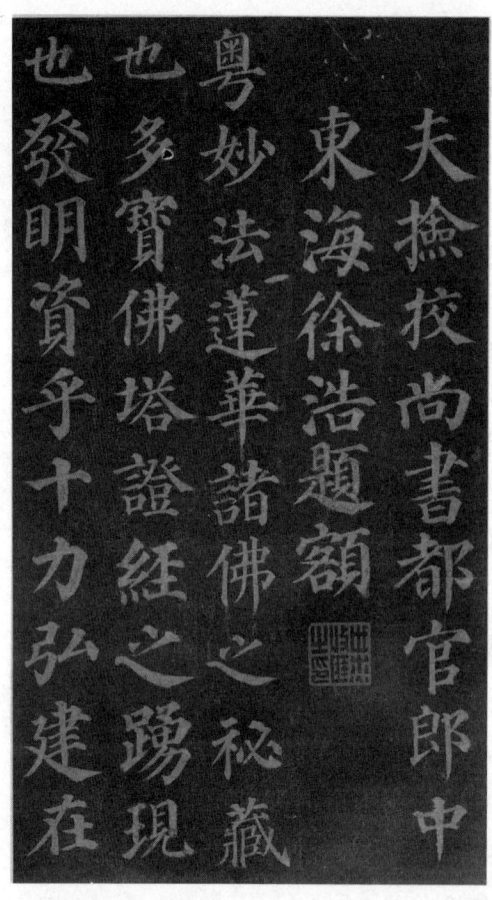

颜真卿《多宝塔碑》(局部)

这段话大意是说,张旭从草书中领悟到笔法,后来传授给了崔邈和颜真卿。张旭说:"刚开始时,我看见公主家的担夫争先恐后地走路,而领悟草书笔法的笔意。后来又看见公孙大娘舞剑,又领悟到草书笔法的神韵。"张旭每次饮酒致醉的时候,就要书写草书,他挥着笔边写边叫,将头发浸入墨汁中用头发写字,世人称他为"张颠"。酒醒后他看见自己写的字,认为神异而不可复得。后世人评论书法家欧阳询、虞世南、褚遂良、薛稷等人,还是有不同的看法,但是只要谈及张旭,大家都没有什么异议,一致公认其书法成就。

所谓"公主担夫争路",此处在李肇的《国史补》中是"闻公主担夫争路",可能不确,因为在《新唐书》中记载:"旭自言,始见公主担夫争道,又闻鼓吹,而得笔法意,观倡公孙舞剑器,得其神。"①所以,若是真有此事,可能"见"更为切合,有现场的情景感,而"闻"无法表达这种现场的情景感。

但是,宋人朱长文在《续书断》中记载:"君草书得神品。或云君受法于陆柬之,尝见公出,担夫争路,而入又闻鼓吹,而得笔法之意……"此处记载完全不同,仅仅记载为"担夫争路",与"公主"毫无关联,可能是"主"与"出"字形相近所产生的讹误,而"出"又与后面的"入又闻鼓吹"的"入"相对应,并且这个"而入又闻鼓吹"在李肇的《国史补》中并不见。"尝见公出,担夫争路,而入又闻鼓吹,而得笔法之意。"就是说,张旭曾经出外,见到担夫狭路相逢,而回来又听到了鼓吹之乐各个乐器之间的配合,由此得到了笔法的意境。

笔者以为,这件事可能与公主并没有多大的关系,只是后人在叙述这个传奇的人物时,刻意加上了一些神秘的色彩,将其与一些特殊的人物联系起来。而这里无论是"担夫争路",还是"鼓吹",想表达的应该是在书法作品中,单字的笔画之间、字与字之间一种既有对立,又有统一的关系。"担夫争路"正是体现这种矛盾关系,因为在书法创作中,作为整体的布局和章法,往往单字的笔画之间长短、粗细,字与字都有着矛盾,要很好地穿插相让、配合,才能够成功达到整体的美感。而乐器演奏时,鼓乐等乐器声音此起彼伏、彼此相让又互相配合,才能展现出优雅的节奏感以及和谐的整体感。这可能才是张旭得笔意这一传奇故事背后的真意。

(三)观公孙大娘舞剑器:得其神

一般而言,在谈及得笔法、得笔意之后,都会谈到张旭观公孙大娘舞西河剑器而得其神。如朱长文在《续书

---

① 〔宋〕欧阳修、宋祁:《新唐书》卷二〇二《张旭传》,北京:中华书局,1975年,第5764页。

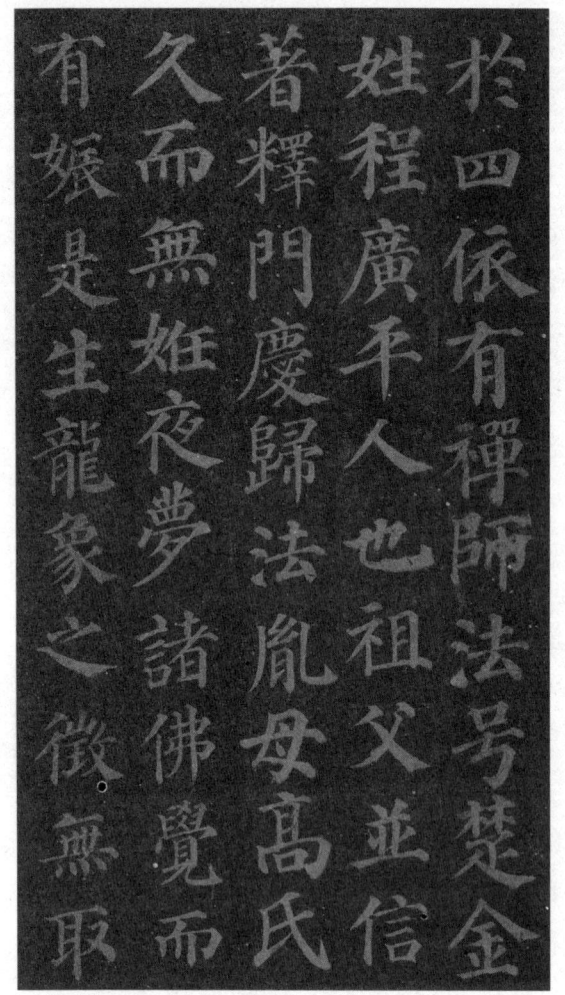

颜真卿《多宝塔碑》（局部）

断》中记载："君草书得神品。或云君受法于陆柬之，尝见公出，担夫争路，而入又闻鼓吹，而得笔法之意，后观公孙大娘舞西河剑器而得其神，由是笔迹大进。"

公孙大娘何许人也？公孙大娘是唐开元盛世时期宫廷中善舞第一人，以其优美的舞姿，尤其是以善舞剑器而名动天下。她曾经在民间舞剑器舞，观看者人山人海。在信息流传并不迅速的唐代，她的舞名还是很快传到了宫廷，得到唐玄宗李隆基的亲自召见，并且在唐宫廷中表演，使她的声名冠绝一时。她的舞剑器更是一绝，风靡天下，当时很多人都看到过她舞剑器，如"草圣"张旭、"诗圣"杜甫都曾亲眼目睹公孙大娘名动一时的风采。

公孙大娘万万没有想到的是，她的舞姿启发了"草圣"张旭，而这件事又被"诗圣"杜甫作为流传一时的佳话写进了他慷慨悲凉的《又见公孙大娘弟子舞剑器行》中。自从公孙大娘与两位文化巨人紧紧地联系在一起，让我们对这位盛唐舞技第一的奇女子产生了种种的好奇、仰慕与敬佩。因为正是她的舞姿才让张旭真正领悟到草书的神韵，最终成就了中国历史上的"草圣"张旭。她的舞姿与张旭的书法同样被历代文人墨客传颂，给后人带来了无限的想象空间和神秘气息。

对此事最有代表性的记载当是"诗圣"杜甫。杜甫晚年，也就是唐代宗大历二年（767），当他见到公孙大娘的弟子临颍李十二娘舞剑器，睹物思人，写下了一首《观公孙大娘弟子舞剑器行》的七言古诗：

昔有佳人公孙氏，一舞剑器动四方。
观者如山色沮丧，天地为之久低昂。
爥如羿射九日落，矫如群帝骖龙翔。
来（一作末）如雷霆收震怒，罢如江海凝清光。
绛唇珠袖两寂寞，况（一作脱，一作晚）有弟子传芬芳。
临颍美人在白帝，妙舞此曲神扬扬。
与余问答既有以，感时抚事增惋伤。
先帝侍女八千人，公孙剑器初第一。
五十年间似反掌，风尘倾动（一作顷洞）昏王室。
梨园子弟散如烟，女乐余姿映寒日。
金粟堆南木已拱，瞿唐石城草（一作暮）萧瑟。
玳筵急管曲复终，乐极哀来月东出。
老夫不知其所往，足茧荒山转愁疾（一作寂）。①

这首诗从"昔有佳人公孙氏"到"罢如江海凝清光"，对公孙大娘的表演进行了大肆渲染，其舞姿不仅惊人，更是可以感动天地。她起舞时，下垂犹如后羿射落九日一般有力，上腾犹如群帝骖龙翔那样行云流水，时而就像雷过留其音响，舞蹈动作结束时犹如江海的停波一般。杜甫极言公孙大娘舞姿惊天动地泣鬼神的场面。其后对公孙大娘弟子李十二娘以相对简单的"神扬扬"来表述她的表演。最后更多是表达作者自己感时伤怀的情感，此处不细说。

---

① 〔清〕彭定求等编：《全唐诗》卷二二二《杜甫》（七），北京：中华书局，1980年，第2356—2357页。

杜甫诗中特别交代了张旭曾经数次到邺县观看公孙大娘舞剑器而草书大进的事情。杜甫在写完这首诗的三年后，即大历五年（770），也就去世了。这首诗的序如下：

> 大历二年十月十九日，夔府别驾元持（一作特）宅，见临颍李十二娘舞剑器，壮其蔚跂。问其所师，曰：余公孙大娘弟子也。开元三（一作五）载，余尚童稚，记于郾城观公孙氏舞剑器浑脱，浏漓顿挫，独出冠时。自高头宜春梨园二伎（一作教）坊内人洎外供奉，晓是舞者，圣文神武皇帝初，公孙一人而已。玉貌锦（一作绣）衣，况余白首。今兹弟子，亦匪盛颜。既辨其由来，知波澜莫二。抚事慷慨，聊为剑器行。往者昔吴人张旭，善草书帖，数尝于邺（一作叶）县，见公孙大娘舞西河剑器，自此草书长进，豪荡感激，即公孙可知矣。[1]

杜甫在诗序中详细记述了他见到临颍李十二娘蔚为壮观的舞剑器，十分惊叹，问询得知竟是公孙大娘的弟子。公孙大娘是唐玄宗时期非常著名的舞蹈家，因善舞剑器而"独出冠时"。杜甫以"浏漓顿挫"来形容她舞剑器的意境。张旭曾多次亲临邺县观摩、体悟，终于从公孙大娘舞剑器中悟得了书法的奥妙。诗序在最后虽然说明了张旭草书与公孙大娘舞剑器之间的关系，但并没有具体交代"得其神"的说法，只是说明了张旭"草书大进"这样的效果。当然，张旭在其中到底体悟到了什么，后世学者也有一些猜测。如宋人欧阳修、宋祁修《新唐书》就明确指

---

[1] 〔清〕彭定求等编：《全唐诗》卷二二二《杜甫》（七），北京：中华书局，1980年，第2356页。

出："观倡公孙舞剑器，得其神。"① 也就是说，张旭是从公孙大娘舞剑器中体会到了草书的神韵，这是一种非常难得的境界。明人徐渭在《张旭观公孙大娘舞剑器》一文中曾将张旭草书与公孙大娘舞剑器进行了比较具体的一些说明，当然其中猜测的成分可能比较多："大娘只知舞剑器，安识舞中藏草字。老颠瞥眼拾将归，腕中便觉蹲三昧。大娘舞猛懒亦飞，秃尾锦蛇多两胇，老颠蛇黑墨所为，两蛇猝怒斗不归。红毡粉壁争神奇，黑蛇比锦谁邛低，野鸡啄麦翟与翚，一姓两名无雄雌。老颠蘸墨卷头发。大娘幞头舞亦脱。留与诗人谑题跋。常熟翁来索判频。常熟长官错怪人。"②

今人对公孙大娘舞剑器是如何影响到张旭对草书神韵的领悟也有一些研究，金学智在《中国书法美学》中指出："借用闻一多先生《说舞》的语言来形容，它确乎是'生命情调最直接、最实质、最强烈、最尖锐、最单纯而最充足的表现'，它通幅是'节奏的动，或更准确点，有节奏的移易地点的动'。他的线条和动势似乎都是从公孙大娘舞剑器中来的：浏漓顿挫，激扬豪荡，纵横跳跃，回旋低昂……"③

当然，关于舞蹈与书法的关系，可以从多个方面进行深入分析。我们认为书法与舞蹈都是抽象化的美学形态，是意象美学追求，是运动中的艺术展现，是情感的艺术迸发，同时还都有着厚实的传统文化精神。④ 所以，我们可以通过舞蹈观赏来猜测其与书法创作的关系，甚至驰骋想象体悟张旭当时的兴奋：当张旭看到了公孙大娘舞剑器流畅的舞姿，他领悟到了草书笔走龙蛇、一气呵成的神韵；

---

① 〔宋〕欧阳修、宋祁：《新唐书》卷二○二《张旭传》，北京：中华书局，1975年，第5764页。
② 〔明〕徐渭：《徐文长全集》，上海：广益书局，1936年，第54页。
③ 金学智：《中国书法美学》（上册），南京：江苏文艺出版社，第445页。
④ 何炳武：《书法与中国文化》，西安：三秦出版社，2006年，第95–118页。

当张旭看到公孙大娘舞剑器的那种时快时慢、富有韵律的节奏，他领悟到了草书书写节奏的优美；当张旭看到公孙大娘舞剑器的轻盈与顿挫，他领悟到草书力度变化带来的美感。我们可以尽情想象公孙大娘舞剑器与张旭草书神韵之间的种种关系。

（四）观夏云奇峰：悟书道

书法艺术是书法家艺术精神的诉求和迸发，自然之美往往贯穿于整个书法活动的始终。书法家对笔法、结构的体悟，对章法布局的揣摩，甚至在书法表达以及书法鉴赏中，处处都体现出"书道自然"这一内在精髓。在中国书法史上，一直就有以自然为意象的悠久传统，古代书法家在笔法、结构、章法，或在书法鉴赏中处处以返回自然为宗旨，以师法自然为追求。张旭将观夏云奇峰与体悟书道相关联，正是将自然与书法之道相结合的范例。

欧阳询《化度寺碑》（局部）

观夏云奇峰，也有学者认为这是怀素悟书道的一个典故。我们认为，不论此事是否属于张旭，这种说法与张旭相关联，恰好体现了张旭在师法自然中寻求笔法以及书法创作意境的灵感。张旭师法自然，不仅仅是观夏云奇峰，而是以对整个自然界万事万物的观察和体悟来体味书法创作，韩愈《送高闲上人序》的说法正是如此：

往时张旭善草书，不治他技，喜怒、窘穷、忧悲、愉佚、怨恨、思慕、酣醉、无聊、不平，有动于心，必于草书焉发之；观于物，见山水崖谷，鸟兽虫鱼，草木之花实，日月列星，风雨水火，雷霆霹雳，歌舞战斗，天地事物之变，可喜可愕，一寓于书。故旭之书，变动犹鬼神，不可端倪，以此终其身而名后世。今闲之于草书，有旭之心哉！①

我们从韩愈的描述能够看出，张旭在创作中，毫不做作，所有的书法创作均是发乎生命本能的宣泄。他将自己此时此刻真实而自然的心境、情感都写进了他的书法作品之中，他在生活中的种种"喜怒、窘穷、忧悲、愉佚、怨恨、思慕、酣醉、无聊、不平"，透过笔尖，肆意挥毫，向世人表达着一个情感自然、率真天然的自己。同时，张旭留心于他周遭天地万物的自然变化，对自然之美深切体悟，以自然为师，游目于自然万物，游心于自然大化，将"山水崖谷，鸟兽虫鱼，草木之花实，日月列星，风雨水火，雷霆霹雳，歌舞战斗"的种种自然意境化为笔意融入他的书法作品中。张旭正是将他率真天然的情感以及他对大自然美妙的体悟融入自己的书法中，后人才能在书法作品中读出他的率真，对张旭书法的欣赏才能够有"如神虬腾霄汉，夏云出嵩华、逸势奇状，莫可穷测"②的表达。所谓"道法自然"，书道亦如此。因此朱长文在《续书断》中将张旭的作品列为"神品"，毫不为过。

当然，关于张旭的种种逸闻趣事，其中的真真假假，我们已经难以断定。一般而言，学者都将这些事迹作为真实的史事来处理。特别是其中反映出张旭对书法的创造性领悟，的确有着与众不同的特殊之处，也有一定的参考价值。我们认为，不论这些事迹的真实性如何，所有人都不

---

① 〔唐〕韩愈：《送高闲上人序》，见上海书画出版社、华东师范大学古籍整理研究室：《历代书法论文选》，上海：上海书画出版社，1979年，第292页。

② 〔宋〕朱长文：《续书断》，见上海书画出版社、华东师范大学古籍整理研究室：《历代书法论文选》，上海：上海书画出版社，1979年，第325页。

得不承认的是,"草圣"张旭书法奇妙,其草书成就后人无法复制,难以超越。后人通过一些奇遇进行一些神异化也无可厚非。而事实上,人们往往也愿意以这样的奇闻逸事,来解释张旭书法灵感难以言说的来源。

第四章　张旭的楷书成就

张旭的草书冠绝一时，并得以名垂青史。我们不得不承认，正是他草书成就的光芒，遮蔽了他在楷书方面的精深造诣。怀素在《自叙帖》中转述颜真卿评价张旭的楷书成就时说"张旭长史虽资性颠逸，超绝古今，而模楷精（法）详，特为真正"，并且表现出对张旭无限的仰慕之情："真卿早岁常接游居，率蒙激昂，教以笔法，资质劣弱，又婴物务，不能恳习，迄以无成。追思一言，何可复得。"甚至宋人黄庭坚评价张旭楷书是"唐人正书，无出其右者"，可见张旭楷书成就之高。

一、张旭的楷书成就

唐人张彦远在《历代名画记》卷二中提道："只如张颠以善草得名，楷隶未必为人所宝，余曾见小楷《乐毅》，虞、褚之流。"[1] 明确记载了张旭楷书的成就、书法风格，尤其指出张旭有小楷《乐毅》这样的作品。可惜此作不传，我们已经无法看到其楷书的风貌。现在我们能够看到的张旭的楷书作品仅仅有《郎官石柱记》和《严仁墓志》。另外还有《王之涣墓志》，碑文未署名，所以学术界的争议比较大。有学者认为已发现未署名的《东渭桥记》《大卢舍那像龛记》也应是张旭的楷书作品。其中《郎官石柱记》为传世拓本，是非常可信的张旭楷书作品。《严

---

[1] 〔唐〕张彦远著，俞剑华注释：《历代名画记》卷二《论名价品第》，上海：上海人民美术出版社，1964年，第44页。

仁墓志》是20世纪90年代新出土的墓志，碑石尚在，碑文明确有"吴郡张旭书"的字样。《王之涣墓志》出土于20世纪30年代，其中没有明确的书者，但是根据墓志楷书的种种特征，可能是张旭所书。以下以其可信度的高低分别予以介绍。

（一）《郎官石柱记》

《郎官石柱记》又称《郎官厅壁记》《尚书省郎官石记序》，唐陈九言撰文，张旭楷书。唐玄宗开元二十九年（741）立于长安（今陕西西安）。这是最可信的张旭传世真迹，历来评价甚高。但是原石久佚，此帖宋时已有刻本，传世仅有王世贞旧藏的宋拓孤本，更显弥足珍贵。明人董其昌曾刻入《戏鸿堂帖》。

《郎官石柱记》碑文全文如下：

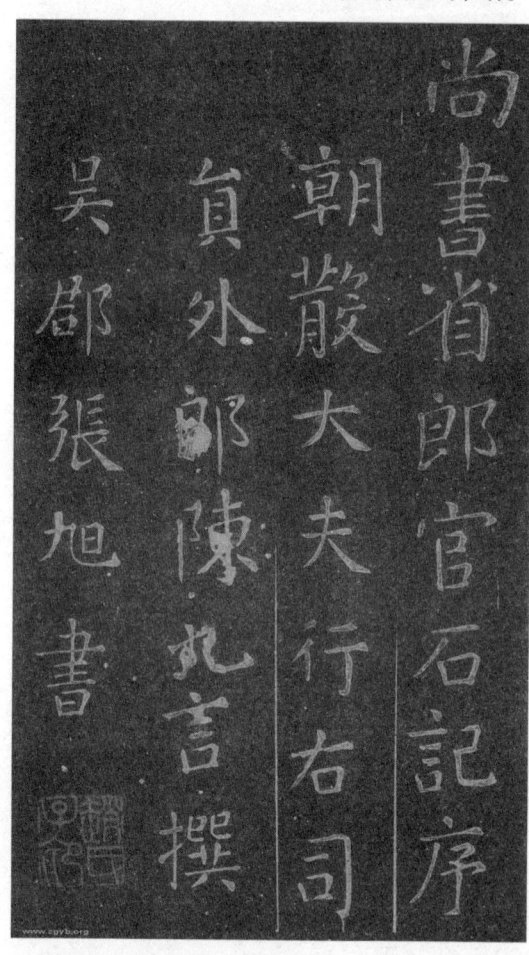

张旭《郎官石柱记》（局部）

尚书省郎官石记序
朝散大夫行右司员外郎陈九言撰，吴郡张旭书。
夫上天垂象，北极著于文昌；先王建邦，南宫列为会府。六官既辨，四方是则，大总其纲，小持其要，礼乐刑政于是乎达而王道备矣。圣上至德光被，睿谋广运，提大象以祐生人，躬无为以风天下。三台淳曜，百辟承宁，动必有成，举无遗策。年和俗厚，千载一时，而犹搜择茂异，网罗俊逸，野馨兰芳，林殚松秀，尽在于周行矣。夫尚书郎廿四司，凡六十一人，上应星纬，中比神仙，咸擅国华，以成台妙。修词制天一之议，伏奏为朝廷之容，信纪梓之薮泽，衣冠之领袖。顷朝荣初拜，或省美中迁，升降年名，各书厅壁，讹误多矣，总载阙如，非所以传故实、示不朽者矣。今诸公六联同事，三署并时，排金门，辚华毂，鸾跄凤跱，肩随武接，而不因金谋，补其阙典，其于义也，无乃太简乎？左司郎中杨公慎馀，于是合清论，创新规，征追琢之良工，伐荆蓝之美石，刊刻为记，建于都省之南荣。断自开元廿九年，咸列名于次。且往者不可及，来者不可遗，非贵自我，盖取随时班位以序，昭其度也；丰约从宜，昭其俭也。俾夫金石长固，英华靡绝。不编班固之年，自然成表；未读马卿之赋，已辩同时。不其伟欤！

　　开元廿九岁次，辛巳十月戊寅朔二日己卯建①

1. 历代书法名家的评价

张旭的《郎官石柱记》是清代以前书者能够见到的唯一可信的张旭楷书真迹，历来学者对其赞不绝口，毫不吝惜笔墨，以下仅举一些重要的文人、书家的评论：

宋人欧阳修《集古录》："旭以草书知名，□字真楷可爱。"②

宋人苏轼云："今世称善草书者，或不行真行，此大妄也。真生行，行生草。真如立，行如行，草如走。未有未能行立而能走者也。今长安犹有长史真书《郎

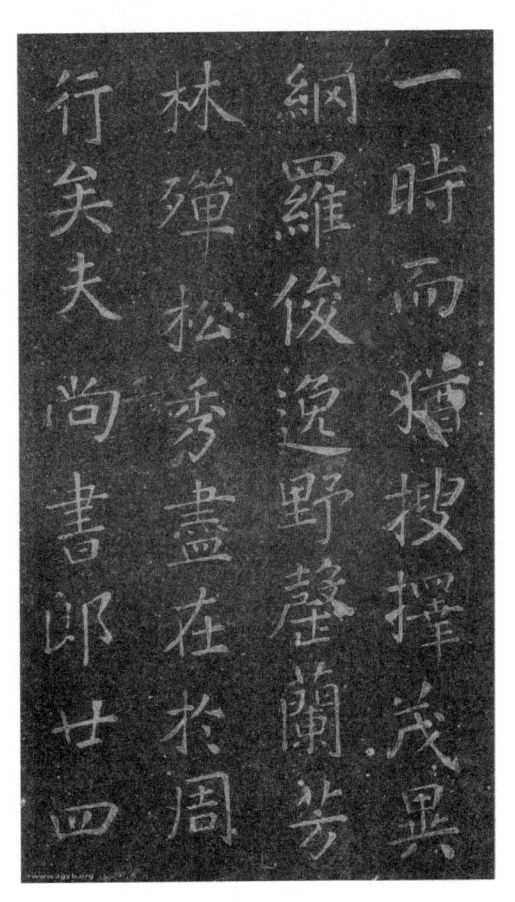

张旭《郎官石柱记》局部

---

① 〔明〕都穆：《金薤琳琅》卷九《唐尚书省郎官石记序》，文渊阁四库全书本。
② 〔宋〕欧阳修：《集古录》卷六《唐郎官石记》，文渊阁四库全书本。

官石柱记》,作字简远,如晋宋间人。"①

宋人黄庭坚:"长史《郎官厅柱记》,唐人正书,无能出其右者,故草圣度越诸家无辙迹可寻。"②

宋人曾巩《元丰类稿》:"精劲严重,出于自然,如动容周旋中礼,非强为者。书一艺耳,至于极者乃能如此。其楷字盖罕见于世。"③

宋人董逌《广川书跋》也说:"似赤骥白骉,一驾千里,当其披昆仑上羽陵时,求其逸景于逐足下,殆无遗纵矣,至于在六辔间,和鸾在前,鋈续在后,则过君表而舞交衢,进退履绳,旋曲中规,求其毫厘跌宕,无遗恨也。长史之书殆尽于此。方乘醉时,翰墨淋漓,虽惊风迅雨,不能与其变俱也,此讵可以规矩准绳求哉。及《郎官记》则备尽楷法,隐约深严,筋脉结密,毫发不失,乃知楷法之严如此而放乎神者,天解也。夫守法度者至严,则出乎法度者至纵。而不可拘观其偕锋鳞勒峻礴抑左升右仰策轻紧趣阔收,此书尽之,世人不知楷法,至疑此非长史书者,是睹其骐骥千里,而未尝知服襄之在法驾也。"④

明人都穆在《金薤琳琅》中言:"欧阳公谓长史以草书知名,此字真楷可爱,曾南丰谓其精劲严重,出于自然,如动容周旋中礼,非强为者。元王文定公谓张公得草圣不

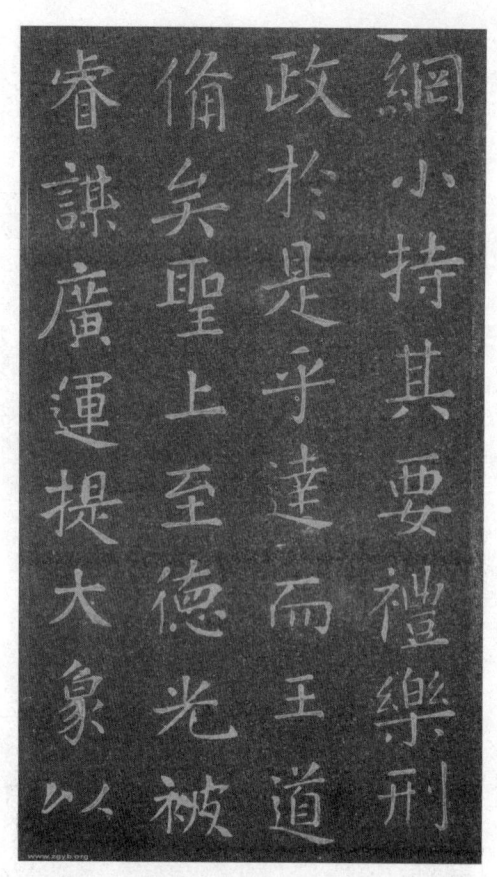

张旭《郎官石柱记》(局部)

---

① 〔宋〕苏轼:《东坡全集》卷九十三《书唐氏六家书后》,文渊阁四库全书本。

② 〔宋〕黄庭坚:《峪题跋》卷四《跋法帖》,上海:商务印书馆,1936年,第36页。

③ 〔宋〕曾巩:《元丰类稿》卷五十《尚书省郎官石记序》,文渊阁四库全书本。

④ 〔宋〕董逌:《广川书跋》卷七《郎官石柱记》,文渊阁四库全书本。

传之妙，其真书在唐乃复精绝。颜鲁公书学气侔造化，楷法盖得之于公。又谓其字体似出欧、虞，自成一家。"①

明人赵崡《石墨镌华》称颂此记："笔法出欧阳率更，兼永兴河南，虽骨力不遒，而法度森然。"

清人刘熙载："张长史真书《郎官石记》，东坡谓'作字简远，如晋宋间人'，论者以为知言。"②

清人康有为《广艺舟双楫》："张颠《郎官石柱题名》有廉直劲正之体，皆唐碑之可学者。"③

这些历代书家的评述，也从另一方面说明了书法艺术中楷和草、严和纵之间的辩证关系。只有真生行，行生草，未有未能行立而能走者也。《郎官石柱记》的字体取欧阳询、虞世南笔法，端庄严谨，不失规矩，展现出楷书的精妙。此序楷势精劲凝重，法度森严，雍容闲雅兼而有之，是张旭存世的重要楷书作品。

宋《宣和书谱》就指出：张旭"其名本以颠草，而至于小楷行书，又复不减草字之妙，其草字虽奇怪百出，而求其源流，无一点画不该规矩者，或谓张颠不颠者是也"④。所以，张旭书法虽狂但是并不怪异，狂放而又有规

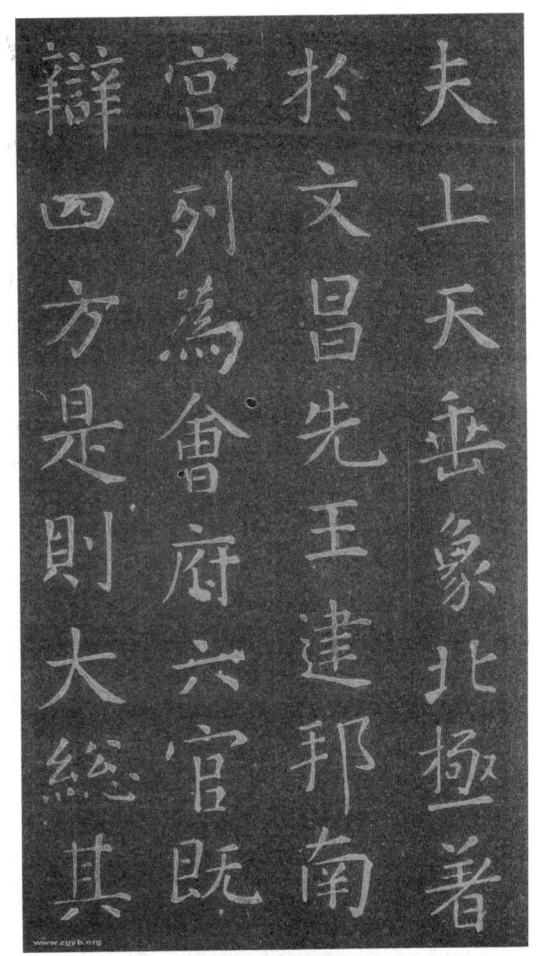

张旭《郎官石柱记》（局部）

---

① 〔明〕都穆：《金薤琳琅》卷九，文渊阁四库全书本。

② 〔清〕刘熙载：《艺概》，见上海书画出版社、华东师范大学古籍整理研究室：《历代书法论文选》，上海：上海书画出版社，1979年，第703页。

③ 〔清〕康有为辑，崔尔平注：《广艺舟双辑》，上海：上海书画出版社，1981年，第152页。

④ 〔宋〕佚名：《宣和书谱》卷十八《天童经》，文渊阁四库全书本。

矩。由此可见，张旭的书法创作是在其深厚书法功底上来表现其个性的。楷书《郎官石柱记》就是一个明证。

当然，《郎官石柱记》不仅在古人那里享有盛誉，现代学者结合唐代楷书发展史，对张旭的《郎官石柱记》所展现的楷书成就也有较为准确的评价。

黄惇认为："观《郎官石记》，可窥张旭楷法严谨，法从王羲之出，典雅、平和、简净。既无褚遂良之妍媚，亦不像欧阳询之峭拔。许多结体略呈横势，可窥法《黄庭经》《乐毅论》之踪迹。当然他的楷书更不像颜柳多有挑、趯之笔，所以一种内蕴的高古气象跃于笔画之间。"① 他将张旭的楷书与褚遂良、欧阳询、颜真卿、柳公权四家各自的特点相比，认为张旭楷书的特点是"典雅""高古"。

而倪文东是从张旭对欧、虞、褚三家笔法的继承和创新角度来谈的，他认为："《郎官石柱记》的用笔、结字及章法皆法度森严，不亚于初唐四大家的欧（阳询）、虞（世南）、褚（遂良）、薛（稷）。溯其楷法根源，学自其舅父陆彦远，是从陆柬之、虞世南、智永一脉亲传'王家'笔法。观此碑，集欧、虞、褚三家楷法之妙，有欧阳询的险劲，虞世南的精劲，褚遂良的清丽，融会贯通，自然浑成。如杨守敬所说的，若不是古碑刻，真不敢断定为张旭的楷书作品。这大概是张旭草书的名气太大，压倒了楷书之名的缘故。也可能是由于张旭的楷书只注重继承，狂草书才真正创造出自家面目的原因。"②

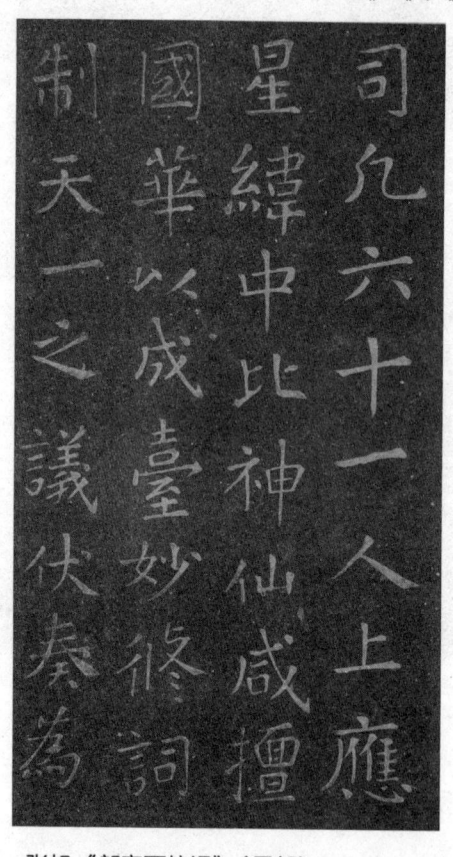

张旭《郎官石柱记》（局部）

---

①②刘正成：《中国书法鉴赏大辞典》，北京：大地出版社，1989年，第530页。

2.《郎官石柱记》的一些缺陷

我们知道，因为传世的张旭楷书作品，仅此一件，而且原石早已佚失。在宋代时，就有《郎官石柱记》的翻刻本，而现存的《郎官石柱记》拓本也不只一种，并且已经有文章指出，流传至今的本子均属翻刻后的拓本。所以说，今传《郎官石柱记》虽是张旭书丹，经过刻工的刻写，而刻工的水平会影响书法的精气神，这是一次失真。我们现存的拓本是经过宋代人以原石拓本为依据，重刻翻刻后的再次拓本，这又是一次失真。就目前我们看到的《郎官石柱记》的拓片，它的字形、点画已显得非常的僵硬，运笔的提按、起伏几乎已经看不出来了。虽然经过了两次失真，但是总体而言，这个翻刻石的拓片，大体上保存了原来字形的间架结构，仍然属于张旭楷书体系的一部分，作为研究张旭楷书书法的重要参考物件，完全是可以进行研究的。但若有书者将《郎官石柱记》作为张旭楷书的唯一表现形式、唯一标准，可能就需要慎重考虑、细细斟酌。

（二）《严仁墓志》

1992年元月，《严仁墓志》发现于河南省洛阳市邙山脚下偃师县磷肥厂扩建改造工地发掘的一处唐墓，传世文献对此碑石并无记载，此碑现藏于河南偃师商城博物馆。《严仁墓志》是经过科学考古发掘面世，《中国文物报》《文物》等报刊都做了相关的报道。樊有升、李献奇在《书法丛刊》（1992年第4期，）上也发表了《洛阳新出土唐张旭楷书〈严仁墓志〉》，并配发了墓志书法字迹原大的珍贵拓片。这些对碑石出土情况的介绍以及拓片的公布，为考证和研究张旭的楷书提供了最直接的资料。

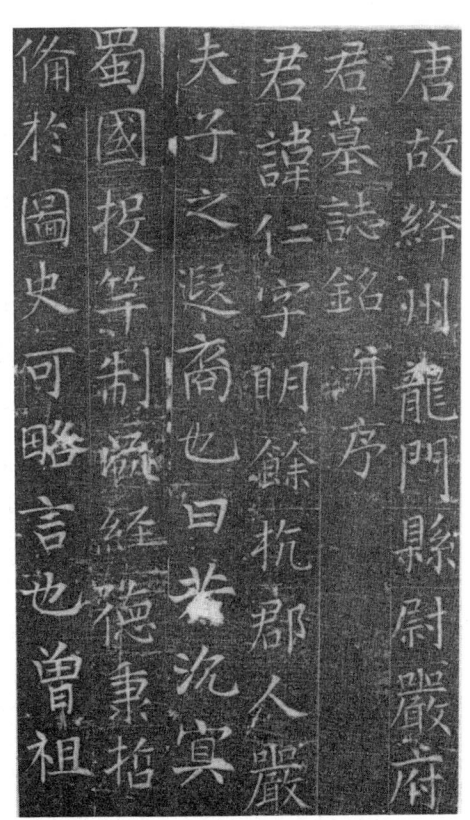

张旭《严仁墓志》（局部）

《严仁墓志》，小楷书，其初出如新。墓志青石质，有盖，近方形，右上角已残缺。石上有方形界格，横55厘米，纵53厘米。志文楷书，共21行，满行21字，共计430字。天宝元年（742）撰写，志石上原题"唐故绛州龙门县尉严府君墓志铭并序"，墓志明确署名"前邓川内乡县令吴郡张万顷撰，吴郡张旭书"。此碑的碑文释文如下：

唐故绛州龙门县尉严府君墓志铭并序：

君讳仁，字明。余杭郡人。严夫子之遐裔也。日若沉冥蜀国，投竿制流，经德秉哲，备于国史，可略言也。曾祖端，英谟纷纶，勋南昭晰，授上柱国、宁远将军；立言树功，殁有遗美，追赠襄州刺史。祖俦，余庆所钟，依仁游艺，学究坟史，誉满缙绅；授栝州司马。父统，挺生岐嶷，秉心渊邃，学优从宦，修身奉时，有移风之能，当象雷之任，授婺州金华县令；惠深茆杖，仁在蒲鞭，克己咸归，推诚自理。君即金华府君之第三子也。廿岁闻诗礼，弱冠穷精奥，以明经甲科为郎，调补洪州达昌尉。迹栖枳棘，志远云霄。宗人挺之，时为考功郎，见而器之，知有循吏之美，提引抵掌，话言终日。岁满，荐补绛州龙门县尉。奉公忘私，克勤夙夜，妻子罕见其面，州县实劳其人。咸以为德比珪璋，荣期青紫，岂谓年逾知命，位犹黄绶。以天宝元年十月十七日遘疾，终于河南福善里第，春秋五十三。以十二月一日，迁于土娄东五里新茔，礼也。朋执抚心，所知啜泣，秀而不实，今古同悲。嗣子宪、昌等，性与纯孝，痛深乐棘，恐陵谷迁变，勒铭贞琰。其词曰：吴山嵯峨兮材降生，济其美兮扬厥名；大位未济兮逝水惊，留尸乡兮启滕铭。返真宅兮表忘情，孝子之林兮遠新塋。

前邓州内乡县令吴郡张万顷撰吴郡张旭书①

《严仁墓志》虽署名吴郡张旭书，但在作者归属上仍存在种种争议。樊有升、李献奇在《洛阳新出土唐张旭楷书〈严仁墓志〉》一文中，虽然提出了《严仁墓志》与《郎官石柱记》的一些差异，但并未对署名"吴郡张旭"有任何质疑。樊、李指出二者的差异的确存在，总的来看，《郎官石柱记》的字劲力十足，内含其中，俨然晋人风骨。但是《严仁墓志》中字的线条较为尖细，锋芒外露，与《郎官石柱记》有较大差异。二者在具体细节的处理上也有差异，在《严仁墓志》中，一部分与《郎官石柱记》非常类似，形神具备，有晋人风骨，但是也有一些字与《郎官石柱记》存在着非常大的差异，字形、风格和气度都相差甚远，甚至个别字有魏碑的风格。

正因为两碑有如此差异，所以自《严仁墓志》出土以来质疑张旭为此碑书者的观点一直存在。如李志贤通过将《严仁墓志》和《郎官石柱记》进行逐字仔细地比勘之后，认为："《严仁墓志》从总体上看，具有典型的唐人书风，具体分析，有很多字也确实书刻精当，与《郎官石柱记》的风貌不远。"②但是，在总体评价较高的基础上，他又明确指出墓志书写者不是张旭。他大胆猜测，认为与《郎官石柱记》类似的字，是通过集字而成，而其余缺字的部分，是通过其他方式拼凑的字，所以才出现同一碑中有着不同的书法风格。当然，由于具体书者不可考，因此他猜测书碑者是当时书法水平较高的人，最后再署名"吴郡张旭"。这种说法可以自圆其说，但是这种说法一个非

---

① 樊有升、李献奇：《洛阳新出土唐张旭楷书〈严仁墓志〉》，《书法丛刊》1992年第4期。

② 李志贤：《我看（传）张旭〈严仁墓志〉》，《书法丛刊》1999年第4期。

常重要的立论依据就是张旭的楷书只能是《郎官石柱记》的样子，《郎官石柱记》是张旭楷书的唯一标准，这就未免太绝对化了。我们从流传作品较多的一些书法家的书作来看，不同时间、不同心境下，书法家创作的书法作品是有差异的，甚至还会有很大的不同。比如说《郎官石柱记》和《严仁墓志》这种差异的出现，可能与张旭的书写心境有关。《郎官石柱记》全称《尚书省郎官石柱记序》，是张旭应尚书省的邀请所书，所以张旭在书写时自然恭谨有加，从书法作品的气象上来看，就显得非常严密。而《严仁墓志》则是为已逝朋友而写，心情悲痛，更多的是对逝者的怀念与追忆。二者书写时间虽然仅相隔一年，但由于张旭书写两碑的心境不同，因此作品的风格有差异也十分正常。

迄今为止，学术界对这一问题仍有很多争议。我们认为，梁继的《唐〈严仁墓志〉辨疑》一文，对此碑的种种疑问有着比较全面的论述。① 我们主要以此文为参照，并结合一些新的研究成果和我们的研究心得，对这一问题进行更为全面的分析。

首先，学者认为《严仁墓志》非张旭所作的标准就是张旭的唯一楷书传世之作《郎官石柱记》。但是我们在上文对今传《郎官石柱记》的碑帖分析可以得知，此帖是翻刻的拓本，是经过了二次失真，因此它只能在大体上反映张旭楷书的造诣和风格，可以作为重要的参照，但不能作为张旭楷书的唯一标准。而且，古代书家在不同时期书写的作品风格不同，不只是张旭，其他书家也有这种情况。以颜真卿为例，颜真卿的

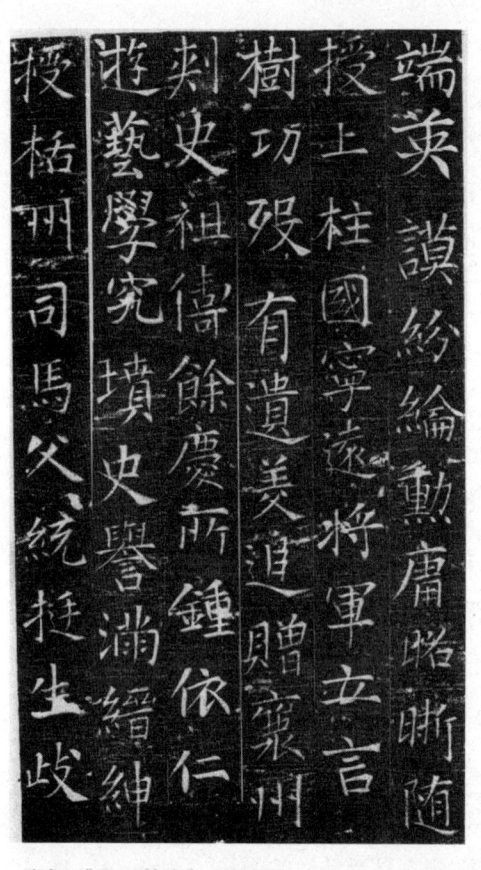

张旭《严仁墓志》（局部）

---

① 梁继：《唐〈严仁墓志〉辨疑》，《中国书法》2007 年第 2 期。

《多宝塔碑》公认是颜真卿早期的代表性作品，此碑书写于天宝十一年（752），而1997年出土的《郭虚己墓志》是颜真卿书写于天宝九年（750）的作品，二碑时间相差仅两年，但风格相异。另外褚遂良于贞观十五年（641）十一月书写的《伊阙佛龛碑》与贞观十六年（642）五月所书写的《孟法师碑》，时间仅相隔半年，但风格也不尽相同。由此可知，书家不同时期甚至同一时期所书写的作品风格不同是很正常的。所以，论证《严仁墓志》非张旭所作的学者的论证依据就存在着很大的主观性，这需要审慎地下结论。

其次，《严仁墓志》与《郎官石柱记》相比，虽然不如其深密，但是从楷书的笔法上来看，端秀俊劲，稳正有法。《严仁墓志》石上虽然刻有浅浅的界格，但在格子中写的字大小有一定差异，所以说，书写者仅仅是基本上遵守着界格，这可能与张旭的性格有关。由于《严仁墓志》属于新出土，千年以来，并未经过风吹雨打日晒等自然的损毁，整体看上去，宛如刚刚刻好的一样。所以，细细观摩，我们能感受到书写者功底深厚，运笔雄健，甚至能够看出书者书写时每一个点画的行笔感觉。墓志中字的点画，有的饱满，有的瘦硬，并不完全相同，字形结构的变化出入比较明显，甚至有的字形出现了不稳定感，这可能与当时书者的书写状态有关。有过书法经验的人都知道，书者在写字时，笔与纸结合的最佳位置是眼前方一尺左右，这个距离最适宜手臂向上下左右四个方向自如伸展，如果在书写时超过这个尺度，就应该移动

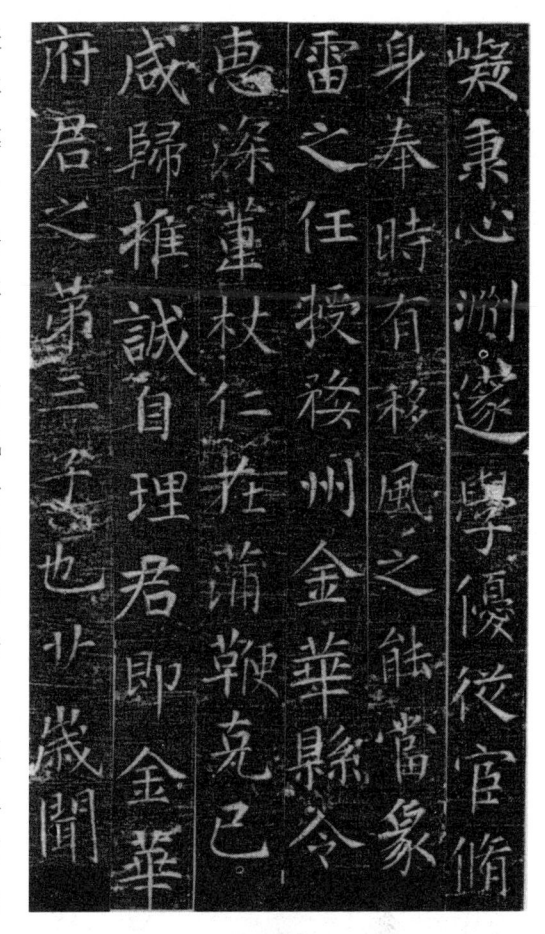

张旭《严仁墓志》（局部）

书写物体或者书写者主动移动身体,以适应手与眼之间的最佳位置。否则,难免会在视线上受阻,或者由于斜视导致字形不规整,同时手臂挥洒也就会不太自如,写出的字在结构上也就很难尽如人意。所以说,在同一书法作品中,如果在书写下边或者左边的一些字时,书者不做适当地调整的话,往往会书写不自如,甚至会出现一些败笔。《严仁墓志》原石的边长是50厘米左右,我们发现在结构上出现问题的一些字,基本出现在墓志的下边和左边,这与我们书法练习或者创作时会出现的状况是一致的。而《严仁墓志》并非完全是一幅张旭悉心创作的书法作品,可能只是应景之作。所以说,边长50厘米左右的墓志石,不大不小,又是不易移动的重物,张旭完全可能是因为在自己还可以够得着的距离内,懒得多次移动身位,就那么一口气写下来,并很快写完全篇铭文,所以便在志石下边和左边这样的特殊部位才会出现字形结构失衡的问题。也正因为如此,志石全篇文字的精气神是一致的,通篇浑然一体,整体看上去有着一种痛快淋漓的行笔气势。此碑与《郎官石柱记》书写时间仅相隔一年,虽不如《郎官石柱记》浑厚,但字形方整,气息相通,也应是张旭所书。

再次,集字说并不成立。李志贤认为的一种可能是:张旭当时并未书写此志,是当事者(不见经传)慕其名,集取流传的张旭单字,缺字部分则出于无奈,由书法水平平庸的无名氏凑足,摹刻工人则不管三七二十一,按图照搬完事。或者,根本就不是张旭真笔,署上伪款而已。这种说法,我们认为从两个方面来说是不成立的:第一,我们从张旭《严仁墓志》的碑

张旭《严仁墓志》(局部)

文撰写者"吴郡张万顷"与墓主人严仁关系的可能性来分析。从史书记载来看，张旭、张万顷、严仁，史家对其着墨并不多，所以我们仅仅进行一些合理性的推测。张旭与张万顷两人同为吴郡人，又是同姓，所以他们两人相识的可能性非常大。而墓主人严仁是"余杭郡人"，曾任"绛州龙门县尉"一职。我们知道，古龙门县与内乡县之间最重要地点是唐东都洛阳，洛阳又是唐代官吏、文人们活动的重要场所。根据有限的史料记载，张旭曾多次在洛阳活动，而在天宝元年（742），张旭可能正是在唐两京地区之间活动。所以，从郡望、活动时间、地点上来讲，三人同为唐王朝的低级官吏，仕途并不得意，可能生前有一定的交往。而且根据唐人请人书写墓志的习惯来讲，一般都是邀请与墓主人生前关系较密切的名人来书写。所以，可能是严仁的后人邀请张万顷撰文，张旭书丹。由于种种关系，张旭为《严仁墓志》书丹，完全是人之常情而又顺理成章的事。第二，从张旭豪迈不羁的性格来看，他虽然书名很盛，但并非惜字如金的人。从颜真卿《张长史十二意笔法意记》的记载中，就能看出，张旭居住在洛阳裴儆家中时，经常会有人上门来请教笔法，虽然并不是人人都能够领会张旭笔法的精妙，但是他们都非常容易得到张旭的墨宝。另外，他晚年与贺知章一起出游，走到哪里写到哪里，并且有好事之人跟随，寻求墨宝，他也毫不拒绝。所以说，张旭为与他有过交往（当然相交深浅程度我们不好估计）的吴楚同乡、同为低级官吏的同僚写上一方墓志，按常理说也是没有问题的。而且，严仁家属让近在咫尺的大书法家张旭写墓志，是再方便不过的了，又何必多此一举请无关的

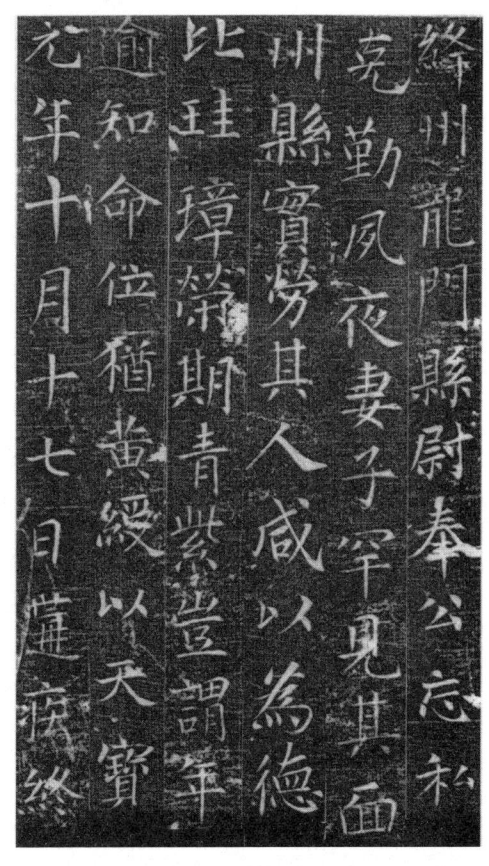

张旭《严仁墓志》（局部）

"书法水平平庸的"人来"凑足"或"署上伪款"呢？至于有些字书写有瑕疵，我们刚才已经从书写时的执笔姿势上去寻找原因。而且从流传至今的碑帖来看，历史上著名的大书法家写出的字，未必都是笔笔精妙、字字精品，出现败笔也是非常正常的现象。谁能保证张旭写的字就不会有败笔？那我们又何必在张旭的《严仁墓志》上如此苛求呢？从总体上看，《严仁墓志》的书法运笔干净利落，虽是楷书，但是我们仍然能够看到其点画之间有一种倜傥不羁的意态，这非常符合张旭豪迈不羁的性格。《严仁墓志》全篇书法的精气神十足，有一种下笔既成，不加停顿，也不屑多加摆布的态势。如此完整的书法作品，又从何处能见其集字、凑足的痕迹呢？

最后，《严仁墓志》中存在着异体字①和简化字。张旭楷书的造诣，历来备受书法家推崇，如历代书家对《郎官石柱记》毫不吝惜的赞誉。当然，我们并不能因此就说《郎官石柱记》就是非常完美，毫无瑕疵的，如在《郎官石柱记》中就出现了一些异体字和简化字。我们相信，历代书家并不是没有看到，这也毫不影响《郎官石柱记》的地位。我们前面已经讲过，《郎官石柱记》是翻刻拓本，有两次失真。虽然在书法的精气神以及点画的失真程度上比较大，但是从字形特征来看，大体上保存了原来的样式，尤其是异体字、简化字，那是无论经过多少次翻刻都不会轻易改变的因素，这是一个非常固定的特征。至于张旭为什么会写一些异体字或者简化字，我们认为一方面仍要从张旭书写习惯的率性去看，他往往会在字的点画上多写或少写一笔；另一方面，这可能与张旭经常书写草书非常相关，因为草书往往考虑到字形的美观、协调，加上一笔或者少一笔。同时草书最大的特征就是为了提升书写速

---

① 许多学者认为是错别字，我们认为不确。在书法中，我们现在仍能看到许多碑体字，与正常的书写有着很大的差异。

度，往往简化了很多字，我们今天的很多简化字本身就是从草书中来的，如"为"字等。当然，这种特殊的书写方式，也成了张旭楷书的一种风格了，所以将其作为研究张旭楷书、辨识张旭楷书的一种重要参考条件来加以利用也未尝不可。

《严仁墓志》的书法，从其时代性和个人风格上看，的确是出于张旭的手笔。从字形的特征上来看，墓志中与《郎官石柱记》上一些字的写法相同，比如"昌""吴""郡""顷""国""迁"等字。同时也能够说明《郎官石柱记》的书写比《严仁墓志》仅早一年又两个月，它们属于张旭同一时期的书法作品，所以字形是非常接近的。《严仁墓志》的楷字方正饱满，结体宽绰，端庄平稳，显示出张旭楷书的深厚功底。也许正是张旭有着极为老到的楷书功夫，才使他那看似尽情挥洒、任性而发的狂草达到"法无定法"的境界。张旭的书法虽有传世，但是也有失真之处，而《严仁墓志》经科学发掘出土，并署名为张旭所书，非常偶然和难得，所以我们应当将更多精力投入到对其书法特征的深入研究中去。

（三）《王之涣墓志》

《王之涣墓志》志石上原题"唐故文安郡文安县尉太原王府君墓志铭并序"，志石上有界格，局部有缺损，文字24行，满行24字，存545字。全碑碑文如下：

唐故文安郡文安县尉太原王府君墓志铭并序
宣义郎行河南府永宁县尉西河靳能撰
　才命者，自然冥数；轩冕者，傥来寄物。故有修圣智术，讲仁义行。首四科而早世，怀公辅道；蕴人伦识，官一尉而卑栖。命与时与，才与达欤，不可得而偕欤！公名之涣，字季凌，本家晋阳，宦徙绛郡，即后魏绛州刺史隆之五代孙。曾祖信，随朝请大夫著作佐郎，□□□皇蒲州安

张旭《王之涣墓志》(局部)

邑县令。祖表,□□皇朝散大夫,阳翟丞,瀛州文安县令。父昱,皇鸿胪主簿,雍州司士,汴州浚仪县令。公即浚仪第四子。幼而聪明,秀发颖晤。不盈冠,则究文章之精;未及壮年,已穷经籍之奥。以门子调补冀州衡水主簿。气高□时,量过于众。异毛义捧檄之色,悲不逮亲;均陶潜屈腰之耻,□于解印。会有诬人交构,公因拂衣去官,遂优游青山,灭裂黄绶。夹河数千里,籍其高风;在家十五年,食其旧德。雅淡珪爵,酷嗜闲放。密亲懿交,恻公井渫,劝以入仕,久而乃从。复补文安郡文安县尉,在职以清白著,理人以公平称。方将遐陟庙堂,惟兹稍渐磐陆,天不与善,国用丧贤,以天宝元年二月十四日遘疾终于官舍,春秋五十有五。惟公孝闻于家,义闻于友,慷慨有大略,倜傥有异才。尝或歌从军,吟出塞,皦兮极关山明月之思,萧兮得易水寒风之声。传乎乐章,布在人口。至夫雅颂发挥之作,诗骚兴喻之致,文在斯矣,代未知焉。惜乎!以天宝二年五月二十二日葬于洛阳北原,礼也。嗣子炎及羽等,哀哀在疚,棘棘其棘。堂弟永宁主簿之咸泣奉清徽,托志幽譲,能悉畴旧,敢让其词。铭曰:苍苍穹山,尘复尘兮。郁郁佳城,春复春兮。有斐君子,闭晨辰兮。于嗟海内,涕哀辛兮。矧伊密戚,及故人兮。①

《王之涣墓志》出土于20世纪二三十年代之间。与

---

① 王尔迁:《〈王之涣墓志铭〉注及其他》,《运城师专学报》1988年第1期。

《严仁墓志》现代考古科学发掘的方式有所不同，《王之涣墓志》是由盗墓者挖掘出来的，后来几经转手、倒卖，最终才到了收藏者李根源的手里，因此其出土的具体时间与地点均不清楚。最早关注《王之涣墓志》的是近代著名学者章太炎，他在1932年撰写的《曲石唐志目四跋》中收有《王之涣墓志》。以后又有岑仲勉《续贞石证史》、启功《碑帖中的古代文学资料》、傅璇琮《唐代诗人丛考》中的《靳能所作王之涣墓志铭跋》等文对这一墓志进行了研究。但是，我们发现章太炎等诸位研究者都十分注重墓志的文字内容以及所关乎的历史价值、文学意义，几乎没有谈到墓志的书法。或许是因为《王之涣墓志》上仅有"宣义郎行河南府永宁县尉西河靳能撰"的记载，而无书丹者的署名或者任何信息，所以人们都对此墓志的书法无法进行深入研究。

近些年来，有学者开始对《王之涣墓志》的书丹者进行推测。有学者认为，此碑的书丹者很有可能就是张旭。同样，我们根据《王之涣墓志》的字形结构、书法点画提按以及书法气势等要素判断，也认为此碑很有可能就是张旭所书。以下在结合前人一些研究成果的基础上，对张旭书写此碑的可能性原因再做更为确切的分析。

首先，以《郎官石柱记》《严仁墓志》的楷书特征为主要依据，仅从《王之涣墓志》书法因素本身来看。《王之涣墓志》与《郎官石柱记》《严仁墓志》相比较，其书法的字形、体势和气韵非常一致。《王之涣墓志》虽然没有书丹者的署名，但从两件墓志石的诸多共同点来看，《王之涣墓志》应当是张旭楷书的又一件作品。第一，在张旭楷书作品中，点画挺拔，运笔利落，这一特点，在《王之涣墓志》的书法中也有充分的体现。第二，按照墓志文字的行文特点来看，《王之涣墓志》上的许多文字，比如志题和文中的年月、礼仪、词曰等部分，都与《严仁墓志》中的字相同。每个相同的字的点画形态，在两件志石中都是一样的。第三，从用笔的习惯，运笔的轻重，字形结构的特点以及全篇文字浑然一体的精气神来观察，《王之涣墓志》均与《严仁墓志》相同。第四，从书写的特征来看，《王之涣墓志》左下方的字，有的书写得也不太周正，这点又与《严仁墓志》的情形相同。有的字形挤压在中间部分的点画几乎不成形了，失去了楷法应有的法度。最后，《王之涣墓志》上也有别字，如"修"字写成了双人旁，这与《郎官石柱记》中的那个字完全一样。更引人注意的是，在《王之涣墓志》的最后部分出现了几个"兮"字的草写，而张旭确有在楷书中间夹杂行草字的书写习惯，所以我们能够将其作为判断此件作品的书丹者为张旭的重要依据之一。

其次，从时间、地点上来判断。我们看《王之涣墓志》上记载王之涣"葬于洛阳北原"，时间为"天宝二年五月廿二日"，即743年。虽然《王之涣墓志》的书写晚于《严仁墓志》，但时间、地点这两项也都与《严仁墓志》非常相近。《严仁墓志》书于天宝元年（742）十一月，《王之涣墓志》书于天宝二年（743）五月，两方墓志的书写时间仅仅相差半年左右，地点则同处在洛阳地区。虽然《严仁墓志》出土于偃师，但西距洛阳并不远。由此也证明了，天宝初年张旭的确活动在洛阳一带，史书的种种记载是可信的。

最后，张旭与王之涣有交往的可能。从我们文献记载来看，张旭与唐代非常著名的边塞诗人都有交往，并得到李颀、高适的赠诗，我们在《张旭生平事迹的考述》中已经对其做出详细的叙述和分析。其中，高适写《醉后赠张九旭》赠给张旭，同时，我们从高适流传至今的作品中发现，高适还曾写过《蓟门不遇王之涣郭密之因以诗留赠》，因此可以证明，高适分别与张旭、王之涣都有过交往。虽然张旭和王之涣之间的交往没有直接的史料证据，但是我们也不能排除这种可能性。同时，《王之涣墓志》的撰文者靳能，曾经担任过长安尉，也是唐王朝的低级官吏，他和张旭在长安时很有可能就已经相识。我们知道，王之涣是盛唐著名的边塞诗人，他的墓志是由其堂弟王之咸请人撰文、书丹的，撰文者靳能是王之咸的好友，王之咸也曾任过长安尉。所以，不论是从张旭与王之涣豪迈性情具有相似性来分析，还是从张旭与靳能同为低级官吏在长安相识来分析，他们邀请张旭来为《王之涣墓志》书丹，在情理之中。

通过我们以上三个方面的分析，可以从侧面证明张旭书丹《王之涣墓志》的可能性，只不过在《郎官石柱记》和《严仁墓志》上明确署名"吴郡张旭书"，而《王之涣墓志》上没有留下张旭的署名。

20世纪90年代出土的《严仁墓志》和20世纪和30年代初出土的《王之涣墓志》，两碑同在唐东京洛阳出土。我们对《严仁墓志》书丹者署名"吴郡张旭书"的真实性进行了考证，同时也对《王之涣墓志》的书丹者应为张旭进行了客观分析和仔细研究。这两件楷书作品书丹者的确证，对研究唐代书法史来说，有着非常重要的意义，也为后世了解张旭楷书的成就提供了更丰富的素材。

总体来说，张旭在开元末年书于唐西京长安的《郎官石柱记》，与天宝初年书于唐东京洛阳的《严仁墓志》和《王之涣墓志》，这三件楷书作品对研究张旭书法及其活动均是非常可贵的资料。李肇在《唐国史补》中指出："后辈言笔札者，虞、欧、褚、薛，或有异论，至张长史无间言矣。"[①] 与张旭比较的虞世南、欧阳询、褚遂良、薛稷这初唐四家，都是以楷书名世，所以此处在赞叹张旭草书成

颜真卿《李玄靖碑》（局部）

---

① 〔唐〕李肇：《唐国史补》卷上，文渊阁四库全书本。

就的同时,也是对张旭的楷书成就的认可。甚至有学者认为:"联系到旭之门人,多以楷书名世,是时张旭之正体,当不逊于草书,或有胜之。"① 当然"或有胜之"可能并不见得真切,因为楷书笔法相比草书意境而言,草书意境可能更难,所以张旭的弟子以及再传弟子中,以楷书名世居多的原因可能是张旭的楷书可学,而草书不可学。经颜真卿后,至其再传弟子怀素以其天才般的资质以及在佛寺中的修养,才领悟到张旭草书的意境,再次创造了草书的辉煌成就。

二、张旭"永字八法"的发明

韩方明在《授笔要说》中谈及张旭的楷书书法理论时说道:"至张旭始弘八法,次演五势,更备九用,则万字无不该于此,墨道之妙,无不由之以成也。"② 而何谓八法?何谓五势?何谓九用?韩方明在此处并没有详细说明,幸好张怀瓘的《玉堂禁经》中对八法、五势、九用皆有详细的说明:

夫书之为体,不可专执,用笔之势,不可一概。虽心法古,而制在当时,迟速之态,资于合宜。大凡笔法,点画八体,备于"永"字。

侧不得平其笔。

勒不得卧其笔。

弩不得直(直则无力)。

趯须踢其锋(得势而出)。

---

① 朱关田:《中国书法史·隋唐五代卷》,南京:江苏教育出版社,1999年,第115页。

② 〔唐〕韩方明:《授笔要说》,见上海书画出版社、华东师范大学古籍整理研究室:《历代书法论文选》,上海:上海书画出版社,1979年,第286页。

策须背笔（仰而策之）。

掠须笔锋（左出而利）。

啄须卧笔疾罨。

磔则趯笔（战行右出）。

八法始于隶字之始，后汉崔子玉，历钟、王已下，传授所用八体该于万字。墨道最不可遽明，又先达八法之外，更相五势以备制度。

门，一曰钩里势，须圆而憿锋；"罔""闵"二字用之。

勹，二曰钩努势，须圆角而趯；"均""匀""旬""勿"字用之。

丶，三曰衮笔势，须按锋上下衂之；"今""令"字下点用之。

丨，四曰佁笔势，紧策之；钟法"上"字用之。

一，五曰奋笔势，须险策之；草书"一""二""三"字用之。

又有用笔腕下起伏之法，用则有势，字无常形。

一曰顿笔，摧锋骤衂是也，则努法下脚用之。

二曰挫笔，挨锋捷进是也，下三点皆用之。

三曰驭锋，直撞是也，有点连物则名暗筑，"目""其"是也。

四曰蹲锋，缓毫蹲节，轻重有准是也，"一""也"等用之。

五曰踦锋，驻笔下衂是也，夫有趯者，必先衂之，"刀""一"是也。

六曰衂锋，住锋暗挼是也，烈火用之。

七曰趯锋，紧御涩进，如锥画石是也。

八曰按锋，囊锋虚阔，章草磔法用之。

九曰揭笔，侧锋平发，"人""天"脚是也，如鸟爪形。①

除此之外，还有五执笔。五执笔主要论述五种适应于不同书体以及不同写法的执笔方式，主要包括擫、押、钩、格、抵。

张旭对书法理论贡献最大的就是阐明楷书理论"永字八法"的内涵。"永字八法"理论的创立为书法入门以及体会书法之奥妙都提供了坚实的基础。即使现在学习书法，尤其是学习楷书时，"永字八法"都是最先学习的理论和实践形式。

"永字八法"是通过颜真卿的《永字八法颂》得以在书法史上流传，并产生了巨大影响。韩方明在《授笔要说》中虽然明确指出"永字八法"的发明者是张旭，但是有学者仍然对此持怀疑态度，如老卉的《谈永字八法》一文②就持这一观点。也有学者如萧元在《中国书法五千年》③一书中对其发明权避而不谈，仅仅谈其流行时间，并对永字八法的重要性予以解构。他认为这主要是后来推崇《兰亭序》的人所创作，因为《兰亭序》第一个字就是"永"字。启功在《〈兰亭〉的迷信应该破除》一文中认为："《兰亭》第一个字是'永'字，于是有人把他作为概括一切笔法的'咒语'，称为'永字八法'。"当然我们认为，说"永字八法"与《兰亭序》首字"永"字相关的这种说法颇为牵强，这可能仅仅是一种巧合。

从历史上来看，对"永字八法"发明权的说法至少有三种：智永说，张旭说，张怀瓘说。当然在这三种说法

---

① 〔唐〕张怀瓘：《玉堂禁经》，见上海书画出版社、华东师范大学古籍整理研究室：《历代书法论文选》，上海：上海书画出版社，1979年，第218-220页。

② 老卉：《谈永字八法》，《书法研究》1981年第5辑。

③ 萧元：《中国书法五千年》，北京：东方出版社2006年，第178-180页。

中，持张旭说的学者最多，影响也最大。如陈钦忠在《中国书法论研究》中，比对了三种说法之后，认为还是张旭说最可信。① 沈尹默先生在其《历代名家学书经验谈辑要释义》② 中，以学术史的视角考察，对蔡邕的《九势》、卫铄的《笔阵图》、李世民的《笔法诀》、欧阳询的《八法》等进行比对，都无法与"永字八法"相互配合，所以说"永字八法"必定始于张旭。这个结论重新肯定了唐代学者韩方明《授笔要说》的说法，更是从书法理论、学术史的角度重新确认了张旭与"永字八法"的关系。

关于"永字八法"的种种述说，历史上有多种记载，宋人陈思的《书苑菁华》中收录了《永字八法》一文，在这篇文章中，先引用了《玉堂禁经》中叙述关于"永字八法"来由的记载，接着就列举了关于"永字八法"的重要表述：

"点为侧；横为勒；竖为弩；挑为趯；左上为策；左下为掠；右上为啄；右下为磔。"

"侧，蹲鸱而坠石；勒，缓纵以藏机；弩，湾环而势曲；趯，峻快以如锥；策，依稀而似勒；掠，仿佛以宜肥；啄，腾凌而速进；磔，忆昔以迟移。"

"侧不愧卧，勒常患平，弩过直则力败，趯宜存而势生，策仰收而暗揭，掠左出以锋轻，啄仓皇而疾掩，磔抑趯以开撑。"③

我们能够看出，陈思对"永字八法"进行系统阐述，其中引用的有篆书大家李阳冰、楷书大家颜真卿以及书名不盛但文名远扬的柳宗元。我们知道，李阳冰、颜真卿是张旭的弟子，而柳

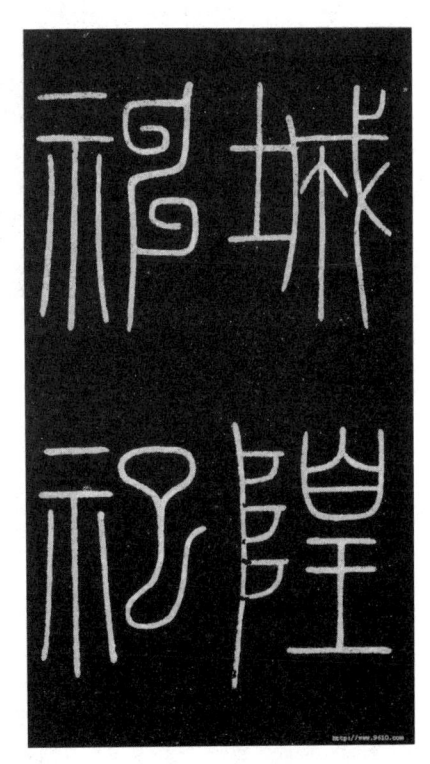

李阳冰《城隍庙碑》（局部）

---

① 陈钦忠：《中国书法论研究》，（台湾）中国文化大学史学研究所硕士论文，1983年6月，第150–155页。
② 沈尹默：《书法论丛》，上海：上海教育出版社，第67–80页。
③ 〔宋〕陈思：《书苑菁华》卷二《永字八法》，文渊阁四库全书本。

宗元是辗转通过徐浩、皇甫阅得张旭的笔法。他们都是张旭的弟子或再传弟子，从另一个侧面也说明了"永字八法"与张旭非常密切的关系。

当然，我们知道，"永字八法"思想的形成经过了历代书家非常漫长的探索过程。

从蔡邕的《九势》、卫夫人的《笔阵图》、王羲之的《题卫夫人〈笔阵图〉后》、萧衍的《观钟繇笔法十二意》、欧阳询的《八法》、李世民的《笔法诀》等不断地在书法实践中探索，最终在张旭时集大成，提出了"永字八法"的理论。① "永字八法"的具体内容，我们主要以颜真卿的《永字八法颂》为依据，对其进行一些简要的分析。

"侧，蹲鸱而坠石；勒，缓纵以藏机；努，湾环而势曲；趯，峻快以如锥；策，依稀而似勒；掠，仿佛以宜肥；啄，腾凌而速进；磔，抑趠以迟移。"

全文仅四十八个字，短小精悍，内容丰富，博大精深，影响深远。《永字八法颂》主要是以比喻、拟物的方式表达，与世间万物的形态相联系，重在通过自然事物体悟笔法，与张旭取法自然的书法思想相暗合。②

蔡邕《熹平石经》拓片

（一）侧法：侧，蹲鸱而坠石

侧法，是点画的核心笔法。这要求在书写点画时，所有的点，必须横向入笔，向下侧，并且一定要写在偏侧，不能写正，否则就失去了姿态之美。下笔要快，势如坠

---

① 林怡秀：《唐代书法家张旭之研究》，（台湾）中国文化大学史学研究所硕士论文，第45—48页。

② 〔清〕董诰等：《全唐文》卷三三八《颜真卿》，北京：中华书局，1983年，第3433页。

石。总体而言，点的形象像蹲着的猫头鹰一样。当然，这种说法的渊源可能最早来自王羲之，如王羲之在《题卫夫人〈笔阵图〉后》中说："点，如高峰坠石。"在《笔势论十二章》中又说："夫著点皆磊磊似大石之当衢，或如蹲鸱。"王羲之既提到了"坠石"，也提到了"蹲鸱"。当然还有其他的形象说法，如张怀瓘在《玉堂禁经》中就说："侧不得平其笔，点如利砧镂金。"也是在强调点画的姿态以及下笔的速度和力度等，当然在下笔快的同时，还要注意行笔要慢，体现出一种节奏美。

（二）勒法：勒，缓纵以藏机

这是横画的核心笔法。这要求写横画时，在书写速度上要缓慢，在气势上要宏大但又有所限制，笔画要有力量。横画的气势和意境正如王羲之在《题卫夫人〈笔阵图〉后》中指出的"横画，如列阵之排云"，或欧阳询所指出的"千里阵云"。李世民在《笔法诀》中没有形象的表达方式，而是用直白的语言交代了如何书写横画，即用笔的方法："为画必勒，贵涩而进。勒不得卧其笔，须笔锋先行。"张怀瓘进一步指出，写横画用笔应见其力度，"如长锥界石"。近代学者康有为在解释横画勒法时指出应逆锋起笔，勒笔右行，收锋。

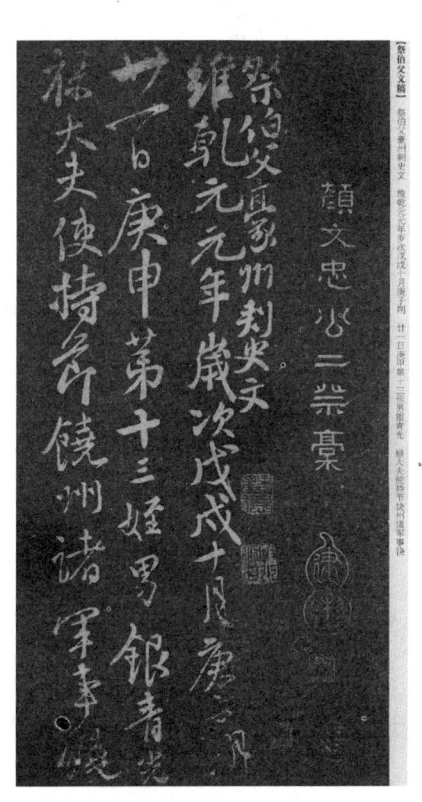

颜真卿《祭伯父文稿》（局部）

（三）努法：努，湾环而势曲

这是竖画的核心笔法。正如王羲之在《书论》中所说："竖牵如深林之乔木。"在《笔势十二章》又说："竖则直，如春笋直抽寒谷。"王羲之以"深林之乔木""春笋直抽寒谷"两个自然物象来体会和形容书法中竖笔的直。"春笋直抽寒谷"可能还在强调竖笔不但要直，而且还要从中看到它的力度与生机。在"永字八法"中认为竖笔在直的根本上，不应该太死板，如几何中的竖一样，应

陈思《书苑菁华》书影

该做到"湾环而势曲"。这种需要在曲中求直的思想可能与唐初书法思想有关，如李世民在《笔法诀》中就说："为竖为努，贵战而雄。"同时又指出："努不宜直，直则失力。"看似矛盾，其实有着深刻的书学思想。张怀瓘在《玉堂禁经》中也说："努不得直，直则无力。"柳宗元也在《八法颂》中说"努过直则力败"，说得就更为明了。重要的是在强调一个"过"字，所谓过犹不及，这正是中庸思想在书学中的应用。具体在竖画的书写中，应当用力去写，"如春笋直抽寒谷"般的强劲，当然强劲的力度不代表要写得非常粗，这讲究的是笔势要能镇得住纸，通过中锋用笔，写得直（但不是过直），写得慢，力透纸背，才算是掌握努法的基本要领。

（四）趯法：趯，峻快以如锥

这是钩画的核心笔法。"峻"主要是从笔势上的遒劲来讲，张彦远在《法书要录》中就说"顿挫颖达曰峻"，正是此意。"快"主要是从行笔的速度上来讲，在钩画出锋时一定要快。"如锥"就是要从自然物象"锥"中去体悟钩的锐利和力度。钩的趯法如何在书法实践中运用，李世民在《笔法诀》中详细地指出"趯须存其笔锋，得势而出"，宋人陈思也具体地讲出其中的一些细节，如"趯须蹲锋得势而出，出则暗收"。为什么钩叫"趯法"呢？其实这也是一个非常形象的讲法。明代学者张绅在《法书通释》中指出："趯者，挑也。而谓之趯者，其法借势于努蹲，锋得势而出，期于倒收，若跳踢然，忌于平出，故不言挑也，直曰趯。"这里的解释是将努法与趯法结合起来讲的。而清代学者包世臣在《艺舟双楫》中也更为形象地说明了这一点，他认为："钩为趯者，如人之趯脚，其力初不在脚，猝然引起，而全力遂注脚尖，钩末断不可作飘势挫锋，有失趯之义也。"他的这一说法通俗易懂，深入浅出，为许多现代学者所接受。

（五）策法：策，依稀而似勒

这是左上短横的核心笔法。"依稀而似勒"，是从勒法的基础上来讲，但是又不同于勒法，根据历代书论家的论述，其核心就是"仰"。李世民的《笔法诀》中讲："策须仰策而收。"柳宗元的《八法颂》中讲："策，仰收而暗揭。"包世臣的《艺舟双楫》中更为形象地说："仰画为策者，如以策策马，用力在策本，得力在策末，着马即起也。"以策马为例，形象地表述了策法的笔意。汉人崔子玉在《八法阴阳迟速论》中讲道："策笔者，抢锋向上位迟涩，回锋仰策是峻疾。"明人张绅在《书法通释》中也说："策亦画也。不言画者，其法仰笔锋轻抬而进，有鞭策之势，故言策不言画。"在这一笔法的具体实践中，一定要注意的是重起轻落，斜扫一笔，仰面而起。

（六）掠法：掠，仿佛以宜肥

这是左下长撇的核心笔法。李世民在《笔法诀》中指出："为撇必掠，贵险而劲。"这是说掠法的笔势，一定要险绝有力。"掠，须笔锋左出而利"，进一步说明掠法的具体书写技法。张怀瓘在《玉堂禁经》中与《笔法诀》是完全相同的说法："掠，须笔锋左出而利。"李溥光在《雪庵八法》中说："掠始作者，用肥健悠扬，而宜乎舒畅。"这种说法紧贴颜真卿的《八法颂》，主要说明起笔时用笔当肥，但是肥一定不能太肉，而要强健有力，这需要把握一定的尺度。"悠扬""舒畅"是这一笔法应达到的意境，要抒发出一定情感，表达出书写者的心境。

包世臣更是将长撇分解为两个笔法，他在《艺舟双

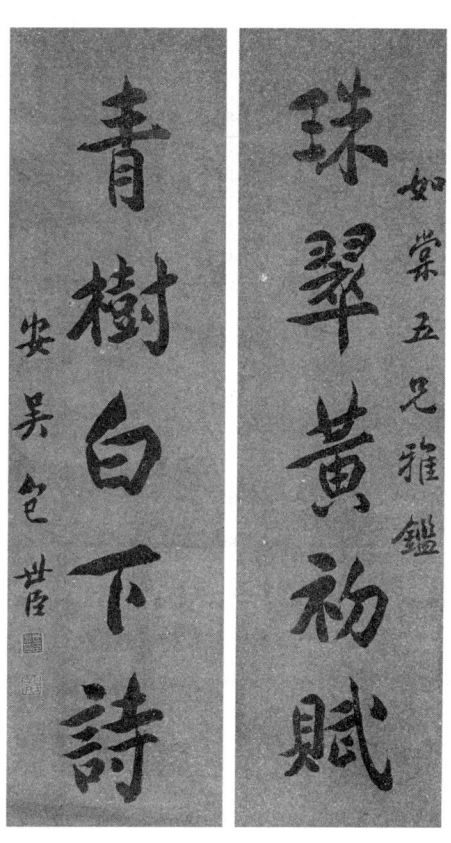

包世臣作品

《宣和书谱》书影

楫》中说:"长撇为掠者,谓用努法下引左行,而展笔如掠。"他认为刚开始的时候是以努法行笔,笔锋用力向左推行,而最后的展笔如小燕子掠水,轻轻地快速飞掠而过。从这个形象的说法中,我们来体悟掠法:起笔虽然以努法慢慢行笔,但是行笔中却在不断蓄势,虽然起笔晚,但是在出锋的一瞬间必须要有力量,干净利索。同时,弧度自然,整个行笔浑然一体。所以说,掠法是永字八法中最能体现出书法节奏感的一法。

(七)啄法:啄,腾凌而速进

这是右上短撇的核心笔法。王羲之早就指出:"啄不可缓,缓则失势。"李世民在《笔法诀》中说:"啄,仓皇而疾掩。"也是在王羲之基础上更为形象地解说,强调啄法一定不能缓慢,甚至要有仓皇之感,突出一个"疾",即快。

陈思的《书苑菁华》中说:"啄者,如禽之啄物也,立笔下罨,须捷为胜。"形象地指出啄法正如鸟类啄物,在笔法上,竖起笔,迅速下,以快捷为最优。包世臣在《艺舟双楫》中说:"短撇为啄者,如鸟之啄物,锐而且速,亦言其画行以渐,而削如鸟啄也。"同样强调了啄法的速度,同时也强调短撇应有一种灵动性。包世臣对这一笔法还进行了引申,他指出起笔时应需要稍微慢一些,而其笔画最后的姿态就像鸟的嘴一样。显然,将"啄"作为名词来理解,也有一定的道理。所以说,啄法,起笔虽慢,但非常有力度,快速行进,而且收笔一定要非常快,这就是"腾凌而速进"之意。

(八)磔法:磔,抑趙以迟移

欧阳询在《八法》中指出:"磔抑趙以迟移。"唐太宗的《笔法诀》提到"为波必磔,贵三而遗毫",更为直接地指出磔法的要义就是"三",即一波三折的笔意。"磔,须战笔外发,得意徐乃出之",进一步从书写的速度上对磔法做进一步解释。明代学者张绅在《法书通释》指出:"磔者,波也,而谓之磔者,微直曰磔,横曰波耳。"而包世臣在《艺舟双楫》中更为详细地说明了磔法的笔法:"捺为磔者,勒笔右行,铺平毫锋,尽力开散而急发也。"起笔当如勒法,有力而又轻健,行笔中逐渐铺平笔锋,在最粗处尽力让笔锋开散,然后相对快速地将笔锋平行送出。所以说磔法,就是在开始时,下笔要快,并一定要按住笔,然后用力,但又不是蛮力,行笔的过程中要轻健,行笔速度是渐行渐慢,在起锋时稍快,笔锋平行。不仅最后捺笔在笔意上是一波三折,而且在行笔速度上也是快→慢→快,一波三折,富有节奏感。

三、张旭楷书高徒颜鲁公与对"八法"的弘扬

张旭的楷书虽未能名列中国楷书"欧颜柳赵"四大家,但不得不提张门高徒——楷书大家颜真卿。

《宣和书谱》中评说张旭:"其名本以颠草,而至于小楷行草,又不减草字之妙,其草字虽奇怪百出,而求其源流,无一点画不该规矩者,或谓张颠不颠者是也。后世论书,凡欧、虞、褚、薛皆有异论,至旭无所短者,故有唐名卿传其法者,惟颜真卿云。"[1]

也正因为颜真卿的推崇与传播,张旭在书法方面的创作和心得才能为后人所熟知,最具代表性的便是颜真卿所作的《张长史十二意笔法意记》。

颜真卿是在任醴泉县和长安县县尉的时候,拜当时非常著名的书法家张旭为师。当时张旭久负盛名,他在洛阳

---

[1] 〔宋〕佚名:《宣和书谱》卷十八《天童经》,文渊阁四库全书本。

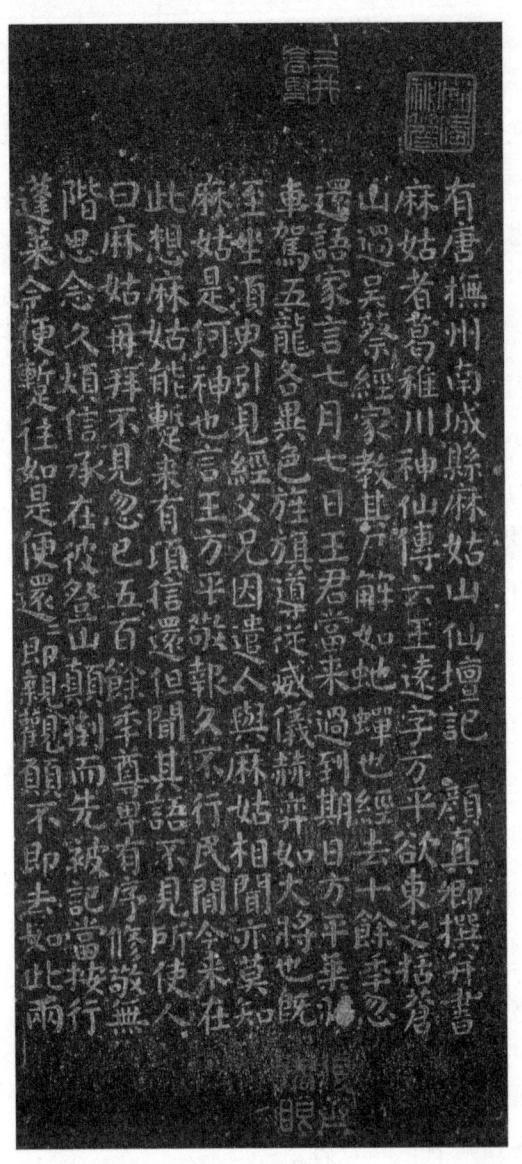

颜真卿《麻姑仙坛记》（局部）

裴儆家教授书法，每天全国各地向张旭请教书法的人络绎不绝。颜真卿为了学习书法，常常往返于长安和洛阳两京之间。为了更为深入地学习和领会张旭书法的笔法和意蕴，他还曾专门在裴儆家中住了一个多月。正是这一个多月的时间，成就了中国书法史上非常著名的一对师徒——草圣张旭和楷书高徒颜真卿。而事实上，颜真卿的草书水平也非常高，在《新唐书·颜真卿传》中明确指出："善正、草书，笔力遒婉，世宝传之。"[1] 不仅如此，颜真卿的行书造诣也非常高，他的《祭侄文稿》，被誉为天下第二行书，仅仅次于王羲之的《兰亭序》，其行书水平可见一斑。而且明人项穆对此有评价："颜清臣虽以真楷知名，实过厚重。若其行真如《鹿脯帖》，行草如《争座》《祭侄帖》，又舒和遒劲，丰丽超动，上拟逸少，下追伯施，固出欧李之辈也。"[2] 我们认为，颜真卿楷、行、草的兼长，并且取得了在书法史上屈指可数的成就，与张旭的书法造诣和书法思想有着非常密切的关系。

关于颜真卿向张旭学习书法的经过，颜真卿在《张长史十二意笔法意记》中专门有记述。在此文中，颜真卿一开始就叙述了他自己向张旭请教以及张旭传

---

[1] 〔宋〕欧阳修、宋祁：《新唐书》卷一五三《颜真卿传》，北京：中华书局，1975年，第4861页。

[2] 〔明〕项穆：《书法雅言》，文渊阁四库全书本。

授笔法的经过：

  予罢秩醴泉，特诣京洛，访金吾长史张公，请师笔法。长史于时在裴儆宅憩止。有群众师张公求笔法，或有得者，皆曰神妙。仆顷在长安二年师事，张公皆大笑而对之，便草书，或三纸五纸，皆乘兴而散，不复有得其言者。仆自再于洛下相见，眷然不替。仆因问裴儆："足下师敬张长史，有何所得？"曰："但书得绢屏素数十轴。亦尝论诸笔法，惟言倍加功学临写，书法当自悟耳！"仆自停裴家月余，日因与裴儆从长史言话散，却回京师，前请曰："仆既承九丈奖谕，日月滋深，夙夜工勤，溺于翰墨，倘得闻笔法要诀，终为师学，以冀至于能妙，岂任感戴之诚也！"长史良久不言，乃左右眄视，拂然而起，仆乃从行。归东竹林院小堂。张公乃当堂踞床而坐，命仆居于小榻，而曰："笔法玄微，难妄传授。非志士高人，讵可与言要妙也？书之求能，且攻真草，今以授之，可须思妙。"①

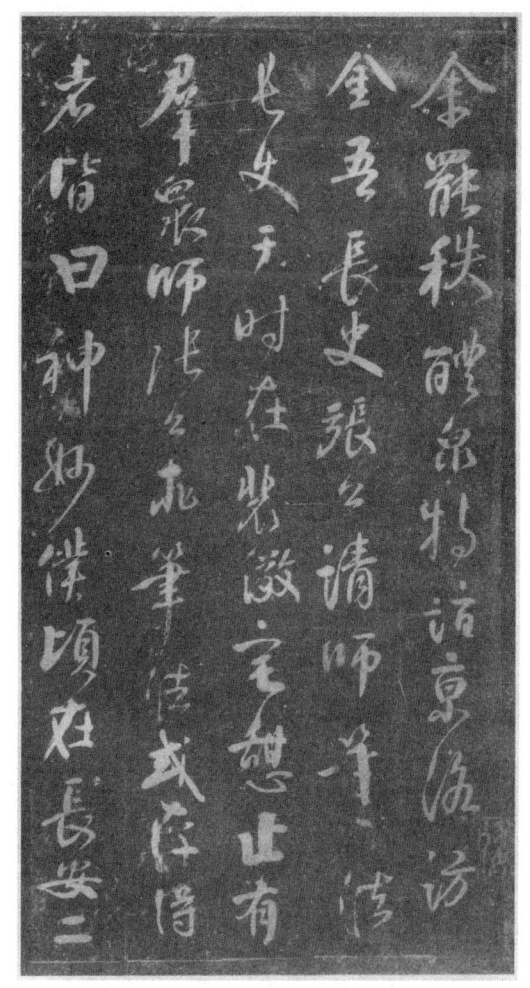

颜真卿《张长史十二意笔法意记》（局部）

  根据颜真卿的记载，当时许多人都到裴儆家中向张旭学习笔法，但仅仅只有一些人能够领悟张旭的笔法。他们一旦领悟，都说太神妙了。颜真卿曾经在长安短时间师事

---

① 〔唐〕颜真卿：《颜鲁公集》卷十四《张长史十二意笔法意记》，文渊阁四库全书。

张旭,终究还是没能领悟张旭笔法的神妙。当然,还有一些人向张旭请教笔法,张旭会哈哈大笑,然后回答询问者所提出的问题,并且当场给询问的人示范如何书写草书,时而写上三五张,都是乘兴而作,兴尽而散。他不重复自己以前所说的东西,每次都有不同的东西要讲。

颜真卿再次来到洛阳向张旭学习书法。相见后,颜真卿对张旭的佩服爱慕之情依然不减。他曾私下问裴儆:"您以师礼敬重张长史,不知您到底得到了什么启发?"裴儆说:"我自己仅仅得到了张长史数本真迹。当然我们曾经也谈论过笔法,但是张长史只是说要继续加大力气精心地临写,书法还是需要自己在临写的过程中去领悟。"颜真卿在裴儆家中居住了一个多月,经常和裴儆一起向张旭请教书法。在一次谈话过后,颜真卿上前请教张旭说:"我能够得到九丈您的指导和点拨,夜以继日,不断练习,并乐于沉溺在翰墨之中,如今虽然已经有一些成就,但是自己感觉还是有些不稳当,并未达到一定的境界,领悟书法的神妙。如果能够有幸听得您笔法中非常关键的秘法,我必定以这些要诀终身实践和体会,我将会非常感激您的教诲啊!"张旭沉默了很久,没说一句话,只是左右看看,突然站了起来,颜真卿赶紧跟随他来到东竹林院的一个小堂。张旭就坐在正堂中央的小床上,并让颜真卿坐在旁边的小榻上,接着说:"笔法玄之又玄,精妙深奥,不可妄自传授于人,不是志士高人,怎么能够体会并说出书法的奥妙呢?书法真正能够达到一定的境界,必须要兼备各体,尤其要致力于楷书和草书。今天我把书法的精妙传授于你,你一定要

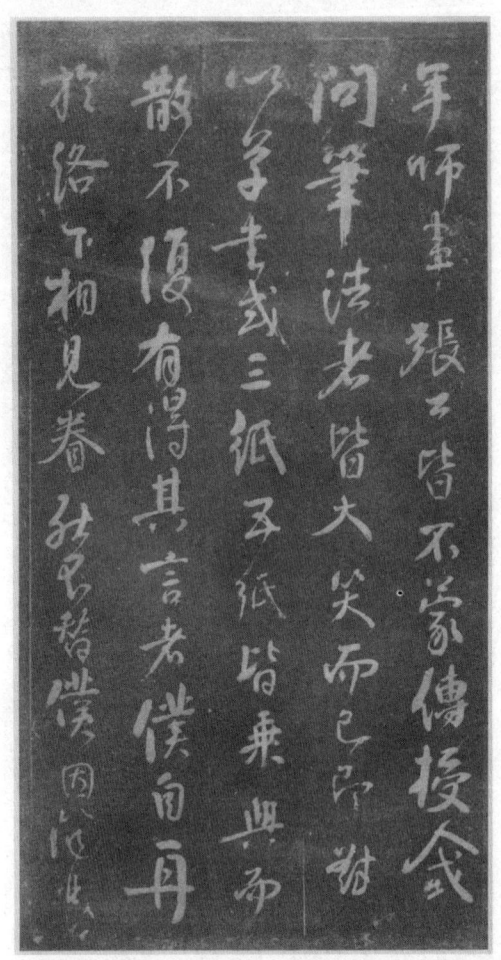

颜真卿《张长史十二意笔法意记》(局部)

去体会其中的奥妙。"

这可以说是颜真卿自述他向张旭求教的经过,同时也引出他《张长史十二意笔法意记》的主体部分。

颜真卿得到张旭的指点之后,不仅写出了《张长史十二意笔法意记》的书论名篇,而且领悟了屋漏痕的笔法,自此书法大进。根据颜真卿自己的说法:"自此得攻书之妙,于兹五年,真草自知可成矣。"① 可见张旭传授颜真卿笔法的效果非常明显。颜真卿在书写的过程中,也逐渐形成了自己的风格,后世称其书体为"颜体"。颜真卿也成为中国书法史上最著名的楷书四大家之一,其楷书成就远远超过了他的授业恩师张旭。

颜真卿不仅在书法方面取得了成就,同时作为一名入仕的儒者、官员,他在人品、气节等各个方面也值得称道,他并将这种深厚的人文修养带到了书法中。颜真卿的政绩突出,他的行政能力从他早年从

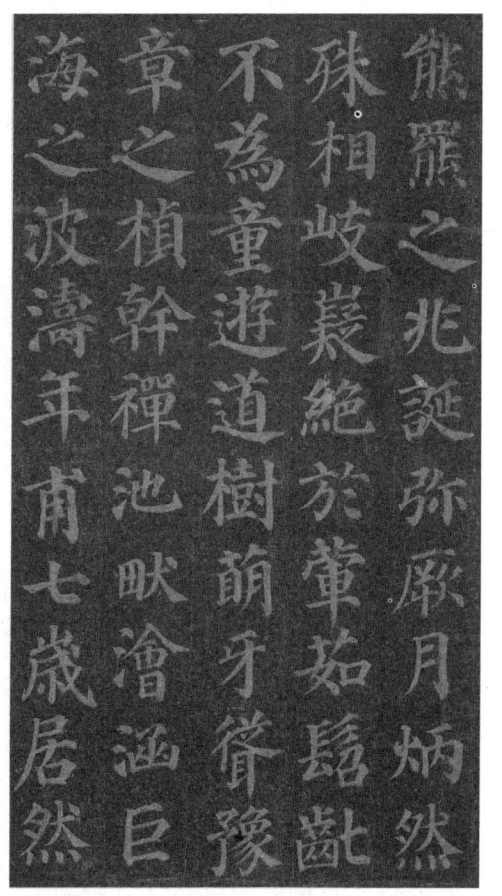

颜真卿《多宝塔碑》(局部)

第四章 张旭的楷书成就

醴泉尉很快升任长安尉就能看出端倪,在日后被任命为朝廷监察御史时就完全显现出来了。颜真卿曾解决了一起拖了很久的冤案。当地大旱,就在冤案大白之日,正好下了一场大雨,当地人都认为这场雨与这起冤案得以昭雪有关,所以称之为"御史雨"。同时,我们从颜真卿后来在殿中侍御史、平原太守、蒲州刺史、刑部侍郎等任职的情况看,颜真卿均有政绩。尤其在平原郡太守任上,颜真卿表面上以游山玩水的文人所好来迷惑安禄山,暗中却在提

---

① 〔唐〕颜真卿:《颜鲁公集》卷十四《张长史十二意笔法意记》,文渊阁四库全书本。

防安禄山，为抵抗做一些初步准备。在平定安史之乱时，他协助唐将郭子仪和李光弼进行平叛，显示了他的机智与超群的任事能力。另外，由于他在平原郡的政绩非常好，他的好友高适听说后非常高兴，专门就此事作诗："皇皇平原守，驷马出关东。银印垂腰下，天书在箧中。自承到官后，高枕扬清风。豪富已低首，遁逃还力农。"

颜真卿除了书法盛名之外，最为人们称道和钦佩的还是他的人品和气节。在《颜氏家训》和韦氏家族的教导下，颜真卿自小就受儒家教育的熏陶，造就了他正直的性格、清廉的作风以及忠贞的气节。可以说，他人生的种种际遇，官宦生涯的种种遭遇，人生的一切成就，甚至是书法的风格、创作都与他的这种性格和气节息息相关。

天宝八年（749）八月，四十岁的颜真卿得任殿中侍御史一职。当时宋璟的后代宋浑被奸臣杨国忠的同党诬告，被降职到贺州。正直的颜真卿为此事鸣不平，并竭尽全力帮助宋浑，结果遭杨国忠忌恨，将颜真卿改任为东都畿采访处置使判官。后又复职殿中侍御史，升任御史，并于天宝十年（751）任兵部员外郎，判南曹，散官加朝议郎。天宝十一年（752），兵部改武部，所以又任武部员外郎等职。他非常著名的《千佛寺多宝塔感应碑》就是在此时书写的。

颜真卿《多宝塔碑》（局部）

由于遭到奸相杨国忠的忌恨，天宝十二年（753），颜真卿被排斥出朝廷，出任平原郡太守。这里是安史之乱的核心区。在叛军攻城略地势如破竹，唐军节节败退之际，颜真卿招募军队，首先举起反抗的义旗，使叛军的后方不稳。在抵抗的过程中，颜真卿的家族也付出了巨大的代价。颜真卿的堂兄颜杲卿以及颜杲卿的儿子颜季明（颜真卿的侄子）在这场战争中被叛军杀死，整个颜氏一门在安史之乱中死难者多达三十余人。乾元元年（758）颜杲卿被唐肃宗追赠为太子太保，谥号"忠节"。颜真卿也将在常山殉难将士的尸骸找回重新安置，同时也找到堂兄颜杲卿以及侄子颜季明的尸骸，并予以重新安葬。也正是在此时，颜真卿写下了流传千古的行草书文稿《祭侄文稿》，这是他倾注了真挚感情的一篇书作。颜季明正值当年，惨遭叛军杀戮，在重新安葬时仅找到头骨，颜真卿看到此时唐王朝仍未平定安史之乱，抚今思昔，痛心疾首，遂以祭文来寄托自己的哀思与愤懑。因此当他下笔时，感情非常复杂，悲愤交加，情绪无法自抑。我们可以在前后文字的变化之中深切感受到颜真卿在写作过程中感情的激荡与变化。文稿用笔顿挫纵横，一泻千里，终成千古绝唱，不愧天下第二行书的美誉。米芾高度评价颜真卿的《祭侄文稿》，认为"此帖在颜最为杰思，想其忠义愤发，顿挫郁屈，意不在字，天真馨露在于此书"。清末学者杨守敬在《学书迩言》中评价此帖："行书自右军后，以鲁公此帖为创格，绝去姿媚，独标古劲。何子贞至推之出《兰亭》上。"

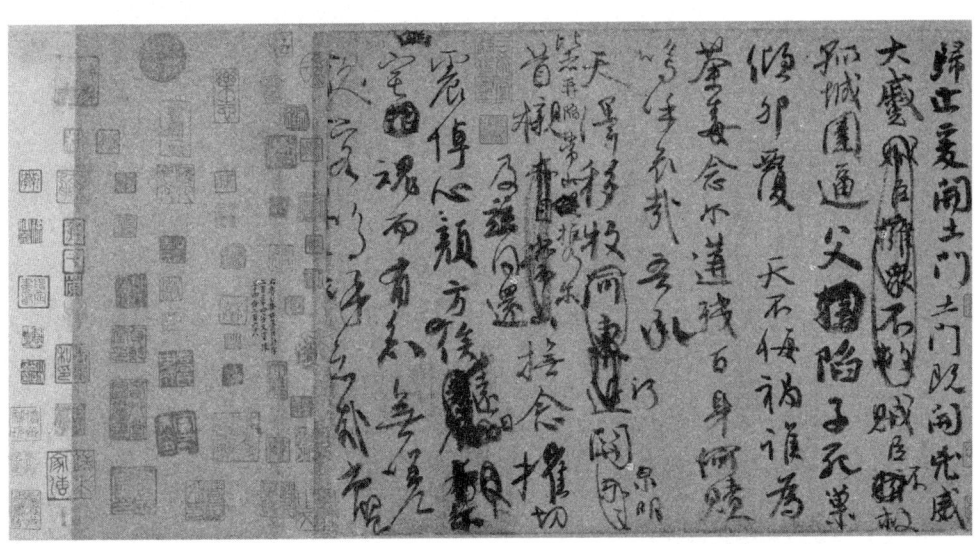

颜真卿《祭侄文稿》（局部）

颜真卿师法张旭，虽以楷书名世，但他在整个草书师承关系中也不容忽视，最重要的就是他于大历六年（771）九月在东都洛阳偶遇怀素一事。当时颜真卿不论是书名还是气节都名扬海内外，所以怀素恳请颜真卿为他所收集的当代名流称誉歌行集作序，这就是《怀素上人草书歌序》一文，文中极称怀素草书之精绝。

据颜真卿记载，真正能够得到张旭笔法真传的可能也就只他一人。张旭也的确没有看错颜真卿，颜真卿以其勤奋与资质也没有辜负张旭，他书法上的成就便是明证。并且，颜真卿一生也在致力于推广和发扬张旭的书法理论，其《张长史十二意笔法意记》《永字八法颂》就是这方面的代表作。

后世书家在评价张旭或者颜真卿的书法时，往往将他们二人合称，并给予非常高的评价。如苏东坡在《书唐氏六家书后》中指出："张长史草书，颓然天放，略有点画处，而意态自足，号称神逸。今世称善草书者，或不能真行，此大妄也。真生行，行生草，真如立，行如行，草如走，未有未能行立而能走者也。今长安犹有长史真书《郎

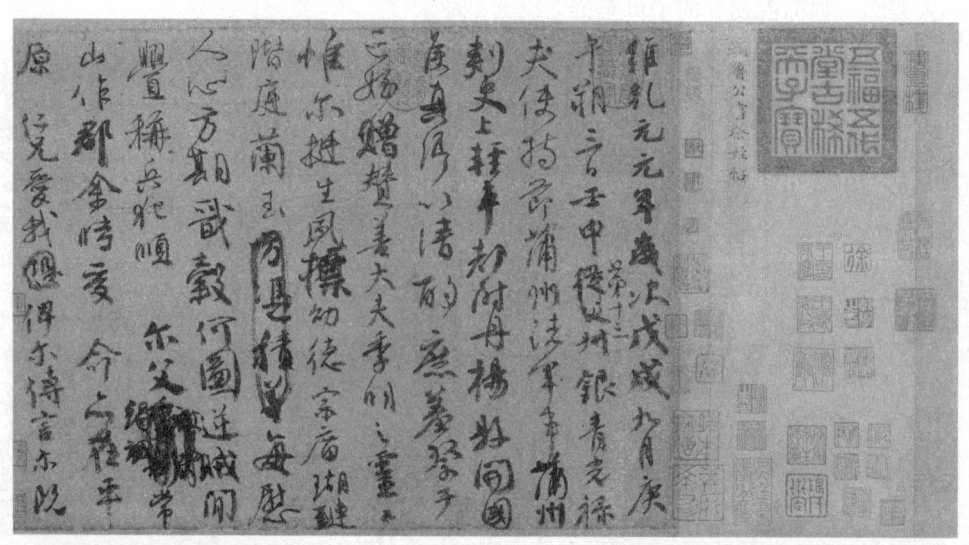

颜真卿《祭侄文稿》（局部）

官石柱记》，作字简远，如晋、宋间人。颜鲁公书，雄秀独出，一变古法，如杜子美诗，格力天纵，奄有汉、魏、晋、宋以来风流，后之作者，殆难复措手。"①

黄庭坚也说："观鲁公此帖（注：《争座位帖》），奇伟秀拔，奄有魏晋隋唐以来风流气骨，回视欧、虞、褚、薛、徐、沈辈，皆为法度所窘，岂如鲁公肃然一出于绳墨之外，而卒与之合哉！盖二王后，能臻书法之极者，惟张长史与鲁公二人。"②

由于张旭在楷书方面功力深厚，这就为他在草书方面取得的突出成就奠定了坚实的基础。正因为如此，后人评价张旭的草书"虽奇怪百出，而求其源流，无一点画不该规矩者"③。

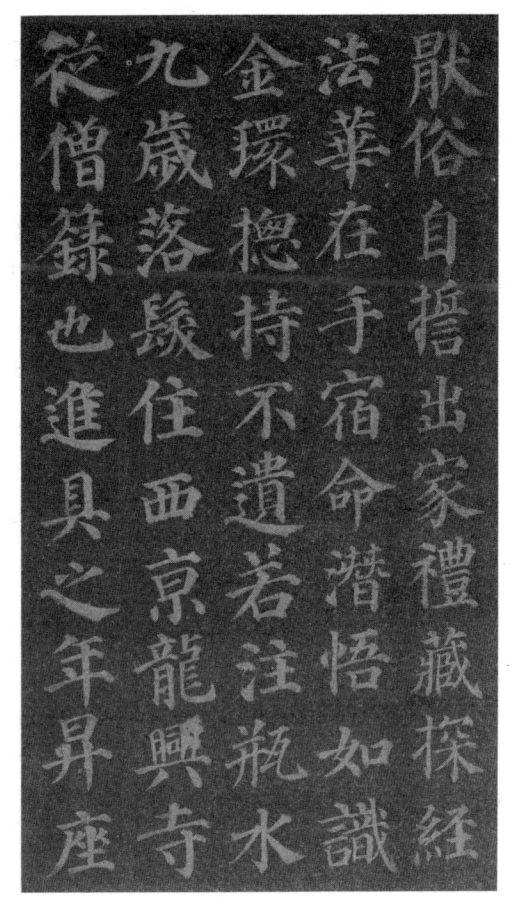

颜真卿《多宝塔碑》（局部）

---

① 〔宋〕苏轼：《东坡全集》卷九十三《书唐氏六家书后》，文渊阁四库全书。
② 〔宋〕黄庭坚：《峪题跋》卷四《题颜鲁公帖》，上海：商务印书馆，1936年，第38—39页。
③ 〔宋〕佚名：《宣和书谱》卷十八《天童经》，文渊阁四库全书。

第五章　张旭的草书创作

草书作为张旭在书法史上立足的根本，种种赞誉历来不绝于史册。据《新唐书》载，在"文宗时，诏以白歌诗、裴旻剑舞、张旭草书为'三绝'"[①]。唐文宗时，称李白的诗、张旭的草书、裴旻的剑舞为"三绝"，所以世人称他们三人分别为"诗仙""草圣""剑圣"。

一、酒与张旭的草书创作

远古时期，酒是农业发展到一定高度的产物，因此最早只有贵族才可饮酒。普通民众饮酒的机会非常少，婚丧嫁娶或者招待亲朋好友时，才有机会喝酒。

（一）酒文化与书法

在中国古代文化中，酒不仅仅是一种饮品，而且逐渐形成了一种文化——酒文化。天子赐酒、项庄舞剑意在沛公、曹操煮酒论英雄、宋太祖杯酒释兵权的政治文化；刘伶醉酒、竹林七贤嗜酒、陶潜菊酒、贺知章金龟换酒的名士风范；美人劝酒、贵妃醉酒、美酒美色、"今宵酒醒何处？杨柳岸晓风残月"的雅致情趣。作为普通老百姓，婚丧嫁娶、红白喜事，无酒不成宴。酒，反映出中国古代社会各个阶层的人生况味，因此酒就不再是一种饮品那么简单，而且也是一种文化。

说到酒文化，最值得称道的还是酒与文人墨客的故

---

① 〔宋〕欧阳修、宋祁：《新唐书》卷二〇二《张旭传》，北京：中华书局，1975年，第5764页。

事。文人与酒文化在魏晋南北朝时期就非常发达。刘伶写《酒德颂》就是一个侧面反映,当时文人喝酒赋诗是一种生活常态。曹操《短歌行》中的"对酒当歌,人生几何?譬如朝露,去日苦多。慨当以慷,忧思难忘。何以解忧?唯有杜康",现在还频频被人们引用。陶渊明的《饮酒》二十首诗就是在饮酒以后写的,其中《归园田居》中"羁鸟恋旧杯,池鱼思故渊"更是耳熟能详的千古绝句。至于竹林七贤更是逍遥于酒中天地。

尼采在《悲剧的诞生》一书中把古希腊艺术分为两种截然不同的精神风尚:一种是日神阿波罗精神,源于明智、理性,追求平衡、适度和恬静,以雕刻为代表;另外一种是酒神狄奥尼索斯精神,源于原始本能奔放的生命力,追求忘我的欢悦与酣醉,以音乐、舞蹈为代表。同样,在书法创作中,其精神状态也可以分为两种,一种是相对理性、冷静地创作,强调创作之际,"当收视反听,绝虑凝神,心正气和,则契于妙"①。所谓"翰不虚动,下必有由"②,这种创作往往以楷书为主,作品给人以非常恬静的书卷气。另一种方式就是激情创作,是书法家在情感激越之际即兴创作,往往不可复制,以行草书为代表。大体而言,行草书妙品、极品的形成,往往都是激情创作。而触发激情的媒介大都与酒有关,书法家借用酒的特殊魅力,挥笔立就。"作为一种刺激性的兴奋剂,对于爱酒或嗜酒的书法家特别是草书家来说……更能成为催兴唤情之具,催动灵感,唤起亢奋,从而掀起发自灵台的感情狂澜……这种情感、情欲、兴会、冲动,是一种创作动力,是借酒引发出来的,所以杨凝式在诗中说,'草圣本须因酒发'。以酒发书或以酒催书,从而引起创作情欲或

---

① 〔宋〕陈思:《书苑菁华》卷一《契妙》,文渊阁四库全书本。
② 〔宋〕孙过庭:《书谱》,文渊阁四库全书本。

唤起创作冲动,是古代书法家惯用的感情酝酿方式。"①

　　书法家们往往是在半醉半醒,无拘无束中,游离于法度的边缘,笔走龙蛇,转眼间满纸云烟,留下了许多趣事。②如东汉灵帝、献帝时期的师宜官,以善书"八分"(汉隶)著称。"灵帝好书,时多能者,而师宜官为最,则一字径丈,小则方寸千言,甚矜其能。或时不持钱诣酒家饮,因书其壁,顾观者以酬酒值,计钱足而灭之。"③此则史料讲述了师宜官嗜酒如命,没钱买酒时,便在酒家墙壁上写字,立刻就会引来人们围观,其中就有人给他送酒钱,当酒钱收集得差不多了,他就把墙上的字铲掉。当然,我们大家最熟悉的还是天下第一行书《兰亭集序》的创作过程,与酒的关系也非常密切。东晋永和九年(353)暮春之初,王羲之等四十一人在会稽山阴兰亭游玩,饮酒赋诗,最后由已经微醺的王羲之为《兰亭诗集》写序。王羲之趁着酒力,拿起鼠毫笔,在蚕茧纸上,一气呵成,至此天下第一行书《兰亭集序》诞生了。《兰亭集序》28行,共324字,其中的二十个"之"字,毫不重复,姿态各异。王羲之第二天酒醒之后,再次来审视自己的作品时,非常惊喜。但是他也发现了一些瑕疵,就是这幅作品中,有七处错误。所以,王羲之自己就想再重写一遍,结果连续写了好多次,也无法写出当时的神韵。他自己在万般无奈之下,只好在原稿上将七处错误进行修改,就是我们现在所看到的《兰亭集序》。那么王羲之为什么在酒醒后始终写不出当时的神韵呢?可能与当时心情、情境有关,但不可否认,这与当时喝酒的状态密切相关。《兰亭集序》中虽有七处错误,但他重写多次也都无法达到原稿的神韵,这正是酒所激发的那种状态使然,而错过了那个

---

　　① 金学智:《中国书法美学》(上册),南京:江苏文艺出版社,1997年,第104页。
　　② 沈季林:《酒神与书法》,《书法艺术》1995年第5期。
　　③ 〔清〕顾谒吉:《隶辨》卷八《隶八分考》,文渊阁四库全书本。

情境,始终无法复制。① 正所谓"文章本天成,妙手偶得之"。

唐代文人中就有"饮中八仙"的说法。杜甫《饮中八仙歌》描述的正是唐朝嗜酒的八位文人,也称"酒中八仙"或"醉八仙"。《新唐书·李白传》载,李白、贺知章、李适之、汝阳王李琎、崔宗之、苏晋、张旭、焦遂为"酒中八仙人",杜甫全诗如下:

> 知章骑马似乘船,眼花落井水底眠。汝阳三斗始朝天,道逢(一作见)曲车口流涎,恨不移封向酒泉。左相日兴费万钱,饮如长鲸吸百川,衔杯乐圣称世(一作避)贤。宗之潇洒美少年,举觞白眼望青天,皎如玉树临风前。苏晋长斋绣佛前,醉中往往爱逃禅。李白一斗诗百篇,长安市上酒家眠,天子呼来不上船,自称臣是酒中仙。张旭三杯草圣传,脱帽露顶王公前,挥毫落纸如云烟。焦遂五斗方卓然,高谈雄辩惊四筵。②

诗中杜甫对"酒中八仙人"的形象进行了生动而富有特点的描述。其中对草圣张旭的描述是"张旭三杯草圣传,脱帽露顶王公前,挥毫落纸如云烟",生动体现了张旭醉酒不拘礼俗,不畏权贵、肆意挥毫的情景。

(二)张旭嗜酒与草书创作

从流传下来有关张旭的材料来看,"酒""草书"是张旭特点的核心要素。不论是在古代书论中,还是在现代书法史著作中,谈起张旭,谈起他的草书,总离不开酒,甚至现代学者在叙述张旭的书法成就时,径直以"酒神

---

① 傅建伟:《〈兰亭集序〉中的绍兴酒趣闻》,《中国酒》2006年第3期。
② 〔清〕彭定求等编:《全唐诗》卷二一六《杜甫》(一),北京:中华书局,1980年,第2259-2260页。

的"为题①，或者将其书法的创作称为"酒神的舞蹈"②。

1. 正史中张旭醉酒草书的经典形象

我们先从正史中的资料来看：

"旭善草书，而好酒，每醉后号呼狂走，索笔挥洒，变化无穷，若有神助，时人号为张颠。"③

"嗜酒，每大醉，呼叫狂走，乃下笔，或以头濡墨而书，既醒，自视，以为神，不可复得也，世呼张颠。"④

《旧唐书》《新唐书》的这两条史料总体上向我们展示了张旭创作草书时的形象。张旭喜好喝酒，每次在大醉的时候，不拘礼俗世故，口出癫狂之言，放浪形骸，肆意挥洒笔墨，以此来表达自己自由的灵魂和个性。他任意地哭笑，任情地宣泄，任性地叫喊，任随身体跳动、舞动，通过笔端的抑扬顿挫来表达自己波澜壮阔的内心世界。在酒的刺激下，张旭潜意识中那种怀才不遇的压抑、不平，生命中本能的、自然的、真诚的情感，都活生生地表现出来，可谓天人合一。他肆意笔端，再也没有任何顾忌，游离于法度又不失法度，在自己精神获得极大自由的同时，书法本身也获得极大的自由。

在如此癫狂状态下创作出来的作品，张旭"既醒，自视，以为神，不可复得也"，其实这与王羲之《兰亭集序》的创作有着异曲同工之妙。二者都是借助酒力创作出不可多得的佳品，甚至连书者自己都觉得神奇，但若是想要复制的话，即使者自己也不可能做到。王羲之如此，张旭

---

① 熊秉明：《中国书法理论体系》，天津：天津教育出版社，2002年，第80—84页。

② 刘长春：《宣纸上的记忆：中国古代书法人物小影》，天津：百花文艺出版社，2006年，第5—6页。

③ 〔后晋〕刘昫：《旧唐书》卷一九〇《贺知章传》，北京：中华书局，1975年，第5034页。

④ 〔宋〕欧阳修、宋祁：《新唐书》卷二〇二《张旭传》，北京：中华书局，1975年，第5764页。

亦如此。这可能就是书法本身的魅力所在吧！一幅能够传世千古的书法作品的产生是多种机缘巧合的因素同时具备才有可能出现的。这就是王羲之一生仅可以书写一次富有如此神韵的《兰亭集序》，也是在历史上仅会出现一个张颠以及他的代表作《古诗四帖》的原因。

　　需要解释的一点是"以头濡墨而书"的典故。中国古代，男人蓄发蓄胡子，"以头濡墨而书"不是低着头来书写狂草。我们认为可能是这样的，就是张旭以头发来蘸墨，用手擎着已经饱蘸墨汁的长发来书写。而张旭采取这种书写方式，主要是在书壁，如李颀所言"兴来洒素壁，挥笔如流星"，窦臮所言"回眸则壁无全粉，挥笔而气有余兴"。书壁是唐代书法中一个非常突出的现象，尤其像狂草这样的表现形式，书壁的方式更能表现出其气势以及放荡不羁的情态。稍有书法常识的人都知道，直接在粉壁或者是贴了绢素的墙壁上书写，难度远远大于在小书斋的书桌上肆意挥毫。据施宿的《嘉泰会稽志》记载，张旭曾经与贺知章一起在民间游玩，只要看见了人家厅馆中有好墙壁或是屏障，就忍不住书兴大发，迅速笔落有数行，笔走龙蛇，大肆书写一番。①

　　当然，张旭到底是否如《新唐书》所言的"大醉"后进行书法创作，这个"大"的程度又是什么？怎么找到酒的作用与张旭书法创作的那个最好结合点，我们需要继

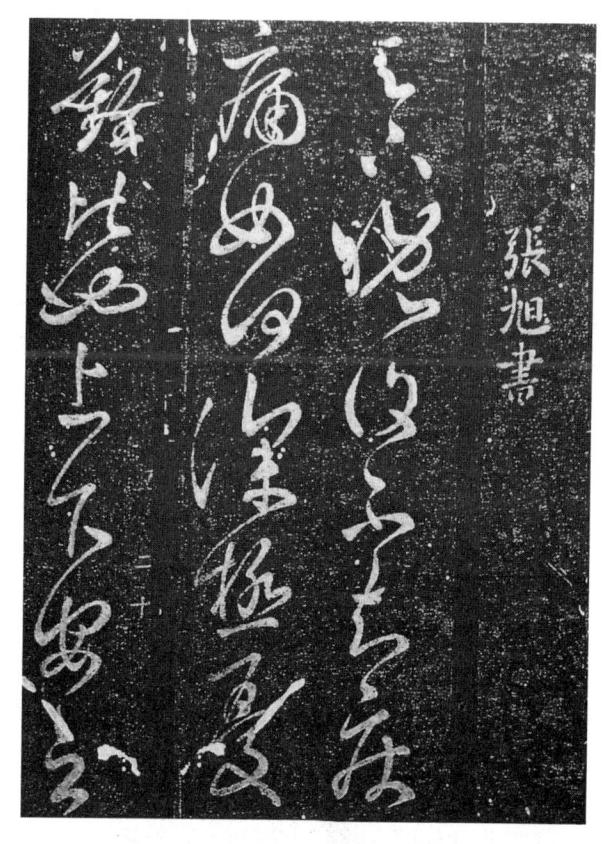

张旭《晚复帖》（局部）

---

　　① 〔宋〕陈思：《书小史》卷九，文渊阁四库全书本。

续从与张旭有着密切接触的唐代文人诗文中去窥探一二。

2. 诗文中张旭醉酒草书的情态

史书中对张旭形象的记载与描写比较简略，主要是因为史书的撰写者与张旭并未有真正的交往，对张旭了解毕竟有限，若说隔靴搔痒也毫不为过。因此张旭周围的友人对张旭醉酒创作的种种描述可能更为生动、真切，并且对张旭性格、人生经历等会有提及，这些诗人对"草圣"醉酒的草书人生描写得更为细腻和传神。以下我们主要结合李颀的《赠张旭》和高适的《醉后赠张九旭》两首诗进行细致地分析。

先来看李颀的《赠张旭》，全诗如下：

《曹全碑》（局部）

张公性嗜酒，豁达无所营。皓首穷草隶，时称太湖精。露顶据胡床，长叫三五声。兴来洒素壁，挥笔如流星。下舍风萧条，寒草满户庭。问家何所有，生事如浮萍。左手持蟹螯，右手持丹经。瞪目视霄汉，不知醉与醒。诸宾且方坐，旭日临东城。荷叶裹江鱼，白瓯贮香秔。微禄心不屑，放神于八纮。时人不识者，即是安期生。①

"张公性嗜酒，豁达无所营"，首句就点出了酒，甚至说张旭"性嗜酒"，酒就是张旭艺术生命迸发的催化剂。同时，也点出了张旭性格最大的特点就是豁达。这两个特征是张旭艺术生命的根本所在。嗜酒的狂草书法家，性格

---

① 〔清〕彭定求编：《全唐诗》卷一三二《李颀》（一），北京：中华书局，1980年，第1340页。

必然豁达豪放。张旭根本不屑于世俗的钻营，所以他能够淡泊名利，专心于书法；他嗜酒如命，所以一生难免不治生事，身无长物，虽身无分文，但也乐得逍遥自在，身心自由，无所牵绊，无拘无束。所以说，嗜酒、豁达成就了"草圣"张旭的一生，不论是其仕途的不畅还是书法的大放异彩，都是由他内心的豁达真诚和外在的嗜酒逍遥的特殊性格所决定的。所以李颀起笔便点出这两点，真可谓与张旭肝胆相照、相知至深了。

"皓首穷草隶，时称太湖精"，道出了张旭出神入化、让世人感叹的草书造诣。"皓首穷草隶"一句，写出张旭一生都在孜孜不倦，勤学苦练，竭尽全力书写、研究、体味草书的种种笔法和妙处，体现了他对草书的无限痴迷精神。"太湖精"是张旭的另一雅号。直到现在，我们一般还会将在某一方面具有最好、天才般、不可思议的人称为"精"。因为张旭生长在吴县，以其籍贯，称之为"太湖精"，高度赞扬了张旭在草书方面让世人惊叹的造诣。

"露顶据胡床，长叫三五声。兴来洒素壁，挥笔如流星"，着重刻画张旭书写草书时的情状。"露顶"指出张旭在草书创作并非正襟危坐，他丝毫不拘束于各种繁文缛节。"据胡床"说张旭横跨在一种类似小板凳可以折叠的轻便坐具上，此时一个冲破礼俗秩序的形象开始浮现在我们的脑海中。不仅如此，他还一边写一边大声呼叫，来宣泄自己的情感，发泄自己的情绪，这与传统社会中要求文质彬彬的君子形象差得很远。寥寥几句，一幅传神的张旭创作形象，仿佛就展现在我们的眼前。这种行为、语言上的癫狂也为他在草书创作中游离于法度之外起到了很好的酝酿、激荡作用，两者相得益彰。他书兴大起时，面对刷白的墙壁竟大笔一挥，风驰电掣，行云流水，笔走龙蛇，如天上流星在浩瀚的夜空中划过一般，可见其书写速度之快，顿时一幅妙品横空出世。张旭的这种即兴创作，完全

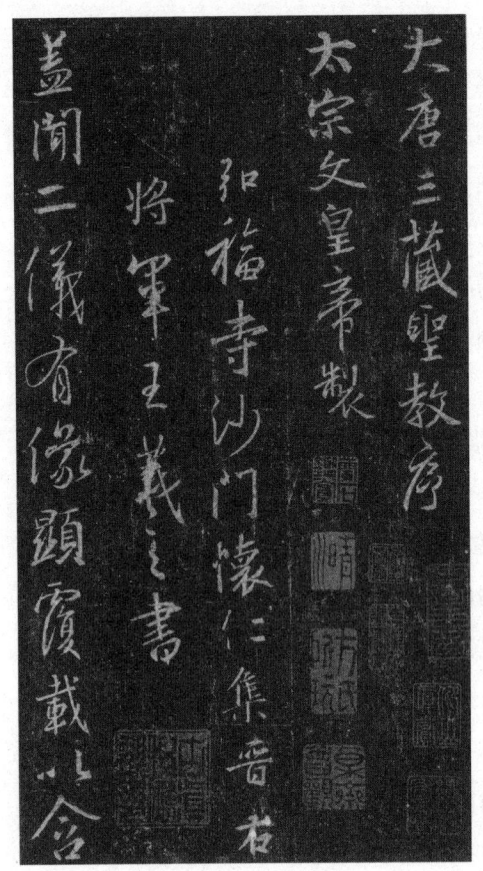

王羲之《雁塔圣教序》（局部）

达到了一个无我的境界，他根本不会去刻意地考虑或安排，整个过程就是感情的释放，本能的迸发。张旭将草书作为一种感情宣泄的方式。那张旭在书写草书时所表现的那种癫狂背后复杂的内心又是什么呢？作为张旭的挚友李颀也有详细交代：

"下舍风萧条，寒草满户庭。问家何所有，生事如浮萍。左手持蟹螯，右手持丹经。"

"豁达无所营"正是对张旭具体生活境况和心态的一种交代，侧面上反映了张旭对现实生活的一种态度。他并非名门望族，仕途不畅，经济拮据在所难免。他的住所也是不蔽风雨、长满野草的寒室陋舍，面对居处如此荒凉颓败，草圣张旭却豁达坦然，并不抱怨也不计较，因为他浪迹萍踪、四海为家，根本就用不着这些。轻描淡写的"生事如浮萍"一句，虽能够体现出张旭达观知命的生活态度，但是也表现出深寓其中的他却也有着对生活的无奈、对世事的淡漠，同时还可能夹杂着一种难掩的苦涩。种种复杂的感情聚集在一起，就产生出一种潇洒人生，纵情翰墨的生活方式。他的草书作品，尤其是书壁，可能更多的是对这种复杂情感的一种宣泄。

"瞠目视霄汉，不知醉与醒。诸宾且方坐，旭日临东城。荷叶裹江鱼，白瓯贮香秔。"这是说张旭整日处于迷离之中，始终半醉半醒。他抬头望向无边无际的天空，望着静静的蓝天和变幻无常的白云，醉眼蒙眬又若有所思，人们始终分不清此刻他到底是醉还是醒。或许他醒时是对世事无聊的无奈与淡漠，醉时又是对世态炎凉的愤激。方醉方醒，他都将这种感情诉诸笔端。他将生命的体会写入自己的草书作品中,所以他的作品即使过了千年之后,还能让世人如此的惊叹和动情。张旭生活洒脱,经常邀请朋友饮酒,虽然吃的不是什么山珍海味,但是友人相聚只为相期一醉的快意。

"微禄心不屑,放神于八纮。时人不识者,即是安期生。"这是讲述张旭的人生旨趣。对于自己仕途不顺,俸禄不高,他并不在意,因为张旭不屑于钻营。身心的极大自由,神游于万物,心游于天下,无拘无束、惬意的精神享受才是他所钟意的。因此,若是不知其中意味的人,还以为这是神仙道人安期生呢。

我们在李颀的诗歌中看出,张旭醉酒草书就是他生活状况的真实写照,也是他对自己内心深处情感最真诚的表达和呈现。饱含着他对人生、对生活的深刻体会。

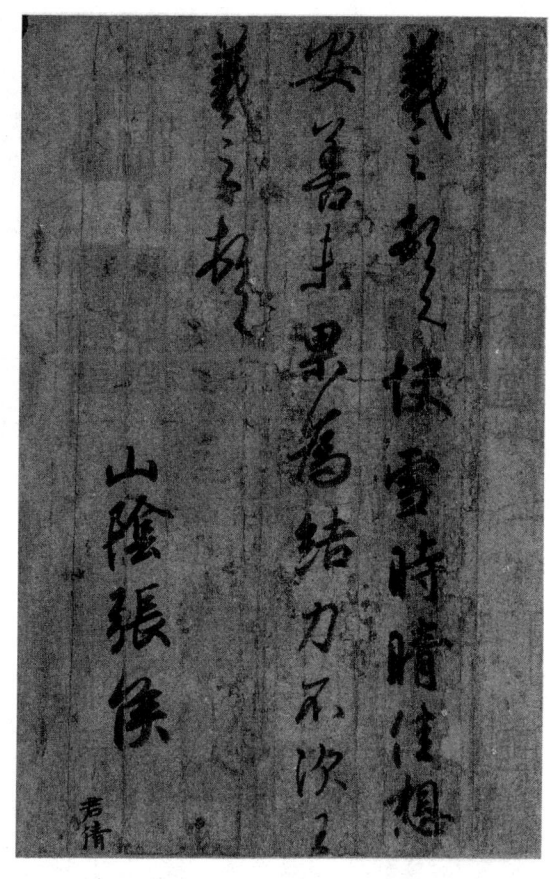

王羲之《快雪时晴帖》

其次,我们再看高适的《醉后赠张九旭》一诗:

"世上谩相识,此翁殊不然。兴来书自圣,醉后语尤颠。白发老闲事,青云在目前。床头一壶酒,能更几回眠?"①

"世上谩相识,此翁殊不然",就是说,世上很多人即使天天见面,给人的印象也不深,而张旭这个人却与众不同,卓然独立,让人印象深刻。

"兴来书自圣,醉后语尤颠。"张旭最著名的称谓就是

---

① 〔清〕彭定求编:《全唐诗》卷二一四《高适》(四),北京:中华书局,1980年,第2225页。

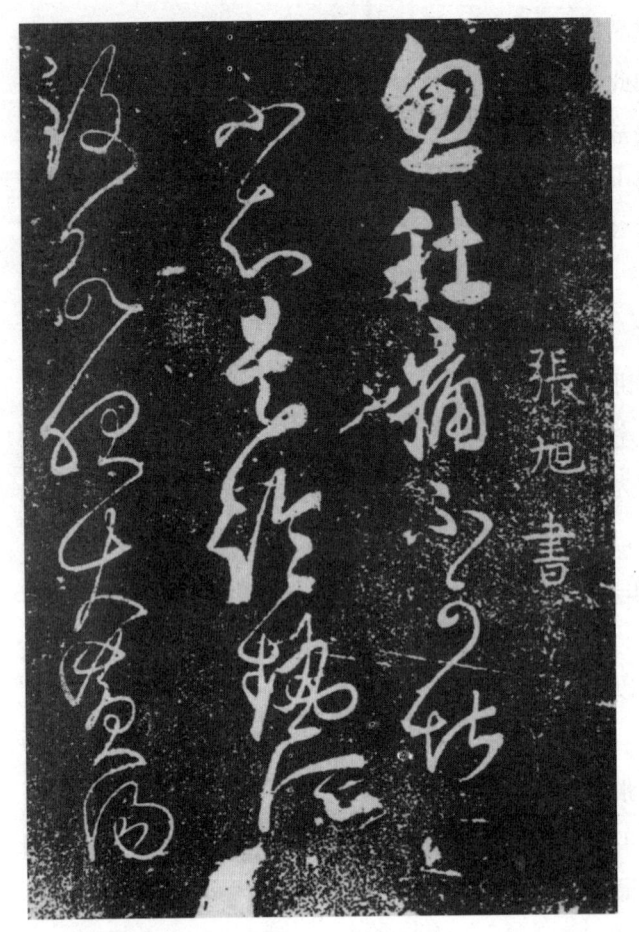

张旭《肚痛帖》（局部）

"草圣"和"张颠"，此句正好点出了"圣""颠"二字，点明张旭的草书创作与酒的关系。张旭酒醉之后，兴来之时，书法就会达到超凡入圣的境界。创作时，他的言语也更加狂放不羁，以配合笔走龙蛇的天真情态，暗示了艺术重在性灵的自然流露。

"白发老闲事，青云在目前"，这样一个天真、真诚、无邪的书者，必然也是淡泊名利、不慕虚荣的人。"青云"这里指隐逸。我们似乎看到了一位白发垂垂、和蔼可亲的老者，他不问世事、一身悠闲，轻松自得、逍遥自在，展现出一副隐者的风度和情怀。而正是这样，他才能够时时保有天真之态，在书法上取得不同于流俗的艺术成就。

"床头一壶酒，能更几回眠"，描写了张旭的醉眠生活。高适以问句的形式表现，显得格外亲切。意思是：您老人家床头那壶酒，能伴您几次醉眠呢？这句诗一方面刻画出张旭平时经常醉眠，一副顽童的形象，更加生动可亲；另一方面，诗人也是醉后赋诗，诗人自己的天真发问，也愈显得醉态淋漓，以醉写醉，使题目中的"醉后"二字，得到了充分体现。

虽然高适这首诗相对比较短，但是将张旭与友人喝酒时的种种情态以及他醉后草书的形象刻画得非常丰满。张旭卓尔不群、嗜酒如命、真诚自然的形象跃然纸上。

我们从张旭友人的这两首诗中，对张旭醉后草书创作有了更形象的了解。尤其通过张旭挚友的描述，我们对张旭醉酒、张旭草书背后的人生境遇和人生旨趣有了更深入的理解。让我们知道了张旭是在用自己生命的灵动和真诚进行草书创作的，因此后人在欣赏张旭书作时就会感受到一些厚重感和生命力。

3. 后世书家、书论家的种种评价

后世书论对张旭的种种评价，大体上不出张旭友人评价的这个格局，不过也有相对来说更为抽象一些的评价，仅举两例。

窦臮《述书赋》中说："张长史则酒酣不羁，逸轨神澄。回眸而壁无全粉，挥笔而气有余兴。若遗能于学知，遂独荷其颠称。虽宜官售酒，子敬挥帚。遐想迩观，莫能假手。拘素屏及黄卷，则多胜而寡负。犹庄周之寓言，于从政乎何有？"①

董逌在《广川书跋》中指出："长史于书，天也，其假笔墨而有见者，是得其全□而加之乎尔。岂知曲直法度自成，斫削间耶。观其书者，如九方皋见马，不可求于形似之间也。方其酒酣兴来，得于意会时，不知笔墨之非也，忘乎书者也。反而内观，龙蛇大小，络结胸中，暴暴乎乘云雾而迅起，盲风异雨，惊雷激电，变怪杂出，气蒸烟合，倏忽万里则放乎前者，皆书也。岂初有见于毫素哉！彼其全于神者也，至于风止云息，变怪隐藏，循视其初更无径辙时，一毫不得误□。是昔之昭然者已丧故耶！"②

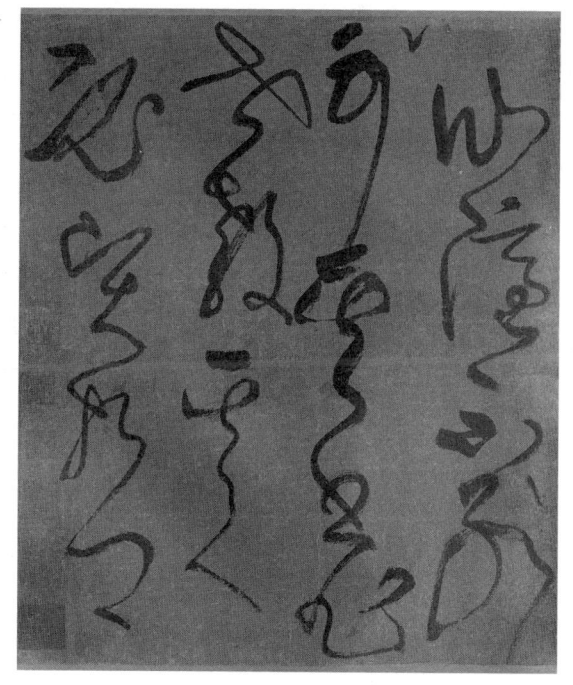

张旭《古诗四帖》（局部）

---

① 〔唐〕窦臮：《述书赋》卷上，文渊阁四库全书本。
② 〔宋〕董逌：《广川书跋》卷七，《张旭千字》文渊阁四库全书本。

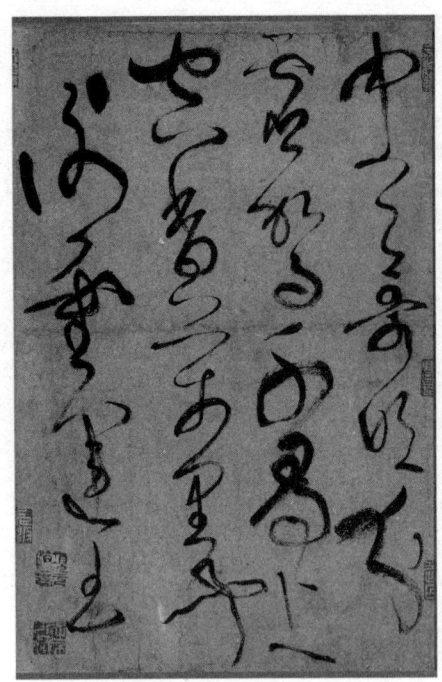

张旭《古诗四帖》（局部）

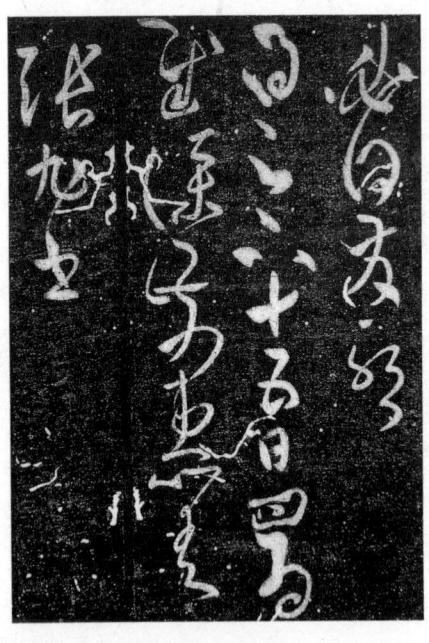

张旭《十五日帖》（局部）

又"百技原于道，惟致一则精复神化，此进乎道也。世既以道与技分矣，则一涉技能，便不复知其要妙，此岂托于事者游泳乎道者耶？张旭于书则进乎技者也，可以语此矣。故凡于书，一寓于酒，当时沉酣不入，死生忧惧时振笔大呼，以发其郁怒不平之气，至头抵墨中，淋漓墙壁，至于云烟出没，忽乎满前，醒后自视，以为神异，初不知也。今考其笔迹所寄，殆真得是哉！夫神定者天驰，气全者才放，致一于中而化形自出者，此天机所开而不得留者也。故遇感斯应，一发而不可改，有不知其为书也。"①

又"见镰于山不丧其天，见蜩于林而不分其神，诚能知此可以语书矣。尝见剑器浑脱舞，鼓吹既作，孤蓬自振，惊沙坐飞，而旭得之于书，则忘其笔墨而寓其神于群帝。龙骧雷霆，震怒之初矣，落纸烟云，岂复知也。此殆假于物者，神动应于内者，天驰耶。昔崔延伯每临阵则令田僧超为壮士歌，然后单马入阵，所向无前。至僧超死则不复能战，是知以气胜者，气能盖天下，然后可以胜天下矣。宜纯气之守者，万物不得窥其迹也。"②

这些书论家很多都未能与张旭有一面之缘，有些甚至与他相隔千年，但是他们从前人的叙述以及自己书写的经验，从多个角度对张旭形象和草书创作进行体悟和想象，偶然也有高明的言论。以下我们还是结合历代书家的体悟、现代学者的研究以及笔者的一些书写经验，对张旭流传

---

① 〔宋〕董逌：《广川书跋》卷七，《张长史草书》文渊阁四库全书本。
② 〔宋〕董逌：《广川书跋》卷七，《张长史别本》文渊阁四库全书本。

至今的主要草书作品进行初步赏析。

二、张旭草书作品研究与鉴赏

由于时代久远，流传至今的张旭草书作品不多，并且都有争议。现在基本能够确定是张旭所书的草书作品主要有《古诗四帖》《肚痛帖》《断千字文》《草书心经》《终年帖》《冠军帖》《二月八日帖》《今欲归帖》《十五日帖》《晚复帖》等。以下对张旭的草书作品予以详细地研究和鉴赏，其中以《古诗四帖》和《肚痛帖》为重点。

（一）《古诗四帖》

《古诗四帖》墨迹本，无款，五色笺，草书。明代书法家董其昌认定为张旭所书。此帖竖28.8厘米，凡40行，计188字。钤有"宣和""政和""内府图书之印""子固""华夏""项元汴印""宋荣审定""乾隆""嘉庆御览之宝""宣统鉴赏"等鉴藏印。宋代宣和内府、明代华夏、项元汴、清宋荣、清内府等曾经收藏。清末由溥仪带出宫，后溥仪在吉林被俘获，此作交由当时的东北人民政府，现藏于辽宁省博物馆。《宣和书谱》《续书画题跋记》《式古堂书画汇考》等均有著录。

《古诗四帖》中前两首是庾信的《步虚词》，后两首是南朝谢灵运的《王子晋赞》和《四五少年赞》。释文如下：

东明九芝盖，北烛五云车；飘飖入倒景，出没上烟霞。春泉下玉霤，青鸟向金华。汉帝看桃

张旭《今欲归帖》（局部）

核，齐侯问棘（原诗为"枣"）花；应逐上元酒，同来访蔡家。

北阙临玄水，南宫生绛云；龙泥印玉简（原诗为"策"），大火练真文。上元风雨散，中天哥（原诗为"歌"）吹分；虚（原诗为"灵"）驾千寻上，空香万里闻。

谢灵运王子晋赞　淑质非不丽，难之以万年。储宫非不贵，岂若上登天。王子复清旷，区中实哗嚣。喧既见浮丘公，与尔共纷繙（翻）。

衡山采药人，路迷粮亦绝。过息岩下坐，正见相对说。一老四五少，仙隐不别可？其书非世教，其人必贤哲。

1.《古诗四帖》作者争议与评价

《古诗四帖》无款，所以此帖书者初定为谢灵运，直到明代学者董其昌才认定其为草圣张旭的作品。董其昌在其《书禅室随笔》卷一《跋张旭草书》中说道："项玄度出示谢客真迹，余乍展卷即命为张旭，卷末有丰考功持谢书甚坚，余谓玄度曰：'四声始于沈约，狂草始于伯高，谢客时都无是也。其东明二诗乃庾开府《步虚词》，谢安

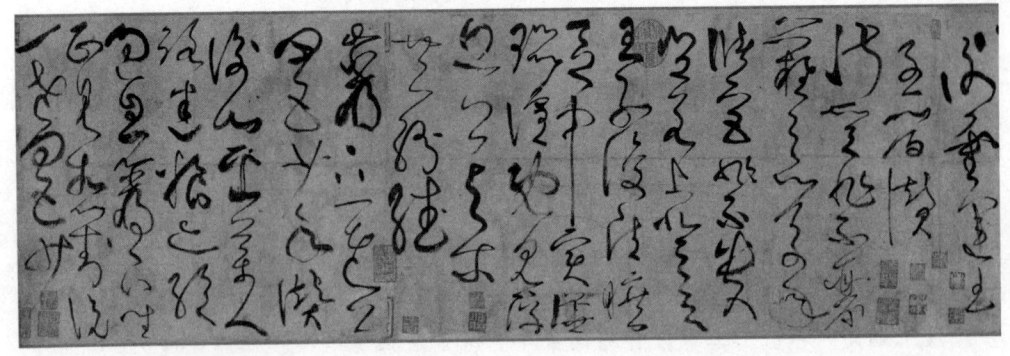

张旭《古诗四帖》（局部）

得预书之乎？'玄度曰：'此陶弘景所谓元常老骨，更蒙荣造者矣。'"① 这一说法一直延续，后来的学者逐渐接受。

当代学者徐邦达②、启功③、熊秉明④等经过详细分析和考证，对董其昌的认定提出了疑义。这几位学者对《古诗四帖》的作者张旭产生疑义的依据主要是外证。在科学思维下，有些证据甚至被学界认为是"铁证"。但是学者并没有对《古诗四帖》作者有进一步的申述，破而不立。王公治在熊秉明提出《古诗四帖》是临本观点的基础上，进一步提出今传《古诗四帖》应当是李建中的临本⑤。

启功举出的铁证是从避讳改字的角度去论述的。《古诗四帖》的帖文是几首五言古诗，第二首首句是"北阙临丹水，南宫生绛云"，原文是"北阙临玄水，南宫生绛云"。宋真宗大中祥符五年（1012）十月戊午梦见他的

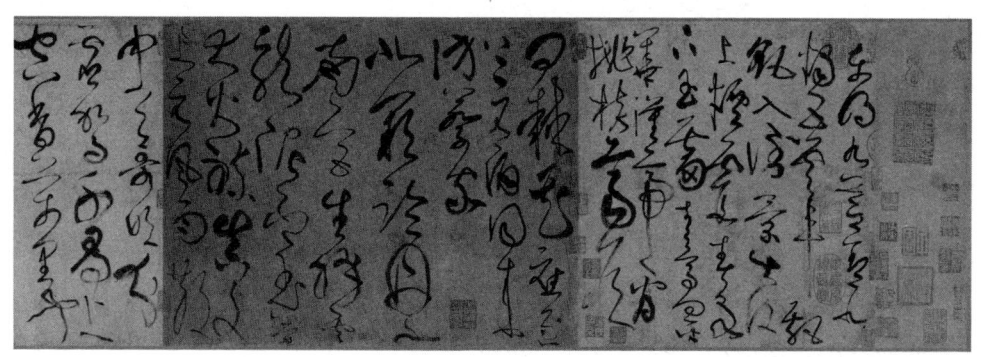

张旭《古诗四帖》（局部）

---

① 〔明〕董其昌：《书禅室随笔》卷一《跋张旭草书》，文渊阁四库全书本。
② 徐邦达：《旧题张旭古诗四帖时代作者考辨》，《美术史论丛刊》1982年第1期，第129–138页。
③ 启功：《旧题张旭草书古诗帖辨》，《启功丛稿》，北京：中华书局，1981年，第90–100页。
④ 熊秉明：《疑〈张旭古诗四帖〉是一临本》，《书谱双月刊》第8卷第1期，第18–25页。
⑤ 王公治：《〈张旭草书古诗四帖〉作者探考》，《复旦学报》（社会科学报）1989年第5期。

"始祖"告诉他,说他的名字叫"玄朗",次日早朝他便告诉大臣,并令天下避讳这两字。古代避讳或用代字或缺笔,这里把玄水改写为丹水,就是代字。古代把五行分属四方,东方属木,是青色;西方属金,是白色;南方属火,是红色;北方属水,是黑色;中央属土,是黄色。这卷草书的写者把"玄水"改为"丹水",下句仍旧是"南宫生绛云",岂不南北二方都属火、都成红色了吗?所以启功认定这是一位宋代书家在大中祥符五年(1012)十月以后所写的。①

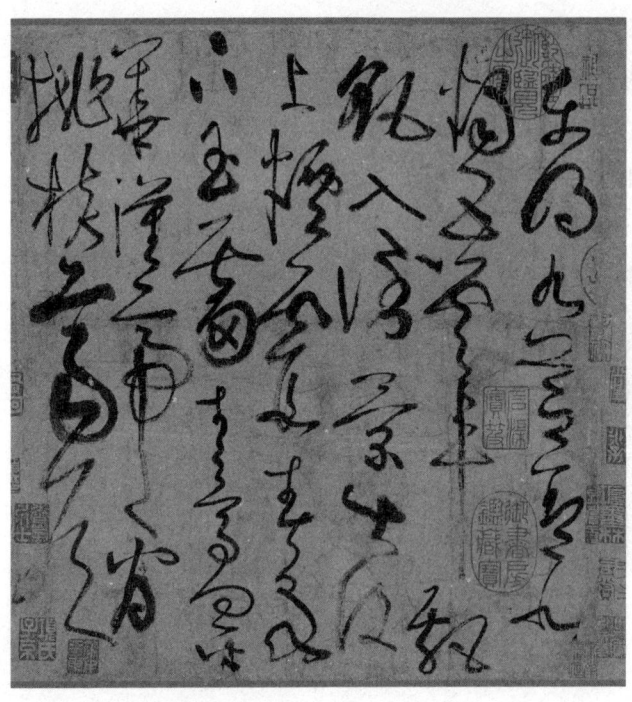

张旭《古诗四帖》(局部)

沈尹默②、谢稚柳③等仍然认为《古诗四帖》是张旭所作,并从不同方面予以论证。我们仅举谢稚柳先生的论证。非常有意思的是,谢稚柳在《唐张旭草书四帖》和《宋黄山谷〈诸上座〉与张旭〈古诗四帖〉》两文中,主要是从内证出发去论证。首先,他认同董其昌的结论。董其昌当年认为《古诗四帖》与张旭的《宛陵诗》《烟条诗》两帖很接近,所以认定《古诗四帖》的作者为张旭。但非常遗憾的是,张旭《宛陵诗》《烟条诗》两帖现已不存于世。而谢稚柳是根

---

① 启功:《从〈戏鸿堂帖〉看董其昌对法书的鉴定》,《书法导报》2005年11月2日。
② 沈尹默:《书法论丛》,上海:上海教育出版社,1978年,第30页。
③ 谢稚柳:《唐张旭草书四帖》,《鉴余杂稿》,上海:上海人民美术出版社,1989年,第59-66页。

据詹景凤《东图玄览》中对这两帖的描述来证明这两帖的确与《古诗四帖》有相合之处。其次，由于外证中的许多铁证无从辩驳，所以谢稚柳从书法传承、风格等方面去分析。张旭的书法属于晋唐风格的变异，或者说是新体。张旭传笔法于颜真卿，颜真卿传笔法于怀素，于是从颜真卿《刘中使帖》、怀素《自叙帖》中一些字的结体和整体的风韵以及个别字与《古诗四帖》的相似性来证明《古诗四帖》是张旭的真迹。

当然，作者归属的判断必然会引起对《古诗四帖》评价的天壤之别。在剥离了张旭与《古诗四帖》关系的学者眼中，《古诗四帖》的价值非常一般，甚至会出现贬抑的评价。如徐邦达就认为此帖"狂獗怪异""艺术水平极为低劣"，并从具体的字例中举出了一些"用笔极丑"和"形态逼仄"的恶

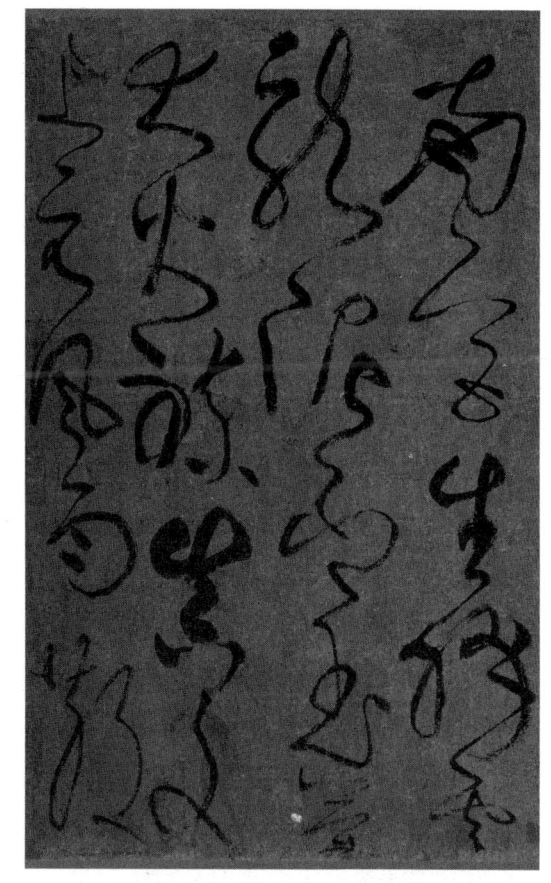

张旭《古诗四帖》（局部）

例。而认为《古诗四帖》作者是张旭的学者依然对其评价非常高。从古今书者的评论来看，大多学者都对张旭的草书以及其代表作《古诗四帖》持肯定意见，赞誉、仰慕之情溢于言表。这从我们前面的引用材料就能明显感受到，如苏轼称赞张旭的草书，"长史草书，颓然天放，略有点画处，而意态自足，号称神逸"[①]。现代学者沈尹默认为《古诗四帖》是"一种好物"，在观赏中能产生诗一样的意境，正如杜甫在《殿中杨监见示张旭草书图》中所言的"锵锵鸣玉动，落落群松直，连山蟠其间，溟涨与笔力"。

---

① 〔宋〕苏轼：《东坡全集》卷九十三《书唐氏六家书后》，文渊阁四库全书本。

熊秉明的说法有意调和两种截然相反的观点,他对《古诗四帖》先持肯定的态度,他认为《古诗四帖》"满纸龙飞蛇走,有闪电形的折线,有长锥样垂直而下的直线,有回环缭绕的曲线,相互穿错交织,使人目眩神醉。前数行多一类锯齿式的波折笔画,毫锋迅速左右摆荡而下,急切、重复而执着,是中国书法中少见的。行与行之间不留空隙,临行的字交相撞击,似乎铿锵有声,浮起一片激烈的敲击乐的交响"。同时,他又认定《古诗四帖》是临本,而临本有原作之意,所以他主要是对张旭原帖的赞美。由于是临本,所以有许多缺失,他仔细研读全帖,甚至分门别类摘出其瑕疵竟多达五十例之多。如他指出:"此帖为狂草,乍看满纸龙飞蛇走,令人目眩。然细看则会发现许多误失。例如此段开首的'子晋'二字,'晋'字的上横连'子'字,收笔处停顿不前,笔断意亦断。中央三点扭曲纠结、形象佝偻、下横倒倾,与上横不成呼应,一字断为三段,互相脱节。其他败笔甚多,不一一指出。"[2]但我们知道,任何书法作品都有瑕疵、败笔,即使《兰亭集序》这样的书法极品,也仍有七处王羲之自己不满意之处。所以,熊秉明的预设就是张旭的书法作品应该是没有瑕疵的,在此预设之下,对《古诗四帖》进行全面挑错。

总的来讲,相对于徐邦达、启功、熊秉明的外在"铁证"而言,谢稚柳这种论证看起来玄之又玄,远不及外证有说服力。但是,事实到底怎样,我们都不敢肯定。因为看似科学、完整的论证,往往会与事实有很大的出入。就

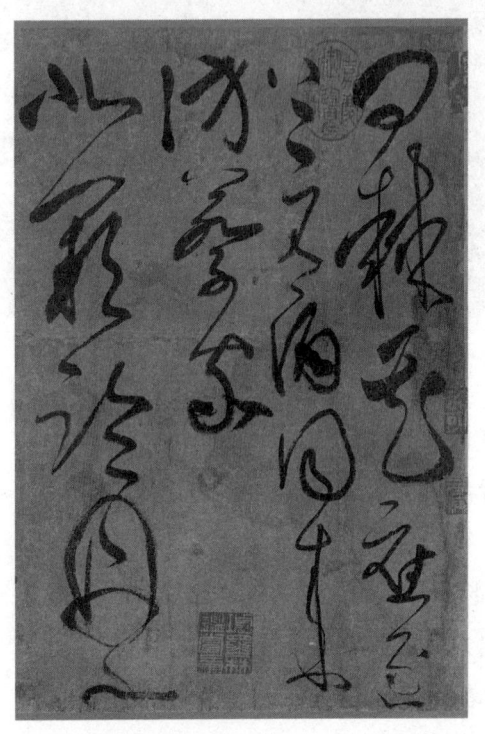

张旭《古诗四帖》(局部)

---

[1][2] 熊秉明:《中国书法理论体系》,天津:天津教育出版社,2002年,第83页。

像学术界争论《孙子兵法》与《孙膑兵法》是否为同一本书的时候,认为两者是同一本书的学者在论据以及科学性方面远比认为是两本不同著作的学者占优。但是20世纪70年代银雀山汉简中同时发现了《孙子兵法》和《孙膑兵法》,一切科学的"铁证"轰然倒塌,因为事实胜于雄辩。虽然我们现在仍不能提出更多的证据去证明今传《古诗四帖》的确是张旭的作品,但是我们还是倾向于认同传统说法。

2.《古诗四帖》的技法赏析

《古诗四帖》传为张旭狂草之作,极为珍贵。历代书家对其有着非常高的评价,如明人丰道生说道:"行笔如从空掷下,俊逸流畅,焕乎天光,若非人力所为。"明人董其昌跋:"有悬崖坠石,疾雨旋风之势。"《古诗四帖》通篇笔画丰满,绝无纤弱浮滑之笔。行文跌宕起伏,动静交错,满纸如云烟缭绕,实乃草书巅峰之作。今人郭子绪认为:"《古诗四帖》,可以说是张旭全部生命的结晶,是天才美和自然美的典型,民族艺术的精华,永恒美的象征。"

以下我们以王宏的《狂草书〈古诗四帖〉技法与赏析》[1] 一文内容为主,同时结合郭子绪在《中国书法鉴赏大辞典》中的赏析[2],对张旭《古诗四帖》的书法技法进行赏析。

从整体上来看,狂草书《古诗四帖》的书法成就集中印证了古人评价张旭草书风格的特点。张旭草书以雄浑奔放的气概、纵横捭阖的笔姿以及恣肆浪漫的势态为世人所看

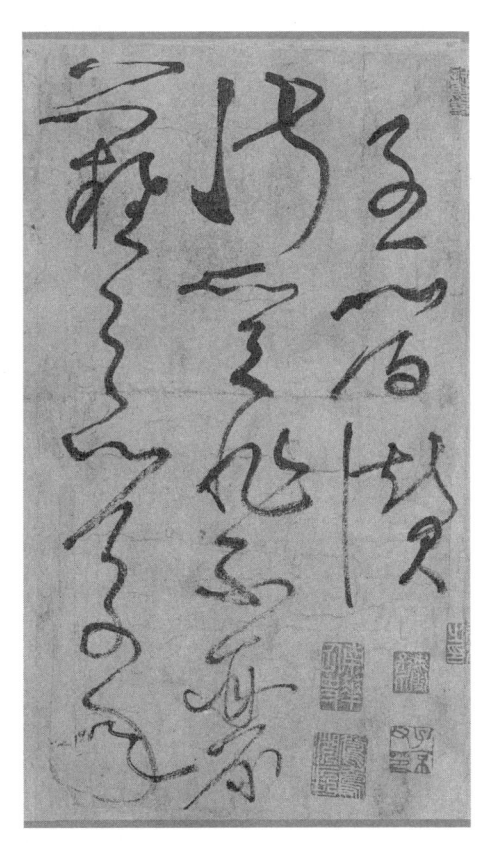

张旭《古诗四帖》(局部)

---

[1] 王宏:《张旭狂草书〈古诗四帖〉赏析》,见http://www.hncswyh.com/Enjoy-Info.aspx?eid=89。

[2] 刘正成:《中国书法鉴赏大辞典》,北京:大地出版社,1989年,第531页。

重。《古诗四帖》以其崭新完美的形式，宏大的气魄，高美的精神，向读者展示出一幅生机勃勃、雄伟壮阔的画卷。在浑融和谐、庄严肃穆气氛的笼罩下，形成了大幅度强烈对比的雄健壮观格局。全帖布局大开大合、大收大放，在强烈的跌宕起伏中，突现了雄肆宏伟的势态。同时，全帖行文酣畅淋漓，跌宕起伏，动静交错，波澜起伏而又秩序井然，壮其声萧萧而澎湃，抒其情深沉而豁达。似"赤骥白騄，一驾千里"，颇有咄咄逼人之势。全帖结体严谨，逸宕而又伟丽，字形变幻无常，缥缈无定，时而若狂风大作，万马奔腾；时而似低昂回翔，翻转奔逐，充满着"忽魂悸以魄动，恍惊起而长嗟"的变化。在张旭的笔下，感情好像天上行月似的空明，地上流水般的澄澈，兴来之时，在悠然自得的游戏式享受中，使其放射出光辉。一切是那样的和谐，那样的美妙，那样的自然，真有索不尽的意趣，捕捉不尽的神采和赏不尽的风华。张旭纵情于翰墨，艺术家的豁达潇洒，真诚率意跃然纸上。《古诗四帖》作为张旭草书的代表作，可以说是张旭的全部生命结晶。我们从以下几个方面对《古诗四帖》进行赏析。

  首先，从运笔上来看。《古诗四帖》圆转自如，含蓄而奔放。我们试想，已经饱含醉意的张旭，提笔创作，随着感情的波动真实地宣泄，笔致有节奏地忽重忽轻，线条随意流走，或凝练浑厚，或飘洒纵逸，浓墨处浑融而富有"屋漏痕"般的质感，枯笔处涩凝而又独具"锥画沙"般的张力，点画与线条的和谐组合，构成了一幅生动自然、雄伟壮阔的画卷。张旭的运笔看似任意挥洒，而"草字奇幻百出不逾规矩"，"其草字虽奇怪百出，而求其源流，无一点画不该规矩者"。正如孙过庭《书谱》所言："真以点画为形质，使转为性情；草以点画为性情，使转为形质。草乖使转不能成字，真亏点画犹可记文。"从学者研究来看，《古诗四帖》使用草书技法主要有以下几个：第一，在书写过程中灵活地转换笔锋是狂草技法最典型、最基本的笔法。草书《古诗四帖》，运笔连绵回绕，暗中换锋而不觉。如"帝""纷""教"等字，多个环绕均用中锋转笔，并没有"转卸处皆成偏锋"。即使偶有偏侧，如"千"字，也能拢得住笔锋而使运笔刚劲有力。同时，这种偏侧，散锋涩行运笔的频繁使用，也是草书《古诗四帖》在整体面貌上区别于怀素狂草的最显著的特点之一。第二，使用转笔，但并非单纯指圆转运笔，包括了折和转两种方法。清人笪重光《书筏》认为："数画之转接欲折，一画之自转贵圆；同一转也，若误用之必有病，分别行之则合法耳。"那么我们细细品读帖中的"盖""华""景"三个字，其实就包含了三种横的使转方法。"盖"字第一横为折笔，"华"字上两点接第一横为转笔，"景"字字头接长横为暗中逆入折笔。通观全帖，最流畅的转笔引带也并不多见，因此《古诗四帖》也就避免了因一味圆转而造成的流滑软俗之病。第三，此帖初看满眼缭绕，细辨则字字分明。这主要是因为用笔上交代清晰，点画爽而不乱。我们来看"华"字，点画与牵丝分明，点画处皆重笔突出，引带皆轻笔带过。虽然笔法变化多端，但法度丝毫不乱，同时又形成了用笔轻重缓急的变化之美。所以说，狂草笔法中的中与侧、藏与露、转与折、轻与重、缓与急等笔法被张旭完美地统一在草书《古诗四帖》之中。

　　其次，从体势上来看。我们知道，狂草与楷、隶等其他字体根本的区别就在于点画被大量省并，一行之内字与字之间笔画相连以及无处不在的缠带和使转用笔，很难脱离开用笔而对狂草结体进行单独分析，所以我们必须从

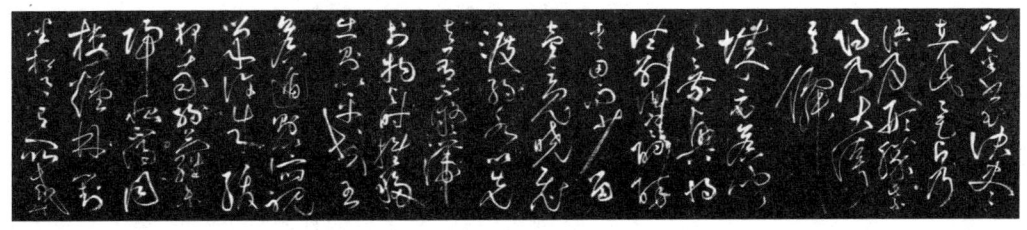

张旭《李清莲序》（局部）

"体势"的角度对草书《古诗四帖》进行赏析。体势是书法结体和用笔的综合形象，也是书法艺术区别于写字的本质特征。总的来说，草书《古诗四帖》的体势变化非常丰富。第一，《古诗四帖》中大部分字的取势都是以欹斜为主，字的重心居中，有正襟危坐之感，斜中取正，甚至有些字的处理中，重心下移或上提。如"宫""下"字造成险势，但险而不倒；还有"南""年"二字，一个中竖倾斜，一个中竖弯曲，但重心依然平稳。第二，狂草体势讲究穿插避让。书者既要注重行与行之间气势摆荡中的穿插避让，又讲究每一字的偏旁组件之间穿插避让，甚至是构件与构件之间不相撞又不能雷同。如"棘"（释"枣"）字，两个构件完全相同，但作者善于穿插避让，再加上用笔轻重、转折、疏密等技法的处理，将其分割成大小不一、形状各异的黑白空间，美妙绝伦，可谓深得避让穿插之妙。第三，张旭除了巧妙熟练地运用欹正、轻重、方圆、疏密、摆荡等体势因素外，还运用了横纵、开合、敛纵等矛盾来变化体势。如"齐"字通过夸张第一笔的横势和整个字的纵势形成鲜明对比；帖中两个"中"字竖画的不同处理，造成了敛纵的体势变化；"绝"字部首与偏旁的上部，分别向左右倾斜，形成了上部打开，下部闭合的特殊体势。另外，如"岩""下""少""人""中""上"等字重复出现。由于体势变化，各具风韵，令人惊叹叫绝。体势变化的灵活运用，体现了作者在狂草结体运笔方面千锤百炼、出神入化的境界。细细品读，其美妙的程度丝毫不亚于王羲之《兰亭集序》中"之"字的不同处理。

再次，从章法上来看。如果说上文的运笔和体势上的分析属于技法层面的话，那么对章法布局的要求就更高了。章法即谋篇布局，是书者对一幅作品进行整体布局和统筹安排的方法。它包括对单字体势的设计，对字距、行距之间的空白分布以及对整幅作品的行气、节奏、格调的整体把握。狂草的章法相当自由，但同样包含以上几个基本要素。草书《古诗四帖》的字与字之间大小、轻重、疏密的安排变化自然，行与行之间穿插错落有致恰到好处，通篇行气贯通，格调一致，参差错落，跌宕起伏，字字如龙似马，云烟缭绕，倏忽千字，上呼下应，左驰右骛，犹如一幅变幻莫测、多姿多彩、自然天趣的画卷。全帖充分体现了张旭草书纵横捭阖，豪放沉着，势如破竹，奇峰自出的面貌。从总体疏密上看，草书《古诗四帖》属于布局较密的一类。通览四十行近两米横宽的全帖，行与行之间疏密相同，极具韵律感。其中1-7行、14-18行、23-27行、32-36行，这四节布白紧密，其他四节布白疏放，形成大江东去式的波澜壮阔之美。《古诗四帖》起笔开始挥毫果断，方折多于圆笔，迅疾之处，如走龙蛇；舒缓之处，如犁翻土。点画的起笔，皆圆头逆入，行笔皆中锋运行，收笔处情注意满，轻重有度，不飘不滑。线条质感如锥画沙，如屋漏痕，篆隶笔意相当明显，字与字之间的牵丝引带，毫无苟且含糊之状。"南宫生绛云"句，从"生"字蘸墨挥毫直下，一路疾行，由腕间提按而分线条粗细，用力轻重而分墨色浓淡，布白疏密而分结体宽窄。"南宫"与"生绛云"两处的书写虽有停顿，但气贯势通，一气呵成，承上启下，风姿潇洒。"北阙临丹水"句的"临丹"二字，"临"字之右部连续三折之后未曾断开，继而扭动笔锋，由提到按，引带出"丹"字中心一点，这一点委婉圆转，与周围封闭式的横竖形成视觉反差，狂草的连笔一般是上一字的末笔连下一字的首笔，而此处却是上一字末笔连下一字的末笔，令人赏心悦目，回味无穷，拍案叫绝。

（二）张旭《肚痛帖》

《肚痛帖》，无款，传为唐张旭书，一说为僧彦修所书。草书6行，共30字，已失传，现为宋代嘉祐三年（1058）刻本，藏于陕西西安碑林博物馆，与僧彦修的草书在同一石。全石长124厘米，宽56厘米。两面分三

张旭《肚痛帖》（局部）

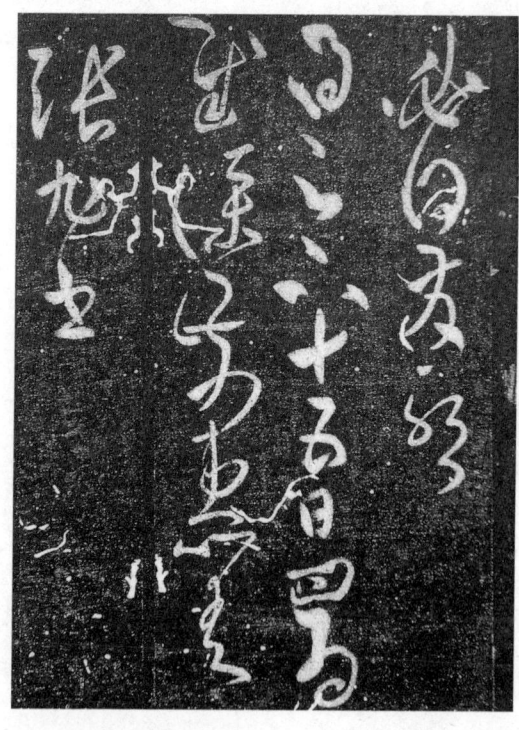

张旭《十五日帖》

截刻，阴下段刻《肚痛贴》。《泼墨斋法帖》以拓本复刻，陕西人民美术出版社《西安碑林书法艺术》著录。

《肚痛贴》释文：

"忽肚痛不可堪，不知是冷热所致，欲服大黄汤，冷热俱有益，如何为计，非临床？"

明人王世贞评价："张长史《肚痛帖》及《千字文》数行，出鬼入神，倘恍不可测。"清人张廷济《清仪阁题跋》对此帖的评价甚至高过《古诗四帖》："颠素俱善草书，颠以《肚痛帖》为最，素以《圣母帖》为最。"

《肚痛帖》真迹早已不见，但根据刻本，还能看出此帖的基本特征。仅30字，洋洋洒洒一气贯之。第一行"忽肚痛不可堪"六字，前三字浓墨粗笔，厚重稳定。突然之间，后三字轻笔连绵，顺势而下。前如高山磐石般稳重，后如涓涓溪流潺潺流出，而且笔意、气势连贯，毫无断裂之感。在这种不可预料的强烈转换和对比中，表现出作者开阔的胸襟，以及创作中自由流畅，无拘无束，随意任情的气质和丰富的想象力。从刻石中可以看出，写此幅字时，张旭是蘸饱笔写至墨竭为止，然后再蘸一笔。这样做既可以保持字与字之间的气息连贯，还可以控制笔的粗细轻重变化，使整幅作品产生"神虬出霄汉，夏云出嵩华"的气势。《肚痛帖》线条筋力弥满，给人以活泼飞动的美感。由于字与字之间运用了隐与活、粗与细、大与小等多种形式的变换与对比，显示了整个空间布局上的张弛以及节奏快慢的变化。①

《肚痛帖》起笔稳重，无论是从用笔还是用墨的厚重都能感觉出来。对草圣张旭而言，"忽肚痛"三字并不狂，而是中规中矩的草书写法，一点也不草。但是随着"不可堪"笔画变细，笔走龙蛇，笔意也越来越流畅，逐渐有一笔书的意味。尤其到了最后两行是越写越草，行笔速度越来越快，提按加重，书写的幅度越来越大，字也越写越大，线条中也出现飞白。从头到尾，表现出一种书法的力量感，更为重要的是表现出草书的自由感和灵动感，给人一种美的享受。在欣赏《肚痛帖》的过程中，我们可以感受到书者在短短的书写过程中情绪的变化，虽然我们无法领略书者的具体心情变化，但是我们可以任想象飞扬，细心体味书者的心境。②

张旭的《肚痛帖》比起其他的作品，显得相对规矩和稳重。然而我们正是通过《肚痛帖》看出了张旭扎实的草书功底，也明显看出张旭对"二王"书法体系的继承。尤其是前两行"忽肚痛不可堪，不知是冷热所致"，无论是从行与草、浓与淡的变换，还是断连和停止，都很有王羲之书牍的意味，正说明以狂草得名的张旭对书学传统，尤其是"二王"父子书法的严格继承。正是因为张旭有着坚实的书法根底，他的狂草才能游离于法度，而不脱离法度，才能将汉字书写艺术发挥到极限。这对我们今天的书法学习者有着深刻的启迪意义。

（三）《冠军帖》（《知汝帖》）

《冠军帖》，传为张芝作，或为唐张旭所作。学者对于

---

① 刘正成：《中国书法鉴赏大辞典》，北京：大地出版社，1989年，第531-532页。

② 更多的赏析可参见胡秋萍：《〈肚痛帖〉赏临》，《青少年书法》2010年第8期。

《冠军帖》艺术成就评价的差异并不如《古诗四帖》那么大，但是对其作者所属仍有很多争议，这里我们就不一一列举。①

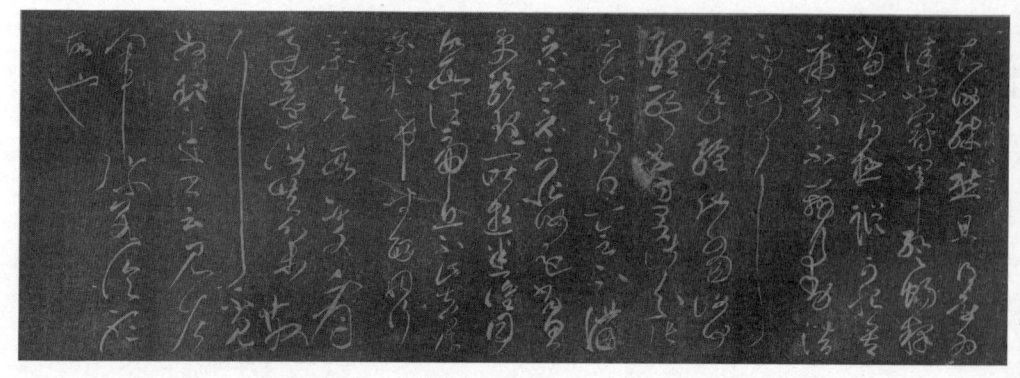

张旭《冠军帖》

释文："知汝殊愁，且得还为佳也。冠军暂畅释，当不得极踪。可恨吾病来，不辨行动，潜处耳。"

（四）草书《断千字文》

草书《断千字文》，石刻，无款，传为唐张旭书。石刻现藏陕西西安碑林博物馆，共六石，235字。

第一石释文："犹子比儿。孔怀兄弟，同气连枝。交友投分，切磨箴规。仁慈隐恻，造次弗离。节义廉。"

第二石释文："功茂实，勒碑刻铭。磻溪伊尹，佐时阿衡。奄宅曲阜，微旦孰营。桓公匡合，济弱扶倾。绮回汉惠，说感武丁。俊。"

第三石释文："灭虢，践土会盟。何遵约法，韩弊烦刑。起翦颇牧，用军最精。宣威沙漠，驰誉丹青。九州禹迹，百郡秦并。岳宗泰岱，禅主云亭。雁门紫塞，鸡

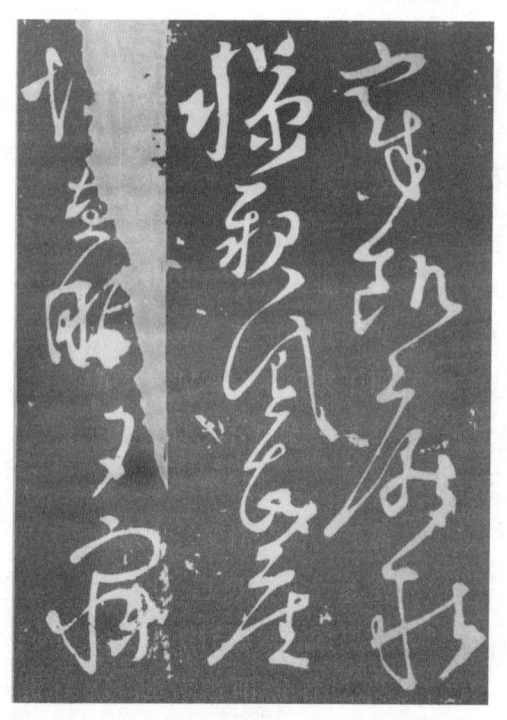

张旭《断千字文》（局部）

---

① 张金梁：《〈冠军帖〉作者考》，《中国书画》2013年第6期；梁骥：《当代〈冠军帖〉作者研究述评》，《中国书画》2013年第6期。

田赤城。昆池碣石,钜野洞庭。旷远。"

第四石释文:"委翳,落叶飘摇。游鹍独运,凌摩绛霄。耽读玩市,寓目囊箱。易輶攸畏,属耳垣墙。具膳餐饭,适口充肠。饱饫烹宰,饥厌糟糠。亲戚故旧。"

第五石释文:"煌。昼眠夕寐,蓝笋象床。弦歌酒宴,接杯举觞。矫手。"

第六石释文:"佳妙。毛施淑姿,工颦妍笑。年矢每催,曦晖朗曜。璇玑悬斡,晦魄环照。指薪修祜,永。"

黄伯思《东观余论·论张长史书》对此帖有评价:"始观张旭所书《千字文》,至'毋''图''隶''散'等字,怪逸过甚,好事者以长史喜狂书,故效其迹。反复徐观,至'雁门阴亭''愚蒙瞻仰'等字,与后题月日,则雄隐轩举,槎枿丝缕,千状万变,虽左驰右鹜,而不离绳矩之内。犹纵风鸢者,翔戾于空,随风上下,而纶常在手;击剑者交光飞刃,歘忽若神,而器不离身。驻目视之,若龙鸾飞腾,然后知其真长史书,而不虚得名矣。世人观之者,不知其所以好者在此,但视其怪奇,从而效之,失其旨矣。昔之圣人,纵心而不逾规矩,妄行而蹈乎大方,亦犹是也。尝观庄周书,其自谓谬悠荒唐而无端涯,然观其论度数刑名之际,大儒宗工有所不及,其道之所以无为而无不为矣。于戏观旭书其尚其怪而不知入规矩,读庄子知其放旷而不知其入律,皆非二子之钟期也。"[1]

此帖是张旭大草的代表作,豪放而不失法度,字形变化非常大,字迹非常难以辨认。

(五) 草书《心经》

草书《心经》,无款,传为唐张旭书。最早见于《碑

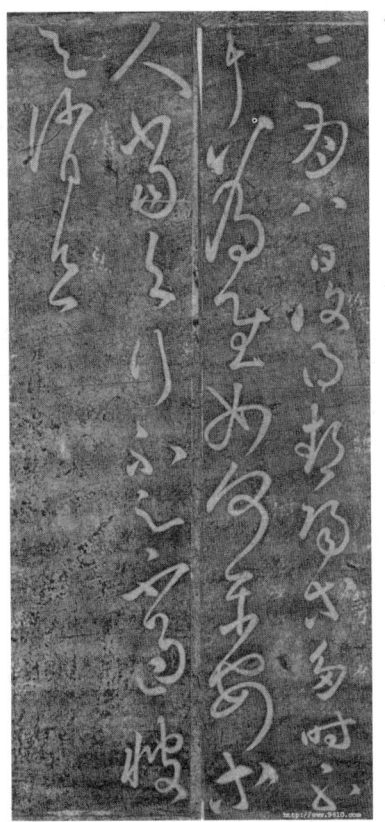

张旭《二月八日帖》

---

[1] 〔宋〕黄伯思:《东观余论》卷上《论张长史书》,文渊阁四库全书本。

刻拔萃》，其《唐草心经》的目录下明确指出书者是张旭。西安碑林博物馆中曾藏有明代成化年间孙仁从百塔寺移来的草书《心经》。清代学者毛凤枝的《关中金石文字存逸考》中，对这两种草书心经都有著录。① 《心经》《肚痛帖》《千文断碑》条下都注明"均张旭草书，无年月"，并称"右三石均在西安碑林"。张旭的草书《心经》最晚见于民国三年（1914）的《碑林碑目表》，之后便下落不明。

释文：观自在菩萨，行深般若波罗蜜多时。照见五蕴皆空，度一切苦厄。舍利子，色不异空，空不异色。色即是空，空即是色，受想行识，亦复如是。舍利子，是诸法空相，不生不灭，不垢不净，不增不减。是故空中无色，无受想行识，无眼耳鼻舌身意，无色声香味触法，无眼界，乃至无意识界。无无明，亦无无明尽，乃至无老死，亦无老死尽。无苦集灭道，无智亦无得。以无所得故，菩提萨埵，依般若波罗蜜多故，心无挂碍。无挂碍故，无有恐怖，远离颠倒梦想，究竟涅槃。三世诸佛，依般若波罗蜜多故，得阿耨多罗三藐三菩提。故知般若波罗蜜多，是大神咒，是大明咒，是无上咒，是无等等咒，能除一切苦，真实不虚。故说般若波罗蜜多咒，即说咒曰：揭谛揭谛，波罗揭谛，波罗僧揭谛，菩提萨婆诃。

（六）《终年帖》

《终年帖》为唐张旭所作，或传为张芝作。

释文："终年缠此，当治何理耶？且方有诸分张，不知比去复得一会。不讲意不意，可恨汝还，当思更就理。所游悉，谁同过还复，共集散耳。不见奴，粗悉书，云见左军，弥若论听故也。"

（七）《二月八日帖》

《二月八日帖》传为张芝作，或为唐张旭所作。

---

① 我们认为这可能仅仅是张旭《心经》的两种称呼而已。

释文："二月八日。复得鄱阳等。多时不耳。为慰如何。平安等人当与行。不足不过彼与消息。"

此帖运笔狂放自由，字形变化多端，气势一泻千里，比起原来的章草，更加赏心悦目，妙不可言。

（八）《今欲归帖》

《今欲归帖》传为张芝作，或为唐张旭所作。

释文："今欲归。复何适报之。遣不知。总散往并侍郎耶言。别事有及。过谢忧勤。"

（九）《十五日帖》

《十五日帖》署名张旭，或传为张芝所作。

释文："得足下十五日问，为慰仆前患差。张旭书。"

（十）《晚复帖》

《晚复帖》署名张旭，或传为张芝所作。

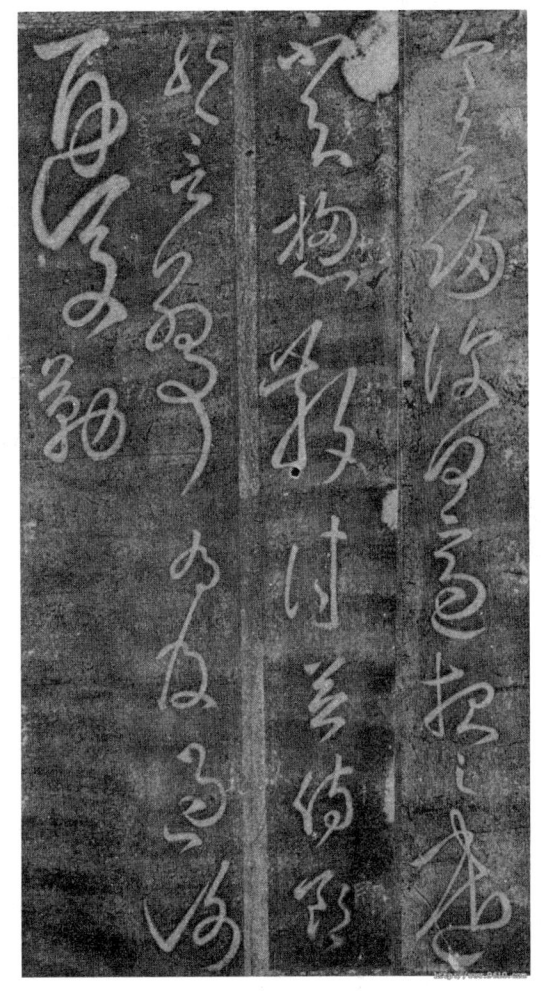

张旭《今欲归帖》（局部）

释文："足下晚复，不知疾痛如何。深极忧难比也，上下安之必得发耶。"

张旭在草书方面的艺术成就，前人早已有定论，如唐人吕总在《续书评》中对张旭草书的总体评价是："张旭书，立兴颠逸，超绝古今。"[①] 唐韩愈《送高闲上人序》中赞之："往时，旭善草书，不治他技。喜怒、窘穷、忧悲、愉佚、怨恨、思慕、酣醉、无聊、不平，有动于心，必于草书焉发之。观于物，见山水崖谷、鸟兽虫鱼、草木之花实、日月列星、风雨水火、雷霆霹雳、歌舞战斗、天

---

① 〔唐〕吕总：《续书评》，见〔宋〕陈思：《书苑菁华》卷五，文渊阁四库全书本。

地事物之变,可喜可愕,一寓于书,故旭之书,变动犹鬼神,不可端倪,以此终其身而名后世。"[1] 蔡希综在《法书论》中也说:"迩来率府长史张旭,卓然孤立,声被寰中,意象之奇,不能不全其古制,就王之内弥更减省,或有百字五十字,字所未形,雄逸气象,是为天纵。又乘兴之后,方肆其笔,或施于壁,或札于屏,则群象自形,有若飞动,议者以为张公亦小王之再出也。"[2] 由此可见,他的草书迥异于"不激不厉"的"大王"书风,而可能更多取法于"纵逸不羁"的王献之。

总体而言,作为草圣的张旭,在当时最为惊世骇俗的作品当是他的壁书和屏书创作,可惜这些作品早已不存于世。我们今天主要根据一些流传至今的摹本和刻本尽量去接近张旭的书法世界。我们能够有幸看到张旭如此难得的墨迹或者刻石,每一件留给后世的都是骏马奔驰,倏忽千里,云烟缭绕,变幻多姿的艺术形象。

---

[1] 《五百家注昌黎文集》卷二十一,文渊阁四库全书本。
[2] 〔唐〕蔡希综:《法书论》,见上海书画出版社、华东师范大学古籍整理研究室:《历代书法论文选》,上海:上海书画出版社,1979年,第273页。

第六章　张旭的"字外功"

我们知道书法中的点画、间架结构等技巧只是书法学习的基础，若书者仅仅以此为长，也只能成为字匠而已，不可能成为真正的书法家。若要真正提高书法的境界，还需要全方位提高自己的文化、道德、人格的修养。所谓"字如其人"，也正是从这个层面上来讲的。当然也有例外，此处不再赘言。从整个书法史来讲，几乎所有的书法家都是博学之人，如王羲之、虞世南、褚遂良、欧阳询、颜真卿、苏东坡、黄庭坚、赵孟頫、董其昌、傅山、王铎……甚至其中一些书家本身就是大文学家、大思想家。在中国古代社会中，书法与传统文化浑然一体，都是文人生活以及交往的重要部分。这些大书法家饱读诗书，有些还上通天文、下识地理，兼通绘画、音律、篆刻，甚至是医术。同时，他们对其他艺术形式如文学、绘画、舞蹈、音乐等，都有一定欣赏和鉴别能力，可以说这些大书法家都是博通百家的大学者。文化修养的提高对书法造诣的深化有着催化的作用，书家的作品中都暗藏着其深厚的文化修养以及对人生境界的理解，他们的字里行间也都洋溢着书卷气和思想的深度。沈鹏一语道破天机："其实书法只是中国文人全部品格的一道辉光，这里既有诗琴书画的功夫，也有三步成吟、倚马可待的才气。"

张旭一生或许由于官位不显等原因，许多事迹正史不载，其才情、文化造诣后世很难知晓。但在张旭的书法作品中，我们已经能够隐约体会到他深厚的文化根底，当然这只是一种模糊化的处理，很难有说服力。我们通过钩沉史籍，对张旭的文化修养、才情、思想进行一些探索，以期将其"字外功"尽量明晰化。由于材料有限,虽然仅仅是管中窥豹,但是仍可见一斑。我们以下从张旭诗词文学成就和思想倾向两个方面进行梳理。

一、深厚的文学修养

张旭是词科出身。唐玄宗开元年间,他的诗文名气很大,与会稽贺知章、润州包融、扬州张若虚并称为"吴中四士"。史称其"文辞俊秀,名于上京",可见其诗文造诣之高。为什么张旭的诗名与诗文并不为人们所熟知呢?我们认为可能有以下两个原因:一方面,张旭的书名太盛,尤其是"草圣"之名,不仅掩盖了他的楷书成就,也遮蔽了他的诗文成就,使人们已经忘记了张旭词科出身的身份以及诗文方面的成就;另一方面,唐代诗歌成就非常高,后人谈及诗歌,往往更关注在诗歌方面享有盛名的代表性诗人,如诗仙李白、诗圣杜甫、诗佛王维、诗魔白居易等,他们的诗歌作品不仅数量可观,而且质量上乘。张旭的诗歌,无论是数量还是质量,与他们相比可能稍显逊色。当然,这并不是说张旭的诗歌水平低劣,其造诣也是非常高的。无论何种原因,张旭在草书盛名之下,在唐代众多才子盛名的掩盖下,其郁郁的文采,清幽的诗风的确未能引起后人的重视。明人杨慎在《升菴诗话》(卷十)中专门列"张旭诗"一条,对张旭诗歌进行赏析,其中涉及张旭四首诗:"张旭以能书名,世人罕见其诗。近日吴中人有收其《春草帖》一诗,陆子渊为余诵之,所谓'春草青青万里余,边城落日见离居。情知海上三年别,不寄云间一纸

王维《江干雪霁》

书',可谓绝唱。余又见崔鸿胪所藏有旭书石刻三诗,其一《桃花矶》云:'隐隐飞桥隔野烟,石矶西畔问渔船。桃花尽日随流水,洞在青溪何处边。'其二《山行留客》云:'山光物态弄春晖,莫为轻阴便拟归。纵使晴明无雨色,入云深处亦沾衣。'其三《春游值雨》云:'欲寻轩槛列清樽,江上烟云向晚昏。须倩东风吹散雨,明朝却待入华园。'字画奇怪,摆云捩风,而诗亦清逸可爱,好事者模为四首悬之。"①

在《全唐诗》及《全唐诗续拾》中,张旭传世的作品仅存十首诗作,其中《全唐诗》中收录六首,②《全唐诗续拾》中收录四首。③ 现代学者对张旭诗歌的研究早在20世纪80年代已经开始。王启兴、张虹曾对"吴中四士"的诗作进行鉴赏,出版了《贺知章、包融、张旭、张若虚诗注》④ 一书。书中涉及张旭六首诗歌,以注释为主,非常凝练,有的诗甚至仅仅出十几个字的注,最多也就百余字而已。所以,学术界对张旭诗歌的研究,总体来说还是比较少的,而且也不深入。

在张旭诗歌中,《全唐诗拾遗》收录的四首诗歌,学术界争议非常大,所以我们主要对《全唐诗》收录的六首诗歌进行分析和鉴赏。尤其是对张旭最负盛名的《桃花溪》和《山行留客》两首诗进行较为详细的鉴赏。这两首诗后世学者对其鉴赏的成果也非常多,我们借鉴前贤的一些说法,对其内容、意境以及表达的情感进行较为全面的阐发。我们认为,总体而言,张旭的诗歌感情真挚、清新脱俗、闲适淡雅,有一种超然物外的意境,与其直率的性

---

① 〔明〕杨慎:《升菴集》卷五十四《张旭诗》。
② 〔清〕彭定求等编:《全唐诗》卷一一七《张旭》,北京:中华书局,1980年,第1179-1180页。
③ 陈尚君辑校:《全唐诗补编》,北京:中华书局,1992年,第820页。
④ 王启兴、张虹:《贺知章、包融、张旭、张若虚诗注》,上海:上海古籍出版社,1986年,第41-43页。

情和书法境界浑然一体。以下分别进行鉴赏。

（一）《桃花溪》

隐隐飞桥隔野烟，石矶西畔问渔船。
桃花尽日随流水，洞在清溪何处边。①

桃花溪，位于湖南桃源县桃源山下。溪岸多桃林，暮春时节，溪水流霞。相传东晋诗人陶渊明的名篇《桃花源记》就是以此处为背景，尤其陶渊明为这里营造了世外桃源的文化意境，后世学者、诗人、政治家、书家在人生失意或俗务缠身时，往往会反思现实的生存状态，以展现其内心的自由和对平静的向往。张旭描写的桃花溪，到底是实际意义，还是意境意义上的桃花溪，我们后人难以断定。我们认为这里可能仅仅是暗用其意境，通过对桃花源清幽意境的描写，来表达自己向往世外桃源的情怀。

陶渊明像

《桃花溪》首句"隐隐飞桥隔野烟"是从远景入手，大处着笔。起笔便能从总体上营造一个引人入胜的情境：深山野谷之中，人烟稀少，山谷宁静，云烟缭绕。人们透过云烟向远处望去，那横跨山溪之上的长桥，忽隐忽现，似有似无，恍若在虚空中飞腾一般。这意境多么幽深、神秘，令人陶醉，朦朦胧胧，如入仙境，无限向往。在这里，静止的长桥和浮动的野烟相映成趣：野烟的跃动使长桥化静为动，虚无缥缈，临空而飞，似动非动；长桥使野烟化动为静，宛如垂挂一道轻纱帏幔。隔着帏幔看桥，产生一种不知是桥在动还是烟在动的奇妙意境，动中有静，静中有动，无限美妙。一个"隔"字，又使这两种景物交

---

① 〔清〕彭定求等编：《全唐诗》卷一一七《张旭》，北京：中华书局，1980年，第1179页。

相映衬，融成一个艺术整体，犹如画中。此外，"隔"字还暗示出诗人可能是在远观，并未进入这样的世外桃源之中，若是站在桥边，就不会有"隔"的感觉了。这也暗含着作者虽然站在喧嚣的世界之中，内心仍在向往那份宁静、自由、神秘的意境。

"石矶西畔问渔船"一句，从近景来描述这份宁静，表明作者已经进入世外桃源之中，不再是观客。这样一幅自然清幽的情景让人立刻进入另外一个世界：清澈的小溪水中露出嶙峋岩石，如岛如屿（石矶）。那漂流着片片桃花瓣的溪水上，有渔船在轻轻地摇动，周围的节奏都慢了下来，诗人笼罩在一个纯自然的意境中。光线从桃树的树缝中照下来，落在溪水中的花瓣上，宛如清幽明丽的仙境。"石矶西畔问渔船"，一个"问"字，道出了诗人已经从远景的向往进到了这个画图之中。我们从这幅山水画中既见山水幽清之容光，又见天人合一之情态。诗人静静地伫立在古老的石矶旁，望着溪上漂流不尽的桃花瓣和漂浮的渔船出神，神思飞扬。恍惚间，他似乎把眼前的渔人当作当年曾经进入桃花源中的武陵渔人了，而自己仿佛已经到了他久已向往的地方。此时，我们已经分不清是虚还是实。显然，"问渔船"三字，又逼真地展现出这种心驰神往，恍然入其中的情态。

"桃花尽日随流水，洞在清溪何处边？"这是诗人的神来之笔。他的寻问，更是天真有趣。在他的寻问中，又同时勾勒出了一幅桃花瓣随溪水远去的情景。他似乎真的认为这"随流水"的桃花瓣是由桃花源流出来的，由桃花而联想到进入桃花源之洞。他不禁感慨，桃花终日随着溪水流去，就像时光永不停息，但是人们始终却不知道那理想中的桃源洞究竟在桃花溪的什么地方。这句寻问渔人的话，表达出诗人向往世外桃源的急切心情，同时也表现出作者在现实中无法找到安顿生命的理想之地。然而桃花源本是虚构，诗人当然也知道渔人无可奉答，他是明知故问，这其实也隐约透露出诗人感到理想境界渺茫难求的怅惘心情。全诗到此戛然止笔，欲言又止，而提出的问题却引发了人们的种种美妙遐想，也是世人苦苦追求和追问的出路。诗人此诗犹如作画，整幅画玲珑剔透，由远而近，由实及虚，不断地变换角度，展现景物，有着非常强烈的层次感。全诗并不作繁腻的描写，淡淡几笔，清幽空灵，略露轮廓，情蓄景中，趣在墨外，就像一幅写意画，清远含蓄，耐人寻味。

此诗短短四句，寥寥二十八字，如诗如画，画意十足：飞桥隐隐的样子不甚分明，是由于野烟迷蒙的间隔，在这样一个朦朦胧胧、不甚清晰、如梦如幻的人间仙境中，那石矶参差不齐，清澈见底的小溪迂回流淌，桃花花瓣缤纷落地，地上铺满花瓣，犹如一片花海。花海中，溪水从远处而来，潺潺而流，经脚下向不知何处的远方流去。此情此景，人们必然会产生武陵渔人的遐想，向往这份自然的灵动与美妙，有一种逃离现实的冲动。诗中细致精微的描写，令人陶醉，令人神往。

张旭此诗无论是从构思的婉丽，情趣的深远，还是从语言的凝练来看，都堪称极品。它被清人选入万中取一的《唐诗三百首》，编者说："四句抵得一篇《桃花源记》。"简单二十八字，就能把陶渊明《桃花源记》囊括其中，真是神来之笔。当然，对世外桃源的向往，不仅仅是张旭一个人的愿望。时代稍晚的王维也有类似的诗句，尤其是王维《桃源行》中的名句"春来遍是桃花水，不辨仙源何处寻"，使人隐约觉得似乎有挪用张旭诗句的一丝嫌疑，但是在营造令人无限遐想的意境上却远不如张旭灵妙。

（二）《山行留客》

　　山光物态弄春辉，莫为轻阴便拟归。
　　纵使晴明无雨色，入云深处亦沾衣。①

　　《山行留客》在《唐诗别裁》中诗题作《山中留客》。从诗题上来讲，"山行留客"四字直接点题，"留客"正是整首诗的中心。仅从诗中的种种描述来看，我们无法断定诗人在这首诗中的角色。一种说法认为诗人是与其他友人一起春日游山，目的是要劝游客不必因为天色微微阴沉担心下雨而放弃游玩，产生归意。因为诗人认为即使是艳阳高照、晴空万里，进入深山，白云深处也会沾湿衣服。当然还有另外一种说法，认为此时诗人正居住在山间，友人从繁华的都市来，急于回到都市的繁华与喧嚣中去，诗人正是通过描述与都市完全不同的山中美景来挽留客人。到底哪一种解释更为贴切呢？

　　我们从史籍记载中很难看到张旭隐居在山中的记载，但是诗中的确从主、客的关系来讲，似乎诗人又是山中寓居的主人，那又如何理解呢？我们知道，在诗歌的创作中，尤其是山水诗，最重要的是意境的营造，往往虚实结合。我们认为这里的主客更多的可能是讲自然与游人之间的关系，张旭倾向以自然的眼光去展示山中阴晴各自独特的意境。从立场上来讲，张旭更倾向于自然，并交融于自然之中，因此相对于来到山中的其他游人，身在自然中的诗人当然是主，而游人是客。

　　这首诗题为《山中留客》，重点是"留客"。因为不是家中留客，主人无法以美酒和菜肴等为留客说辞。"山中留客"的目的无疑是希望游人无论阴晴仍能继续去欣赏

---

① 〔清〕彭定求等编：《全唐诗》卷一一七《张旭》，北京：中华书局，1980年，第1179页。

山中景色，但又不能极力去渲染春天山中的种种美景，写多了会冲淡"留客"的主题。诗人怎么解决这个问题呢？他希望通过千姿百态的春色美景来打动游人的心，林林总总的山中美景，要从何处着笔呢？诗人正面描写山景仅用一句"山光物态弄春晖"。因为只有一句，诗人并未描绘一泉一石，一花一木，鸟语花香，而是从整体入手，大处落墨，着力展现春山的整个面貌。如何渲染出满目生机、引人入胜的意境呢？严冬过后，春风给萧瑟的山林换上新装，万物沐浴在和煦的阳光中，生气勃勃，光彩焕发，争奇斗妍。"弄春晖"三字，极其调皮，山景立刻鲜活起来，充满了生机。尤其是这一"弄"字，赋予万物和谐、活跃的情态和意趣。"山光物态弄春晖"，写得极为概括，但并不抽象，春意下的"山光物态"任人想象，此句诗可以装进任何游客对山中春意的想象。游客想要的是青翠欲滴的新枝绿叶？是迎风招展的山花送来阵阵的芬芳？是花叶丛中百鸟的欢唱？是奔流不息的潺潺溪水？山中一切的春色美景都囊括在这一句诗里了。

石涛《渊明诗意册页悠然见南山》

首句"山光物态弄春晖"是一句极富启发性和鼓动性的诗句。诗人把它放在诗的开头也颇具匠心。因为只有把这一句写得很浓，先声夺人，才能形成一种压倒性的优势，"留"才有意义，而且只有这样才可能将客人真正留住，让客人觉得自己担心的有点阴等天气问题显得无足轻重。所以首句在表现上、结构上都值得细细品味。由于首句蕴含丰富，很有分量，第二句"莫为轻阴便拟归"，虽然直接否定了客人想要回去的想法，但却显得顺流而下，毫不费力。是的，面对如此美不胜收的景致，怎能因为天边一片阴云就打算回去呢？

将去意十足的客人留住，光劝说客人"莫为轻阴便拟归"还不够，必须使客人真正心甘情愿地留下来。怎样才能达到这一步呢？说今日无雨，可天有不测风云，何况"轻阴"已见，说不定还会有雨。诗人早已领会客人的心思，他们并不是不想去山中欣赏这春山美景，只是担心天雨路滑，淋湿了衣服。那既然如此，诗人就以退为进。你是怕天雨湿衣吗，天晴又怎样呢？诗人从自己的生活体验中告诉游客，"纵使晴明无雨色，入云深处亦沾衣"。即使天晴，山中露水重重，"沾衣"也是难免的。如果我们排除了"沾衣"的顾虑，进入山中，那可能是另一番晴日里无法看到的景象：空山幽谷，人迹稀少，静谧祥和，山谷中云烟缥缈，水雾蒙蒙，露浓花叶，空气清新，鸟语花香……空山新雨后也是另一番极富诗意的意境啊！诗人鼓动游客欣赏这种难得的美景，此刻并不是存在于想象之中，而是就在眼前，只要"入云深处"，登高山、探幽谷，身临其境，就能领略。这会激起游客无穷的想象和冲动，因为入之愈深，所见也就愈多。"入云深处"，同样留下巨大的想象空间，"云深处"到底有什么重要的风景，任由游人无限遐想。可见诗的三、四两句，并不只是消极地解除客人疑虑，而是以委婉的方式，积极地去引导，去点燃客人心中要欣赏春山美景的火种。

客人想走，主人挽留，这是我们在日常生活中常见的现象。不过要在四句短诗中把这一矛盾解决得完满、生动、有趣，倒也真不是一件容易的事。诗人没有回避客人提出的问题和疑虑，也不是用一般的客套话去挽留，而是针对客人当下的心理，用山中的美景和诗人自己的感受，一步一步地引导客人开阔视野，驰骋想象，改变他们的初衷，从而使客人留下来，与诗人一起观赏这春山美景。事虽寻常，诗亦短小，却写得有景、有情、有理，而且三者水乳交融，浑然一体。全诗虚实相间，跌宕自如，委婉蕴含，显示出词显意深、语近情遥、耐人寻味的艺术魅力，也从侧面展现了张旭适意于自然的旨趣以及对自然美景细腻和微妙的感受。张旭这些写景绝句，境界幽深、构思婉丽、情景简单、寓意深远，是唐代诗坛上难得的上乘佳作。

张旭诗歌中最具代表性的就是《桃花溪》和《山行留客》两首，当然其他的如《清溪泛舟》《春游值雨》《春草》《柳》等也不乏佳句。以下进行简要赏析。

（三）《清溪泛舟》

> 旅人倚征棹，薄暮起劳歌。
> 笑揽清溪月，清辉不厌多。[1]

这首诗营造了非常静谧的意境，人完全融入自然之中，仿佛是一幅画作。旅人坐在小舟中，清澈见底的溪流缓缓流动，溪面犹如明镜一般，只有小舟浮在上面，轻轻地随着溪流的方向在漂动，临近舟船的水面泛起了层层涟漪。明月刚刚升起，田中劳作的人们正在归家的途中，歌声顿起，唱出了他们欢乐的心声。这时，舟中人"笑揽清

---

[1] 〔清〕彭定求等编：《全唐诗》卷一一七《张旭》，北京：中华书局，1980年，第1179页。

溪月",看着刚刚升起的明月,映在宁静的溪面上。诗人流连忘返,陷入这静谧中,早已忘却水中月的虚幻,会心地笑着,双手捧水,试图将这水中月轻轻地捧在手中,可就在他的手刚刚触到水面的那一刻,水面的宁静已经不再,水中月顷刻间已经无处可找。舟中人并未觉得有任何伤感,一句"清辉不厌多"让人们立刻感觉到舟中人可能心中已经知道水中月无法真正捧在手中,而他这只是一种享受静谧的童心贪玩,给静谧的环境带来一丝丝动感。舟中人触及溪水的那一刻,水面荡漾,清澈的湖面立刻显现出无数的光点,斑斑点点。"不厌多"体现出舟中人并未为打破这份静谧而有任何伤怀,而是静静地观赏着这静中之动带来的那份美感。整首诗就像一幅非常有质感的画面,有人物,有情景,有动感,静中有动,空灵脱俗,山水画一般,给人以无限美感,给人以无限的遐想和期望。这种静与现实生活中熙熙攘攘、嘈嘈杂杂、钩心斗角形成了鲜明对比,也体现了诗人的理想追求和生存价值。

(四)《春草》

春草青青万里余,边城落日见离居。
情知海上三年别,不寄云间一纸书。①

《春草》一诗,并非完全写景。春草这一意象在全诗中仅仅是一个引子,诗人看到春草,睹物感伤。春天来了,万物复苏、万象更新,"青青万里余",极言春色之浓,以春意之浓来渲染情感的深沉与真切。从整首诗来看,诗人远离故园,远离自己的亲人和朋友,寓居在边城。空旷的边城,渺无人烟,诗人此时遥想过去的日子,与朋友游山玩水,感受自然的静谧与美妙,朋友之间以文

---

① 〔清〕彭定求等编:《全唐诗》卷一一七《张旭》,北京:中华书局,1980年,第1180页。

会友，感情真挚；亲人之间，享受天伦之乐。而此时诗人孤零零一个人处在边城，没有知己，没有亲人，在这一望无限的春色之中，显得特别的孤单和无助。离愁别恨在大自然春意盎然的反衬下陡然而生，并且显得尤其浓烈。诗人与亲人、友人已经分别多年未能谋面，或许亲朋好友忙于俗务，为生存奔波，或者边城的驿站无法收到来自远方的信件，诗人多年竟然未能收到一封远方寄来的信，何其悲凉！"情知海上三年别，不寄云间一纸书"两句，完全将这一气氛烘托到无以复加的程度。"情知"就是说作者明明知道，"一纸书"就是指书信，这里暗用"雁足传书"之典故。总体而言，《春草》一诗前两句以乐景写哀愁，使人哀愁倍生，颇有"每逢佳节倍思亲"的意味；后两句对仗极工，以低回幽怨语气道出，把对远方亲友的深切思念之情的表达推向了顶点。

（五）《柳》

濯濯烟条拂地垂，城边楼畔结春思。
请君细看风流意，未减灵和殿里时。[1]

《柳》一诗描写的是春雨过后柳条、柳树的种种风情。"濯濯"展现出春雨过后，经过雨水洗涤之后的柳叶更加明亮、干净。柳条低垂，已经接近地面，随着春风轻轻飘动。作者不以"柳条"直接表述，而是用"烟条"这个意象进行描述，充分显现出春雨过后，整个天地之间朦朦胧胧，烟雨迷蒙，犹如仙境。柳条在这样迷蒙、水雾笼罩的意境中，线条自然不会清晰，因此犹如雾里看花般的朦胧之美才呈现了出来，正如中国山水画一般。这种虚笔写景手法，让人感到柳条若有若无，亦真亦幻，空间感很

---

[1] 〔清〕彭定求等编：《全唐诗》卷一一七《张旭》，北京：中华书局，1980年，第1180页。

强,表达出迷茫幽远的境界。接着张旭点出了这些烟条柳枝的地点,正是在城边、楼畔,人们举目远眺的地方,人们看到这些柳树,会立刻感受到春意迎面扑来。

诗的三、四句"请君细看风流意,未减灵和殿里时"用典《南史·张绪传》:"刘悛之为益州献,蜀柳数枝,枝条甚长,状若丝缕。时旧宫芳林苑始成,武帝以植于太昌灵和殿前,常赏玩咨嗟曰:'此杨柳风流可爱,似张绪当年时。'"五代词人李存勖在《歌头》中也提到"灵和殿,禁柳千行斜,金丝络。夏云多,奇峰如削"。"灵和殿"是南朝齐武帝所建造的宫殿。"风流意"指的是春柳婀娜多姿的风韵。作者用典,将此处美景类比历史上非常著名的灵和殿柳树的风韵,就如同在遇到貌美如花的美女时就想起了西施貂蝉一样。所以此时柳树之美采用了相对虚写的方式,为读者留下了非常广阔的想象空间。

(六)《春游值雨》

欲寻轩槛列清尊,江上烟云向晚昏。
须倩东风吹散雨,明朝却待入华园。①

轩槛,长廊的栏杆,《文选·王粲〈登楼赋〉》中有"冯轩栏以遥望兮"。清尊,亦作清樽、清罇,酒器,也借指清酒。"须倩"犹如应借、应请。"却待",有即将、正要之意。

《春游值雨》的诗题正好点出了这首诗的写作场景。诗人从春游时正好遇见春雨写起。在淅淅沥沥的春雨中,诗人与友人不仅没有失去游玩的兴致,反而激起了他们另一番趣味:寻找可以稍稍避雨的地方喝酒去,这就是"欲寻轩槛列清尊"。酒过之后,天色已暗,春雨蒙蒙,江上

---

① 〔清〕彭定求等编:《全唐诗》卷一一七《张旭》,北京:中华书局,1980年,第1179页。

水雾笼罩，烟笼春水，朦朦胧胧，而此时诗人和友人应当已经醉意十足，醉眼蒙眬地观望水雾笼罩的大江，其情调无以言表，其意境高妙深远。但是诗人笔锋一转，又开始想象雨后万物清新的美景了，这就是"须倩东风吹散雨，明朝却待入华园"。诗人虽然置身于此时此景，却已经想象出另一番美景了。设想若是夜里一阵东风将雨吹散，第二天一大清早起来，阳光明媚，诗人正要踏入"华园"观赏万物在雨后阳光之下那种清新、干净的情景。青绿的叶子上挂着露珠，花朵含苞欲放，鸟儿叽叽喳喳地叫着，一幅雨过天晴的春景图立刻显现在读者的脑海中。

我们以上对张旭的诗歌进行了详略不同的分析。总体而言，张旭的诗歌，对自然景物描写非常细致，清新俊逸，能够将生活中的景致用一种别具风韵的方式进行渲染，俨然一幅幅中国水墨画。从这六首诗歌来看，张旭对自然有着细致的观察和独特的敏感，诗歌构思非常奇特，每每将一种世外桃源的清新、俊逸之气带入诗歌中去，耐人寻味。他的诗歌完全脱离了世俗之气，即使超越千年，我们也能够从诗歌中找到一个让人能够置身于俗物之外、静谧而雅致的世界。因此，从这六首诗的造诣就可以看出，张旭能与他同时代的文士贺知章、张若虚、包融等并列为"吴中四士"，绝非虚名。只可惜张旭书名太盛，导致他其他方面的成就往往被后人忽视，所以他的诗作流传下来非常少，使后人难免会有遗珠之恨。

二、张旭：儒释道思想兼修

张旭生活在文化开放的大唐盛世，在这个时代，儒释道并行，所以他的思想难免会有所在时代的烙印。儒释道三家的思想，表现了个人生命情调的不同层面，并非非此即彼、无法兼容。在张旭那里，儒释道化为一身，构成了张旭完整的生活情调。

（一）儒学思想

从张旭参加科举、入仕的经历来看，张旭并非像怀素一样，是个世外之人，而是积极参与社会治理。虽然他的仕途并不理想，一生都是低级官吏，他的交往圈子也主要是以低级官吏为主，但是他仍然坚守着传统文人的生命格调。儒家思想如何对张旭产生影响，我们已经无法详细考证并坐实，但是在传统社会中，儒家思想作为一种重要的文化基因，深深地印在了传统士大夫的身上。张旭能够通过科举入仕，可见其对儒家的经典熟悉程度应当不亚于同时代的士人；并且从其仕途虽然不畅，仍然坚持出仕而不肯退隐山林的价值取向来看，这也体现了其积极出仕的政治情怀。只是由于资料欠缺的原因，我们今日已经不能对张旭与儒家的关系做具体研究和分析。

（二）佛学思想

唐代佛教由于不同统治者对不同宗派的支持，佛教各派在类似于百家争鸣的氛围中获得了长足发展。由于资料有限，我们已经无法确认张旭与佛教思想的具体联系，但是我们从张旭的个人交往以及书法作品中能够看到一些端倪。如与张旭非常要好的皎然，出身佛门，是著名的茶僧、诗僧，皎然的《张伯高草书歌》就是张旭与其交好的明证。从这首诗中，我们能够看出，皎然对张旭的书法评价非常高，深知张旭之情性，可见其与张旭绝非泛泛之交。同时，草书《心经》相传为张旭所作，可见其对佛教一些非常重要的经典应该也是非常熟悉的。

《心经》全称为《摩诃般若波罗蜜多心经》。这是佛经中字数最少的一部经典著作。因为这部经典字数最少，含义最深，易

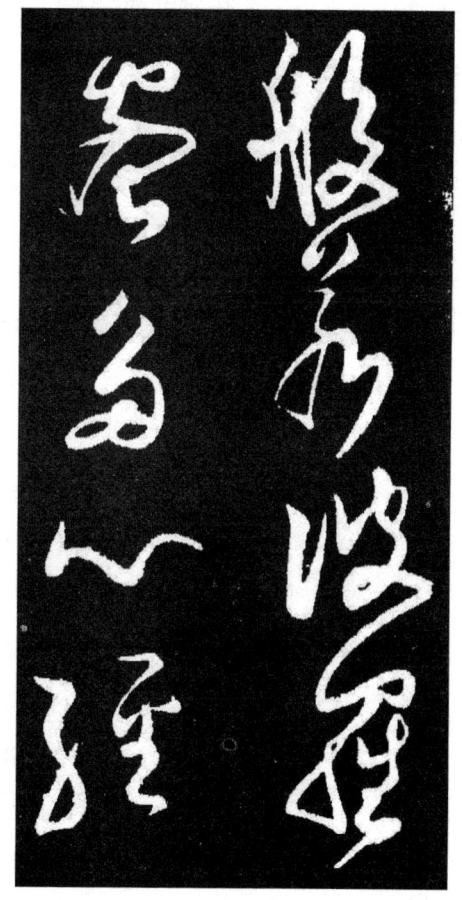

张旭《心经》（局部）

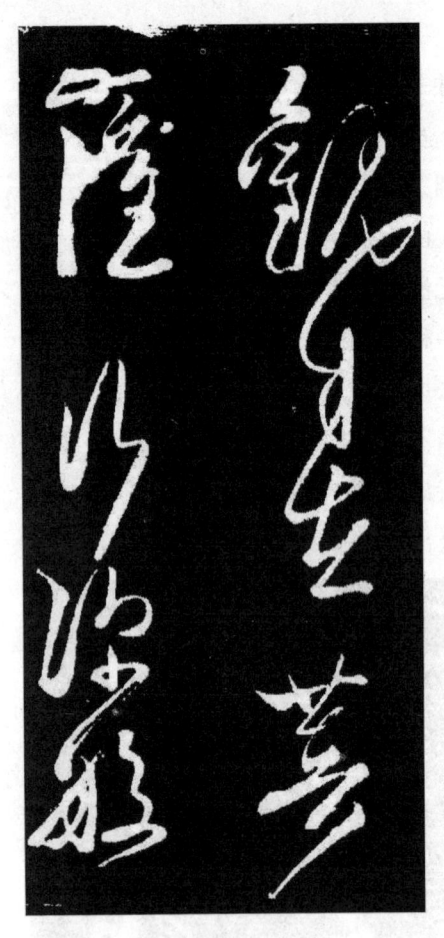

张旭《心经》（局部）

于传诵，所以影响也最大。《心经》是将内容庞大、体系复杂的般若经浓缩，向世人呈现"般若皆空"的大乘佛教精神最简明的经典。《心经》以五蕴、三科、十二因缘、四谛等概念来说明诸法皆空的理论。此经中"色即是空，空即是色"一语流传最广。这部经典在历史上可考的译本共有十一种，流传至今的有九种，其中影响最大的是后秦鸠摩罗什的译本和唐玄奘的译本，而张旭这里书写的正是唐玄奘的最新译本。由于其字数较少，仅仅二百六十个字，很容易作为一部书法作品来呈现。因此不仅仅是张旭，后世很多书法家都以虔诚之心来书写这部佛教经典。

《心经》在佛经中的地位自不待言，甚至有人极言这部经在佛教三藏中的特殊地位，就相当于释迦牟尼佛的心脏一样重要。张旭能够以草书的形式表现此经，直接表明了张旭与佛教经典的交集。这虽然不能说明张旭信奉佛教或者对佛教教义有多深的研究，但是至少可以从侧面说明张旭对佛教教义最基本层面的了解和认同，我们可以想见张旭是怀着极其崇敬和虔诚的心情来完成《心经》这部作品的。

（三）道家思想

李颀《赠张旭》一诗我们前面已经详细分析，而其中对张旭"左手持蟹螯，右手执丹经"的描写，正好说明了张旭与道家、道教密切相关。这里的"丹经"并非狭义上讲述炼丹术之专书，而是泛指道家道教一些典籍，如《道德经》《阴符经》《周易参同契》等书。

1. 魏晋玄学与书法的艺术成就

道家、道教对中国书法的影响非常大。我们知道，魏晋南北朝时期是中国书法发展一个非常重要的时期，"书圣"王羲之就是这一时期书法水平的一个重要代表。这一时期，中国思想史上兴起了一股新的思潮，就是我们常说的魏晋玄学。魏晋玄学的思想底色是道家，当时将《论语》《老子》《周易》称之为"三玄"，虽然有我们称之为儒家经典的《周易》《论语》，但是解释系统还是玄学化。这一时期，不光是书法，许多艺术形式都是在这一思潮下发生的。这一现象，宗白华在《美学与意境》中如此评价："汉末魏晋六朝时期是中国政治上最混乱、社会上最苦痛的时代，然而却是精神史上极自由、极解放，最富于智慧、最浓于热情的一个时代，因此也就是最富有艺术精神的一个时代。王羲之父子的字，顾恺之和陆探微的画，戴逵和戴颙的雕塑，嵇康的广陵散，曹植、阮籍、陶潜、谢灵运、鲍照、谢朓的诗，郦道元、杨衒之的写景文，云冈石窟、龙门石窟的造像，洛阳和南朝的闳丽的寺院，无不是光芒万丈，前无古人，奠定了后代文字艺术的根基和趋向。"①

魏晋时期书法能获得极大的发展，与这一思潮密切相关。根据《晋书·王羲之传》记载，大书法家王羲之、王献之父子，就非常崇信道教，王家历来就是"天师道"的信奉者。王羲之"雅好服食养性，不乐在京师，初度浙江，便有终焉之志"，曾经"与道士许迈共修服食，采药石不远千里，遍游东中诸郡，穷诸名山，泛沧海，叹曰：'我卒当以药死'"。王羲之的次子王凝之也是一位优秀的书法家。据史书记载："次子凝之，亦工草隶。王氏世事张氏五斗米道，凝之弥笃。孙恩之攻会稽，僚佐请为之备，凝之不从，方入靖室请祷，出语诸将佐曰：'吾已请大道，纤鬼兵相助，贼自在破矣。'既不设备，遂为孙恩

---

① 宗白华：《论〈世说新语〉和晋人的美》，《美学与意境》，北京：人民出版社，1987年，第183页。

所害。"① 他对道教的笃信，在我们现在看来当然完全不理解，即使在当时，可能他的"诸将佐"也十分不解。正是他迷信道教法术，才断送了自己的性命，所以说道教对他的影响是深入骨髓的，而这种信仰对他的书法肯定也有着非常深刻的影响。王羲之、王献之也都笃信道教道术。如王羲之曾经在生病的时候，约请道士换寿命。王献之是王羲之诸子中书法水平最高的儿子，其对道教道术也非常痴迷。王献之的弟子羊欣，其祖父羊权也是道教人士。王献之好曹植的《洛神赋》，一生中曾书写过数十次，而王献之的这种"洛神"情结，与他的道教信仰非常相关。王献之笃信道教，有出尘之思，《洛神赋》所描绘的神仙世界正好非常合乎他的人生期待。当然最具代表性的还是他的《中秋帖》，行草书写，共二十二字，神采奕奕，世所罕见。乾隆帝将其与《快雪时晴帖》（王羲之）《伯远帖》（王珣）称为"三希帖"。另外，王羲之的堂妹王丹虎、内弟郗愔也善隶书，修黄老之术。

不仅仅是王氏家族，在魏晋玄学思潮的影响下，谢安、庾亮、殷仲堪、王廙等都是信奉道教的书法家，他们与道士交游，谈玄论道，炼丹服药，书写道经等。他们将对道教教义的领悟、道教文化精神直接或间接地融入这一时期的书法艺术创作中去，促成了书法的一次大发展。尤其是"书圣"王羲之《兰亭序》的艺术成就，② 几千年来，后人始终难以望其项背。

2. 张旭书法中的道家道教思想

隋唐时期，"二王"书系备受推崇。道家道教也受到

---

① 〔唐〕房玄龄等：《晋书》卷八〇《王羲之传》，北京：中华书局，1974年，第2093-2108页。

② 对于王羲之与《兰亭序》的关系以及《兰亭序》的真伪问题，是书法界的一桩公案，此处不再赘述。可参见顾农《〈兰亭集序〉真伪问题的再思考》，《文学遗产》2008年第1期。

统治者前所未有的重视，因此道教对书法的影响仍然在持续。史料证明，唐太宗李世民同时痴迷书法与道家、道教，书法成就很高，最后也因丹药中毒而死。但是，正史可以详细记载唐太宗的种种事迹，而张旭作为那个时代的一个小吏，因书名能够在历史上写上一笔已经非常难得，人生的具体细节当然无从知晓了。所以，我们无法从史籍中确认张旭与道教的直接关系，能够看见的仅仅是李颀对张旭形象描述的"执丹经"。那我们是否能从侧面来印证呢？我们认为，从张旭著名草书作品《古诗四帖》的内容来谈可能较为妥当。

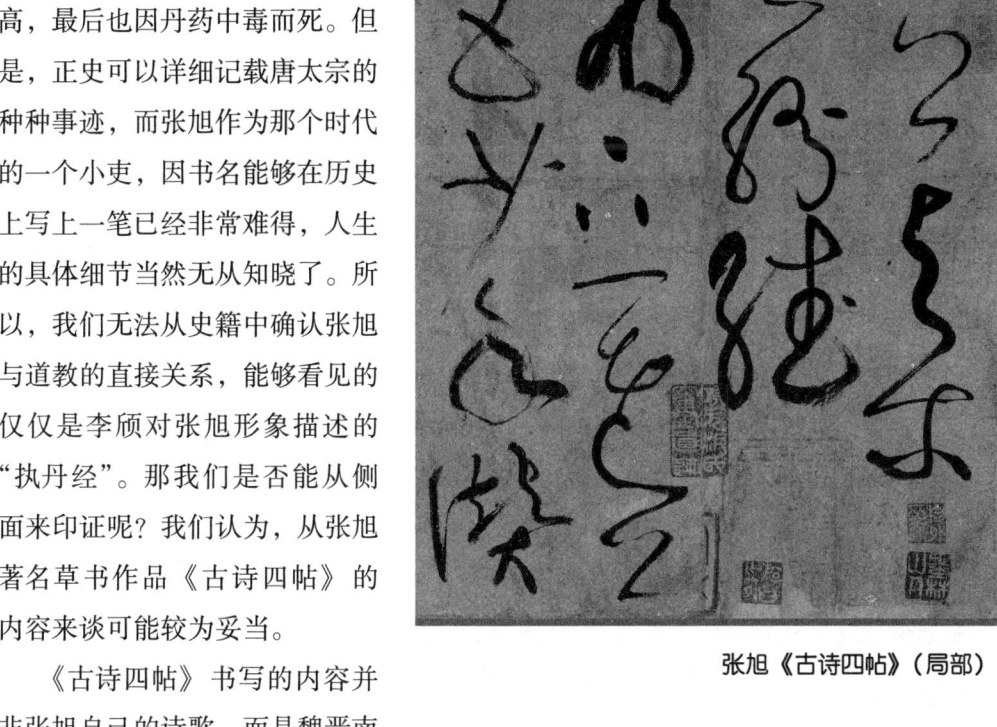

张旭《古诗四帖》（局部）

《古诗四帖》书写的内容并非张旭自己的诗歌，而是魏晋南北朝玄学兴盛时期的诗作，可能是张旭对这四首诗歌非常钟情。我们姑且对其书法成就不谈，仅仅就其内容来说，这四首诗的书写，可能寄托着张旭的生命情怀和人生理想，也能够说明张旭的一些道家思想倾向。

前两首是庾信的《步虚词》二首：

东明九芝盖，北烛五云车，飘飖入倒景，出没上烟霞。春泉下玉霤，青鸟向金华。汉帝看桃核，齐侯问棘（原诗为"枣"）花；应逐上元酒，同来访蔡家。

北阙临玄水，南宫生绛云；龙泥印玉简（原诗为"策"），大火练真文。上元风雨散，中天哥（原诗为"歌"）吹分；虚（原诗为"灵"）驾千寻上，空香万里闻。

这两首诗的作者为庾信。庾信（513－581），字子山，祖籍南阳新野（今属河南）。南北朝时期著名的大文学家，与徐陵创造文学风格"徐庾体"。他的一生，渴望仕途，有儒家入世的倾向，[1] 也有道家倾向。在他的作品中，就涉及道家、道教文化。[2] 正如余英时在《士与中国文化》中指出："魏晋南北朝之士大夫尤多儒道兼综者，则其人大抵为遵群体之纲纪而无妨于自我之逍遥，或重个体之自由而不危及人伦之秩序也。"[3]

"步虚"宗教渊源非常深，最早可以追溯到巫师在施展巫术时所跳的一些舞步，人们称之为"禹步"，后来逐渐发展为道家意义上的步虚，即神仙凌空步行。神仙信步游历于太空仙境，这是古代道士对其宗教境界的浪漫构想。步虚词，指道教徒举行斋醮时，在绕坛行进仪式中讽诵的辞章。这种诗以道藏典故为主要题材，配乐咏唱仙境风物，寄托了作者摆脱人世羁绊的心愿。《乐府诗集》卷七十八引《乐府解题》称："步虚词，道家曲也，备言众仙缥缈轻举之美。"

张旭书写的是庾信《步虚词》十首中的第六首和第八首。以下的分析，

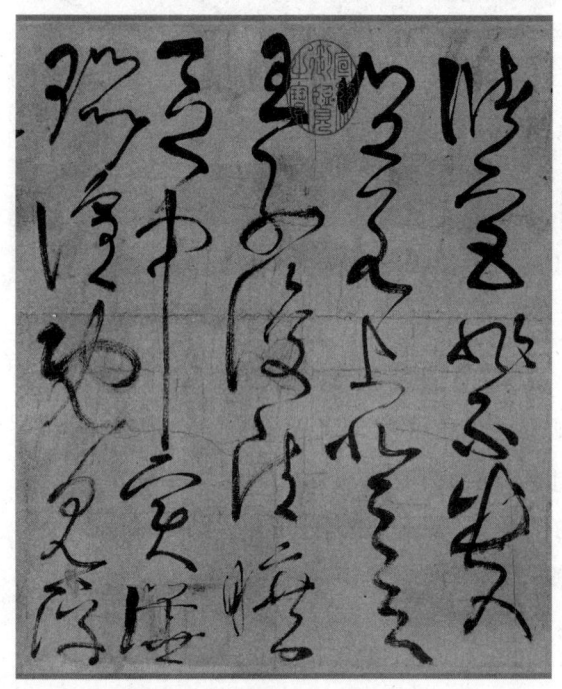

张旭《古诗四帖》（局部）

---

[1] 周悦：《庾信创作中的儒家文化倾向》，《中国文学研究》2007 年第 1 期。
[2] 周悦：《庾信创作中的道家文化取向》，《中国文学研究》2006 年第 4 期。
[3] 余英时：《士与中国文化》，上海：上海人民出版社，1987 年，第 398－399 页。

主要参考管振邦《唐张旭〈古诗四帖〉注释》一文。

　　这首诗，所有的意象"东明""九芝盖""北烛""五云车""春泉""玉霤""青鸟""金华"都是道教的意象，如"东明"就是传说中的神仙名。根据陶弘景撰《真诰》所说："夏启为东明公，领斗君师。"夏启是夏禹的儿子，也是夏朝的建立者，后来升仙为东明公，任斗君，即北斗星君。而"飘飘入倒景，出没上烟霞"是在描述仙人的生活。如"飘飘入倒景"一句，就是讲仙人在天空中飘然飞动，现出倒影。因为在道教看来，人在太阳之下，其影正；而神仙是飞于太阳之上，他们的影子都是倒着的，所以称之为"倒景"。"汉帝看桃核，齐侯问棘（原诗为'枣'）花"均是具有神异色彩的典故。"应逐上元酒，同来访蔡家"也是道教成仙的典故。上元节是道教的三元节之一，在农历的正月十五。所以这首诗描述的就是一幅道教仙境，诗文叙述东明公的车上撑着九芝华盖，北烛仙人乘坐着他的五云轻车，在天空中飘飘摇摇，出没于五彩祥云之间。得道的仙人们欣赏着神泉飞悬玉柱倒挂的美景，又想起了王母的使者青鸟到汉宫金华殿传信的往事，谈起了汉武帝欲将蟠桃核带回人间播种、齐景公戏问晏婴枣花何以不结实等趣闻。仙人们想起该吃上元酒了，就去探访得道仙人蔡经。

　　另一首和上一首一样，也全都是道教的种种用典，勾画出一幅道教仙境。此处不再详细分析。

　　后两首是南朝谢灵运的《王子晋赞》和《四五少年赞》：

谢灵运像

王子晋赞

淑质非不丽，难之以万年。
储宫非不贵，岂若上登天。
王子复清旷，区中实哗嚣。
喧既见浮丘公，与尔共纷繙（翻）。

四五少年赞

衡山采药人，路迷粮亦绝。
过息岩下坐，正见相对说。
一老四五少，仙隐不别可？
其书非世教，其人必贤哲。

我们先看《王子晋赞》的主人公王子晋，传说中的仙人。据汉代刘向《列仙传》记载，王子晋，名姬晋，字子乔，是周灵王的太子。喜好吹笙，作凤凰鸣。游于伊洛之间，道士浮丘公接以上嵩山，后来得道成仙。所以谢灵运的这首诗是写给西周末年毅然抛弃王位而终于得道升天的王子晋的赞辞。诗的内容大体上说，王子晋的身材气质不是不洒脱俊美，但这样的美貌气质却难以达至万年长生之境。他当上太子以至于天子不是不尊贵，但这又怎能同登上云天的神仙相比呢？王子晋本来就清明旷达，并不喜欢人间的繁杂喧闹、功名利禄。偶遇德行修养很高的浮丘公，便与其一起修道成仙，过上了自由自在的生活。

另外一首诗《四五少年赞》叙述的是南岳衡山深处有位采药人，不幸迷了路又没了吃的。在经过岩下坐下来休息时，恰巧见到有人在交谈。当中有一位老者和四五位少年，采药人分不清他们是仙人还是隐士。但是他刚上前打探，这些人忽然就不见了。采药人看到了他们遗留下来的纸书，发现并不是当今教育学习的文字，那他们必定是世外高人了。

我们从这四首诗歌中可以看出，庾信、谢灵运要表达的是对道教仙境的向往以及可以抛弃世俗、绝尘远俗的情怀和志趣。张旭在其书作中选择这四首具有鲜明道家色彩的诗作，深深契合了他的思想和旨趣。张旭通过草书的形式来表现这四首诗，其实是通过诗作者所要表达的感情，结合他自身的感受和倾向，以一种癫狂的形式，从笔墨中表达出他的道家情怀。

张旭其他方面的造诣，由于史书缺载，我们已经无法确认。从他观公孙大娘舞剑器可以得书法之神，就从侧面反映出其对舞蹈也有一定的造诣，可惜时代久远，其他方面的记载我们已经无法得知。但是，根据后世一些大书法家各方面的造诣来看，张旭虽然仕途不畅，但很可能多才多艺。

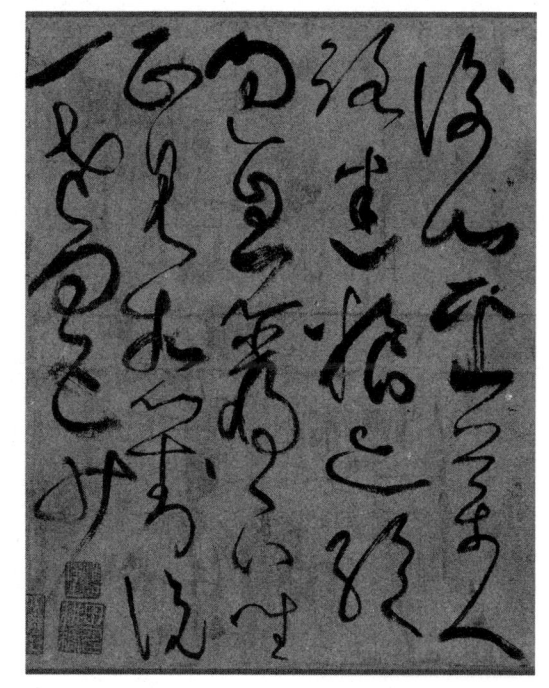

张旭《古诗四帖》（局部）

总体而言，虽然张旭的楷书作品、草书作品流传下来的不多，诗歌流传至今的也仅仅只有十首，与他相关的楷书、草书、诗歌，历史记载太过简略，所以有着很大的争议。但是，通过我们的仔细爬梳和研究，仍然可以透过他的楷书、狂草、诗歌感受到他风神高迈的才气和豪情。其诗如其书，其书如其画，这些都是张旭性情、才情的展现。

第七章　张旭在中国书法史上的地位

张旭在中国书法史上有着独特的地位，主要表现在两个方面：首先是他在书法教育史中，将书法教育由家族式的私相授受转变为师徒传授，书法开始大规模向社会普及，使得许多富有天赋而未有家族书法渊源的人才得到了接受书法教育的机会；其次，张旭在整个草书史上的地位不可撼动，后人誉之为"草圣"，他的草书将汉字的书写艺术发挥到了极致，集汉字的艺术性和识读性于一体。

一、张旭在书法教育中的独特地位

隋唐以前，笔法在学书者眼中非常重要，也非常珍贵，一般情况下很少向外传播。在张旭之前，笔法传授基本上是单线相传，更多的是家族内部世世代代相传。但在张旭之后，出现了一个大的转变，那就是书法传播开始逐渐突破家族内部，尤其是贵族内部，向更宽广的社会传播。[①]

（一）张旭之前的书法传授方式

张旭之前书法主要以家族、父子私相授受的家族传授方式进行，笔法要旨一般秘不示人。如草书的创制者"草圣"张芝，弟弟张昶，姐姐的孙子索靖都是大书法家；蔡邕、蔡文姬父女二人都是大书法家；卫氏家族的卫凯、卫

[①] 关于唐代书法教育的问题，可参见陈秀杰：《唐代书法教育研究》，河北大学硕士论文，2009年。

瓘父子，卫瓘之子卫恒、卫处、卫宣，卫恒之子卫操，妹妹卫铄（卫夫人）也都是大书法家。而卫夫人与王羲之的父亲王旷是表亲，故王羲之幼时才有幸得以承卫夫人亲自教诲。王氏家族在中国书法史上有着最庞大的家族书法相传体系。从王羲之起，王献之（王羲之第七子）、王珣（王献之堂弟）、羊欣（王献之外甥）、王僧虔（王羲之四世孙）、智永（王羲之七世孙）都是中国历史上非常著名的大书法家。虞世南曾向智永学习书法，也开启了虞氏家族的书风，陆柬之、陆彦远、张旭都是大书法家。张旭传笔法于李阳冰，李阳冰（李白的叔父）传笔法于李白。另外如欧阳询、欧阳通父子都是家族书法传授方式的典型代表。

　　张旭家族并非书法望族，父族以及兄弟在史书中均未载。他涉足书法，并能够取得如此高的成就，主要得益于他的母族陆氏家族。陆氏家族在当时书法界的名望很高。颜真卿的《张长史十二意笔法意记》中记载张旭的言论："予传授笔法，得之于老舅彦远。""老舅彦远"就是陆彦远。陆彦远的书法主要得自其父陆柬之的传授。陆彦远曾官至赞善大夫，时谓"小陆"，书法造诣很高。根据卢携《临池妙诀》记载的传授笔法统绪，陆柬之的笔法是大书法家虞世南所传，因为陆柬之是虞世南的外甥，虞世南又师承智永，智永是王羲之家族的重要书法家，所以追根溯源，张旭书法也是得自王氏一门。

　　张彦远在《法书要录·传授笔法人名》中谈到魏晋到唐中期的书法传承时又指出："智永传之虞世南，世南传之于欧阳询，询传之陆柬之，柬之传侄彦远，彦远传之张旭……"[①] 其中，在虞世南与陆柬之之间多出了欧阳询这一环节，但是我们认为当时虞世南与欧阳询齐名，对陆柬

――――――

① 〔唐〕张彦远辑，洪丕谟点校：《法书要录》，上海：上海书画出版社，1986年，第14页。

之的书法可能有很大影响,但是直接传授笔法,可能更多的还是来自他的舅父虞世南。而且一线单传与后代书论家的构建也有一定关系,这样一线单传的讲法,整体上没有问题,但是具体到细节,可能稍微有些出入。虞世南、欧阳询、褚遂良、陆柬之并称为"初唐四大家",陆柬之在当时书法界的地位可见一斑。

张旭书法的成就主要来自于私相授受这一传统。但在张旭之后,中国书法传授,或者说中国书法教育出现了一些新的变化。若是将张旭在书法史上的地位与孔子在中国文化史上的贡献来类比,应该也不为过。我们知道,孔子之前,学在官府,是孔子将中国古典的礼、乐、射、御、书、数,《诗》《书》《礼》《易》《乐》《春秋》带入民间,开始中国历史上最早的私学。而张旭,正是将私相授受、家族式的书法传授方式改变了。自张旭以后书法开始逐渐普及,当时凡是有志于学习书法的人都有机会向张旭请教。当然,以张旭的豁达,他对笔法体悟毫不保留,倾囊相授。张旭在传授过程中最重要的还是看求学者资质,正如王羲之所言:"自非通人君子不可得而述之,学无及之。"我们从颜真卿在《张长史十二意笔法意记》的记载中能够看出,当时很多人仅仅是想去求字而已。即使是张旭的好友裴儆也无法真正领会张旭笔法的精髓,仅得到张旭十来幅字而已。张旭在洛阳这一年多时间里,真正得到他的笔法要旨的可能只有颜真卿。

(二)张旭诸弟子及其主要成就

从张旭开始,中国书法教育发生了很大的变化,由家传变成了师传与家传并行的方式。当然,我们不能说张旭之后家族式的书法传授传统就不存在了,如苏轼、苏辙兄弟,苏轼、苏过父子;米芾、米友仁父子,吴激(米芾之婿)、王庭筠(米芾外甥);一门三父子的文徵明、文彭、文嘉等,还是家族式的私相授受。

张旭与其他前辈书家不同,受业张旭门下的弟子非常多，其中有据可考的书法家、画家就有很多。我们主要根据历代书论的记载，对张旭弟子进行必要的梳理。《法书要录》卷一《传授笔法人名》中指出："旭传之李阳冰，李阳冰传之徐浩、颜真卿、邬彤、韦玩、崔邈。"[1] 在卢携《临池诀》中指出："旭之传法，盖多其人，若韩太傅滉、徐吏部浩、颜鲁公真卿、魏仲犀。又传蒋陆及从侄野奴二人。予所知者，又传清河崔邈。"[2] 在郑杓《衍极》中指出："旭又得褚遂良余论，以授颜真卿、李阳冰、徐浩、韩滉、邬彤、魏仲犀、韦玩、崔邈等二十余人。"[3]

我们根据史料以及主要书论对得到张旭传授的主要弟子以及再传弟子中非常著名的学者、书家进行梳理，师承关系如下表所示。

张旭传授弟子关系表[4]

张旭 → 吴道子
　→ 徐浩 → 皇甫阅 → 柳宗元 → 方直温，贺拔恭，寇璋，李戎
　→ 刘禹锡
　→ 颜真卿 → 怀素
　→ 邬彤 ↗
　→ 裴儆
　→ 李阳冰 → 韦玩，李白
　→ 韩滉

---

[1] 〔唐〕张彦远辑，洪丕谟点校：《法书要录》，上海：上海书画出版社，1986年，帝14页。

[2] 〔唐〕卢携：《临池诀》，见上海书画出版社、华东师范大学古籍整理研究室：《历代书法论文选》，上海：上海书画出版社，1979年，第294页。

[3] 〔元〕郑杓：《衍极》卷一《至朴篇》，见上海书画出版社，华东师范大学古籍整理研究室：《历代书法论文选》，上海：上海书画出版社，1979年，第294页。

[4] 林怡秀：《唐代书法家张旭之研究》，（台湾）中国文化大学史学研究所硕士论文，第45页。

→ 魏仲犀

→ 崔邈 → 褚长文，韩方明

→ 蒋陆及从侄野奴

这些弟子中，以徐浩、颜真卿、李阳冰、吴道子、韩滉最为著名，崔邈、邬彤、魏仲犀史书略载，蒋陆及从侄野奴，现已不可考。再传弟子中，怀素成就最大，李白、柳宗元、刘禹锡均以其诗文著称，当然其书法水平也非常高，如流传至今的李白《上阳台帖》。我们以下主要对张旭弟子以及再传弟子怀素的书法成就做简要介绍。

吴道子（680-759），唐朝著名画家，阳翟人，今河南禹州。被后世尊称为"画圣"，被民间画工尊为祖师。吴道子的人物画"冠绝于世"，尤其擅长佛道人物画像。他曾经在长安、洛阳等地佛寺道观中作佛道宗教壁画三百多间，情状各不相同。吴道子画人物画时，落笔往往或自臂起，或从足先，均能不失尺度。他画佛像中的圆光、屋宇柱梁，或弯弓挺刃，从来不用圆规矩尺，一挥而就。张彦远《历代名画记》中的《吴道玄》记载："（吴道子）学书于张长史旭，贺监知章，学书不成，因工画。"[1] "学书不成"是说吴道子跟随张旭等学习书法没有取得成就，不得不去学画吗？根据后来吴道子在人物画、宗教画中取得的成就来看，学者又有疑惑。所以有学者就提出一些猜测，如熊秉明指出："以吴道子的才华，而学书不成，当时是很奇怪的，推测可能是在书法领域感到很难达到老师的水平，不如到绘画领域去发挥自己的才能，而在绘画中他的创作方法可以说是采用了张旭的狂草技法。"[2] 当然，吴道子的画名太盛，后世并没有他的书法作品传世。

徐浩（703-783），字季海，越州（今浙江省绍兴市）

---

[1] 〔唐〕张彦远：《历代名画记》卷九《唐朝》（上），文渊阁四库全书。
[2] 熊秉明：《中国书法理论体系》，天津：天津教育出版社，2002年，第81页。

人。少举明经，历任工部侍郎、吏部侍郎、集贤殿学士，官至彭王傅，赠太子少师，封会稽郡公。先后在集贤院任职长达二十余年，以善鉴著名，曾获"二王"的书迹多达二百多卷，是盛唐时期馆阁书家的重要人物。唐肃宗时，授中书舍人，当时的四方诏令，多由徐浩所书。其父徐峤之、岳丈张廷珪都是名重一时的书法家。他的书法，出自家学，同时也可能接受了张旭笔法上的指点。大历年间，徐浩与颜真卿齐名，时有"颜徐"之称。徐浩楷书的特点是大小平齐，方正如一。徐浩流传至今的墨迹有《朱巨川告身》（大历三年书），字体肥圆，笔势沉着雄浑。碑刻有楷书《大证禅师碑》（大历四年书），此碑现藏于河南登封嵩岳寺。楷书《不空和尚碑》（建中二年书），现藏于陕西西安碑林博物馆。隶书《嵩阳观圣德感应碑》（天宝三年书），现藏于河南登封。徐浩并著有书论《法书论》流传于世。对徐浩的书法成就，历代学者褒贬不一。如宋人朱长文的《续书断》尤为推崇，称其"少而清劲，随肩褚、薛，晚益老重，潜精羲、献。其正书可谓妙之又妙也。八分、真、草、行皆入能"①。但《宣和书谱》中毫不客气地指出徐浩"殊乏天才，而窘于绳律故尔"②。

徐浩《不空和尚碑》（局部）

邬彤，怀素的姨表兄弟，钱塘（今浙江杭州）人。曾官至金吾兵曹，客居零陵时授笔法于怀素。邬彤乃张旭之

---

① 〔宋〕朱长文：《续书断》，见上海书画出版社、华东师范大学古籍整理研究室：《历代书法论文选》，上海：上海书画出版社，1979年，第331页。

② 〔宋〕佚名：《宣和书谱》卷三，文渊阁四库全书本。

徒、怀素之师，是联结唐代两位草书大家之间的桥梁。邬彤本人的书法造诣也非常高，尤其以草书著名。吕总在《续书评》中评价唐代善草书者，将张旭一直到怀素十二人进行排序，邬彤列第六，并称其书法"寒鸦栖林，平冈走兔"①。陈思的《书小史》对其评价更高，认为邬彤"善草书，妙得其法，时人比之张旭，盖亲得张公之旨"②。怀素在邬彤的指点下，草书已经取得了非常高的成就，得到时人很高的赞誉。大历七年（772）颜真卿在洛阳与怀素相遇，怀素向颜真卿展示了时人称赞怀素草书造诣的《怀素上人草书歌》，并请他为之作序。颜真卿欣然为其作序，对怀素草书的精妙极力推崇与赞美。怀素在《自叙帖》中对这件事也有描述："颜刑部书家者流，精极笔法，水境之辨，许在末行。"对颜真卿和其讨论书法充满了感激之情，也对颜真卿的书法和人品充满了尊敬之意。从史料对此次颜真卿与怀素的相见、论书的记载可以推测，颜真卿与邬彤为同学，所以可能颜真卿与邬彤在开元中叶同时向张旭学书。

裴儆，唐代著名的裴氏家族成员。根据颜真卿的《张长史十二意笔法意记》中记载，张旭在洛阳期间就住在裴儆家中。裴儆可能在书法方面的天赋并不是十分突出，因此虽然与张旭有近水楼台之有利条件，但是仅仅得到张旭的一些墨宝，并未深刻领悟其笔法。

崔邈，具体生平事迹，史书不载。在《新唐书》《国史补》以及书论家朱长文的《续书断》中，经常与颜真卿

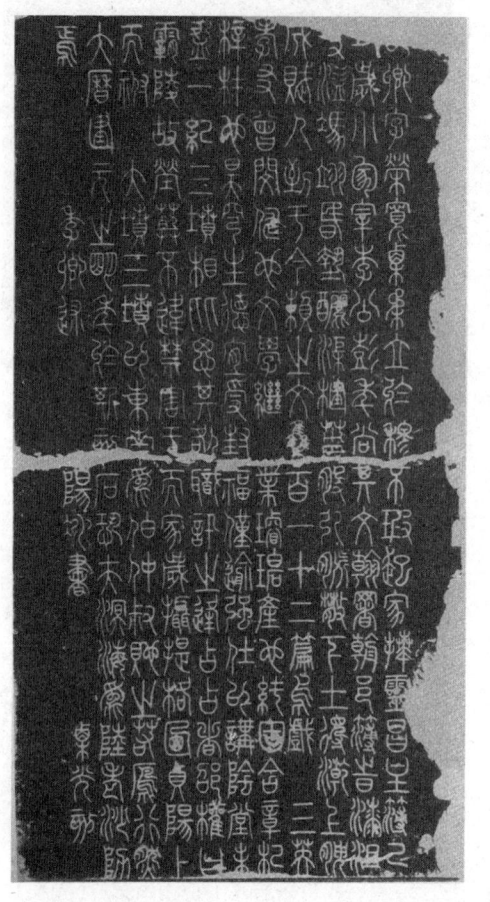

李阳冰《三坟记》

---

① 〔宋〕陈思：《书苑菁华》卷五，文渊阁四库全书本。
② 〔宋〕陈思：《书小史》卷十，文渊阁四库全书本。

并称。但非常遗憾的是，崔邈并没有书法作品流传于世，因此在后世，其书名不扬并非偶然。

　　李阳冰，字少温，唐赵郡人，后来徙居云阳（今属陕西泾阳），遂为京兆（今属陕西西安）人。唐代著名的文字学家、书法家。生卒年不详，约生于开元初年，卒于贞元初年。早年以词学登科，历集贤院学士，晚为少监，人称李监。后来辞官，专心研究篆籀十多年。学习李斯的《峄山碑》，承其玉筋笔法，在体势上力图能够变其法。他的篆书在线条上变平整方正为婉曲流动，显得婀娜多姿，优美典雅，圆淳瘦劲，流云舒展。尤其到暮年，笔力深厚，所书篆书，笔法愈见淳劲。当时颜真卿所书之碑，必请李阳冰篆书题额。在真、行、草大行的唐代，李阳冰在篆书上能够独树一帜，实属不易。《金壶记》称："阳冰尤精书学，其豪骏墨劲，当时人谓之曰笔虎。"[1] 孙承泽在《庚子销夏记》中称："篆书自秦汉以后，推李阳冰为第一手。今观《三坟记》，运笔命格，矩法森森，诚不易及。然予曾于陆探微所画《金滕图》后见阳冰手书，遒劲中逸致翩然，又非石刻所能及也。"[2] 他的代表作为《三坟记》，唐大历二年（767）刻，以瘦劲取胜，结体修长，线条遒劲平整，笔画从头至尾粗细一致，婉曲翩然。

　　韩滉（723-787），字太冲，西京长安人（今属陕西西安）。他的仕途非常顺利，曾官至宰相，拜尚书左仆射，同中书门下平章事，封晋国公。韩滉曾在天宝初年拜张旭为师学习书法，这在史书以及书论中都有记载。如在《新唐书·韩滉传》中记载："（韩滉）好鼓琴，书得张旭笔法，画与宗人幹相埒。尝自言：'不能定笔，不可论书

---

[1] 《御定佩文斋书画谱》卷二十七《书家传》（六），文渊阁四库全书本。
[2] 〔清〕孙承泽：《庚子销夏记》卷七，文渊阁四库全书本。

画.'以非急务,故自晦,不传于人。"① 朱景玄在《唐朝名画录》中也提及他"书则师于张……合自然之理"②。陈思在《书小史》中也称他"善隶书、章草"。他的书法造诣非常高,只是或许因为他最初时书名并不显扬,后来又以画名著称,所以人们逐渐就遗忘了他曾得到张旭的传授,并且忽视了他的书法造诣。另外也由于他的书法作品传世的太少,仅仅在陈思的《宝刻丛编》中有记载,韩滉曾在唐玄宗天宝五年(746)同官主簿任上自撰、自书《弥勒石像碑》一通,卫包题额。但根据他的生卒年计算,当时他年仅二十三岁,所书的水平并不能代表他的最高书法水平和造诣。同时,从时间上来说,在书写此碑时韩滉是否已拜师张旭,是否得到张旭笔法真传都无法确证,所以这通碑可能无法真正代表韩滉的书法水平。

怀素(733-799),俗姓钱,字藏真,永州零陵人。是张旭的再传弟子。张旭的草书,经邬彤、颜真卿传到怀素。怀素年幼好佛,遁入空门。怀素与张旭一样,同样嗜酒如命,他曾经一日九醉,时人称为"醉僧"。在他曾经居住的寺庙中有粉壁长廊十多间,每每酒后,便提笔在粉白的墙壁之上,以草书来抒发自己心中的豪气。其草书笔法,势若惊蛇走龙,下笔如骤雨狂风,笔罢满壁纵横,似千军万马驰骋沙场。唐人吕总《续书评》中说:"怀素草

韩滉《五牛图》(局部)

---

① 〔宋〕欧阳修、宋祁:《新唐书》卷一二六《韩滉传》,北京:中华书局,1975年,第4437页。

② 〔宋〕朱景云:《唐朝名画录》,文渊阁四库全书本。

书，援笔掣电，随手万变。"① 宋人朱长文《续书断》列怀素草书为妙品，评论说："如壮士拔剑，神彩动人。"②时人又称怀素为"狂僧"。怀素的代表作是《自叙帖》，此帖开门见山，说："怀素家长沙，幼而事佛，经禅之暇，颇喜笔翰。然恨未能远睹前人之奇迹，所见甚浅。遂担笈杖锡，西游上国，谒见当代名公，错综其事。遗编绝简，往往遇之，豁然心胸，略无疑滞。鱼笺绢素，多所尘点，然士大夫不以为怪焉。"他不仅喜好翰墨，而且他勤学苦练的精神以及对书法的痴迷也无以复加。怀素因为贫穷，很小的时候就出家当了和尚，在佛事之余喜欢书法。买不起纸张，他就找来一块木板和圆盘，涂上白漆书写。但是漆板光滑，难以着墨，怀素又不得不想其他办法。他在寺院附近一块荒地上种了一万多株芭蕉树，芭蕉长大后，他摘下芭蕉叶练字。由于怀素夜以继日地练字，一万多株芭蕉树的芭蕉叶都难以为继，老叶剥光了，小叶又舍不得摘，于是他就带了笔墨站在芭蕉树前对着鲜叶书写。他无论春夏秋冬，坚持每日练字，这就成就了中国书法史上怀素芭蕉练字的美谈。张旭和怀素，"颠张醉素"，一个是官门小吏，一个是佛门狂僧，他们开启了一个以才气和豪情作书的新风尚，此二人又都好酒使气，不拘于俗，是中国书法史上少有的任性、率真的书法家，颜真卿更是说怀素是"以狂继颠"。

张旭以楷书、草书并重，尤其善草。他的弟子有楷书大家颜真卿、隶书大家徐浩、篆书大家李阳冰，都是名重一时的人物。韩滉虽然自晦其能，但是宋人对其楷书和章草屡有称赞。邬彤擅长草书，并得到张旭的真传，其在天分和造诣上虽然不及张旭，但在当时也是名动天下，甚至

---

① 〔宋〕陈思：《书苑菁华》卷五，文渊阁四库全书本。
② 〔宋〕朱长文：《续书断》，见上海书画出版社、华东师范大学出版社：《历代书法论文选》，上海：上海书画出版社，1979年，第331页。

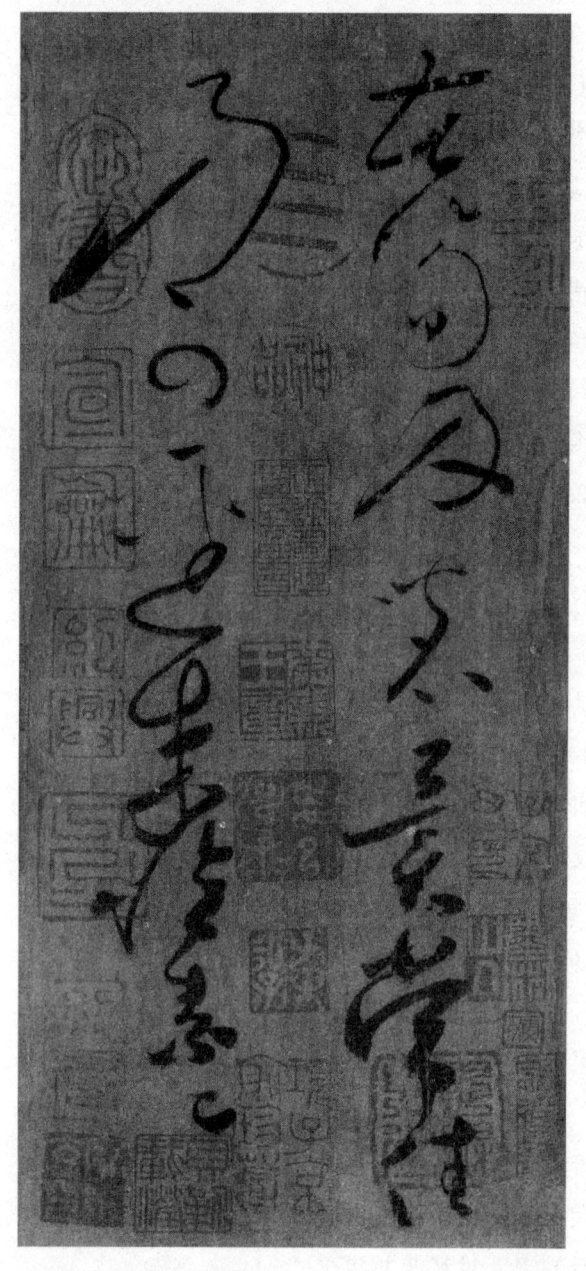

怀素《苦笋帖》（局部）

时人以张旭比之。邬彤的弟子怀素领悟到了张旭书法的奥妙,后来又得到颜真卿的指点,领悟用笔之法,"以狂继颠",终于成为继张旭之后另外一位草书大家。董逌在《广川书跋》中指出:"书法相传,至张颠后,则鲁公得尽于楷,怀素得尽于草,故鲁公谓'以狂继颠',正以师承源流而论之也。然旭于草字,则度绝绳墨,怀素则谨于法度,要之二人皆造其极。"①

朱长文的《续书断》,记述年代上起唐初,下至宋代熙宁年间,可以说是对有唐一代至宋初的书法进行了全面总结。根据朱长文的研究和总结,在众多书法家中,他将重要书法家分为三等:神品三人,妙品十六人,能品六十六人。其中列入神品的是张旭、颜真卿、李阳冰三人。② 而我们知道,颜真卿、李阳冰都是张旭的得意弟子,由此,我们能够看到张旭在中国书法史上的重要地位。

二、张旭在草书书法史上的重要地位

在中国草书书法史上,能够称之为"草圣"的大概只有三人,那就

---

① 〔宋〕董逌:《广川书跋》卷八《怀素七帖》,文渊阁四库全书本。
② 〔宋〕朱长文《续书断》,见上海书画出版社、华东师范大学古籍整理研究室:《历代书法论文选》,上海:上海书画出版社,1979年,第317-352页。

是张芝、张旭、怀素。

张旭对草书的贡献在什么地方呢？那就是他创造了狂草。"先贤草律我草狂，风云阵发愁钟王。须臾变态皆自我，象形类物无不可。阆风游云千万朵，惊龙蹴踏飞欲堕。"皎然的诗歌记载了张旭在草书领域的独特贡献。律，指草书的法度，我们稍有书法常识的人都懂得，草书法度非常严格。狂，就是叛逆，是张旭对已有草书法度的极大突破和游离，这种游离和突破到底到一个什么样的程度呢？熊秉明《中国书法理论体系》中认为："张旭是中国书法史上一个极重要的人物。他创造的狂草向自由表现方向发展的一个极限，若更自由，文字将不可辨读，书法也就成了抽象点泼的绘画了。"①

张旭草书的成就，后世学者多表以赞叹。如明人项穆在《书法雅言》中说道："其真书绝有绳墨，草字奇幻百出不逾规矩，乃伯英之亚，怀素岂能及哉。"②清人刘熙载在《艺概》中说道："张长史书，微有点画处，意态自足，当知微有点画处，皆是笔心实实到了；不然，虽大有点画，笔心却反不到何足之可云？"③

当然，对艺术的欣赏见仁见智。而对张旭的评价，在张旭所处的时代一直到今天的学术界，都是赞叹之情，非议非常少，这在书法史上是非常罕见的。如我们看唐人李肇《唐国史补》记载："后辈言笔札者，虞、欧、褚、薛。或有异论，至长史无间言矣。"④朱长文《续书断》也记载："张长史，苏州吴人也，为人倜傥闳达，卓尔不群，所与游者皆一时豪杰……后人论书，欧、虞、褚、陆皆有异论，惟君无间言……文宗时，诏以李白歌诗、裴旻剑

---

① 熊秉明：《中国书法理论体系》，天津：天津教育出版社，2002年，第80页。
② 〔明〕项穆：《书法雅言》，文渊阁四库全书本。
③ 〔清〕刘熙载：《艺概》，见上海书画出版社、华东大学古籍整理研究室：《历代书法论文选》，上海：上海书画出版社，1979年，第708页。
④ 〔唐〕李肇：《唐国史补》卷上，文渊阁四库全书本。

舞、长史草书为'三绝'。"①

但是，我们不能说张旭草书在后世评价中没有任何非议。宋代米芾一生中对张旭的评价前后不一致。早期，他在《海岳名言》中对张旭的草书极尽赞叹之情，但随着他后来书法思想的变化，卑唐崇晋，对唐代书法家均颇有微词，曾不止一次批评隋唐诸书法名家："欧怪褚妍不自持，犹能半蹈古人规。公权丑怪恶札祖，从兹古法荡无遗。张颠与柳颇同罪，鼓吹俗子起乱离。怀素猻獠小解事，仅趋平淡如盲医。可怜智永砚空臼，去本一步呈千媸。"② 米芾的《论草书帖》又名《张颠帖》。其文曰："草书若不入

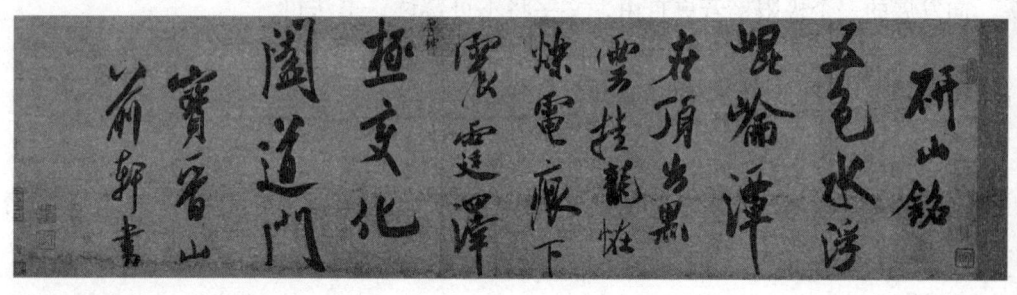

米芾《研山铭》行书手卷

晋人格，辄徒成下品，张颠俗子，变乱古法，惊诸凡夫，自有识者。怀素少加平淡，稍到天成，而时代压之，不能高古。高闲而下，但可悬之酒肆。辩光尤可憎恶也。"此帖是米芾草书思想的自然流露，通过对唐代张旭、怀素、高闲、辩光等草书书家的品评，阐述了他推崇晋人草法的基本思想。

不论后世书者如何评价，张旭在中国书法史上的独特地位，是任何一部书法史都不能绕过的，他代表着草书创作的高峰和极限。

---

① 〔宋〕朱长文《续书断》，见上海书画出版社、华东师范大学古籍整理研究室：《历代书法论文选》，第325-326页。

② 〔宋〕米芾：《寄薛中郎绍彭》，见《宋元诗会》卷二十二，文渊阁四库全书本。

主要参考文献

古籍类：

〔后晋〕刘昫：《旧唐书》，北京：中华书局，1975年。

〔唐〕颜真卿《颜鲁公集》，文渊阁四库全书本。

〔唐〕张彦远辑，洪丕谟点校：《法书要录》，上海：上海书画出版社，1986年。

〔唐〕吴兢撰，谢保成集校：《贞观政要集校》，北京：中华书局，2009年。

〔宋〕欧阳询、宋祁：《新唐书》，北京：中华书局，1975年。

〔宋〕黄庭坚：《山谷题跋》，上海：商务印书馆，1936年。

〔宋〕苏轼撰，许卫东注：《东坡题跋》，北京：人民美术出版社，2008年。

〔清〕董诰等编：《全唐文》，北京：中华书局，1983年。

〔清〕彭定求等编：《全唐诗》，北京：中华书局，1980年。

著作类：

何炳武：《中国书法思想史》，西安：陕西人民出版社，2008年。

何炳武：《书法与中国文化》，西安：三秦出版社，2006年。

何炳武、李巾：《颜真卿评传》，西安：三秦出版社，2011年。

何炳武、王永莉：《中国书法精神》，西安：三秦出版社，2009年。

熊秉明：《中国书法理论体系》，天津：天津教育出版社，2002年。

朱关田：《唐代书法考评》，杭州：浙江人民美术出版社，1992年。

徐利明：《中国书法风格史》，郑州：河南美术出版社，1997年。

姜寿田：《中国书法批评史》，杭州：中国美术学院出版社，1998年。

朱关田：《中国书法史·隋唐五代卷》，南京：江苏教育出版社，1999年。

朱关田：《唐代书法家年谱补遗》，南京：江苏教育出版社，2001年。

胡传海、郑晓华：《中国书法史话》，上海：上海书画出版社，2002年。

王岳川：《书法文化精神》，北京：北京大学出版社，2008年。

刘正成：《中国书法鉴赏大辞典》，北京：中国人民大学出版社，2006年。

陈振濂：《书法史学教程》（修订版），杭州：浙江人民美术出版社，1997年。

王镇远：《中国书法理论史》，上海：上海古籍出版社，2009年。

萧元：《中国书法五千年》，北京：东方出版社，2006年。

姜澄清：《中国书法思想史》，郑州：河南美术出版社，1993年。

沈尹默：《沈尹默论书丛稿》，北京：生活·读书·新知三联书店香港分店，1981年。

王靖宪：《中国书法艺术·隋唐五代卷》，北京：文物出版社，1998年。

朱仁夫：《中国古代书法史》（修订本），贵阳：贵州教育出版社，2010年。

王镛：《中国书法简史》，北京：高等教育出版社，

2004年。

王元军：《唐人书法与文化》，台北：东大图书公司，1995年。

仲威：《张旭·怀素》，长沙：湖南美术出版社，2007年。

王南溟：《颠张醉素》，上海：上海书画出版社，2004年。

邢煦寰：《隋唐书法艺术史论》，南昌：江西美术出版社，2003年。

欧阳中石：《草书浅鉴》，北京：高等教育出版社，1990年。

论文类：

熊秉明：《张旭与狂草》，《中国书法》1987年第1期。

熊秉明：《张旭的生卒年代》，《中国书法》1993年第5期。

殷荪：《论张旭》（上、下），《书法研究》1987年第5期，1988年第1期。

邹梦禅：《颜字的师承与衍流》，《西泠艺丛》第12期。

朱关田：《张旭与怀素》，《书谱》第52期。

林怡秀：《唐代书法家张旭之研究》，（台湾）中国文化大学硕士论文（指导教授：黄纬中）。

陈钦忠：《唐代书风衍嬗之研究》，（台湾）国立政治大学中国文化研究所1990年博士论文。

王纬中：《唐代书法社会研究》，（台湾）中国文化大学史学研究所1993年博士论文。

方磊：《张旭生卒年探析》，《西北美术》1996年第4期。

阮堂明：《张旭卒年考辨》，《太原师范学院学报》（社会科学版）2004年第4期。

汪家华：《张旭生平事迹考略》，《南阳师范学院学报》（社会科学版）2011年第4期。

李永忠：《草书流变研究》，首都师范大学2003年博士论文。

张恒奎：《草书体的形成与演变》，吉林大学 2008 年博士论文。